著者：指文军鉴工作室

日本军鉴

001 萨长政权

台海出版社

图书在版编目（CIP）数据

日本·军鉴. 1, 萨长政权 / 指文军鉴工作室著. --
北京：台海出版社，2016.1
　　ISBN 978-7-5168-0819-1

Ⅰ. ①日… Ⅱ. ①指… Ⅲ. ①军事史－日本－明治时
代－通俗读物 Ⅳ. ①E313.9-49

中国版本图书馆CIP数据核字(2016)第012956号

日本·军鉴.1：萨长政权

著　　者：指文军鉴工作室

责任编辑：俞滟荣　　　　　　　　　策划制作：指文文化
装帧设计：周　杰　　　　　　　　　责任印制：蔡　旭

出版发行：台海出版社
地　　址：北京市朝阳区劲松南路1号　　　邮政编码：100021
电　　话：010－64041652（发行，邮购）
传　　真：010－84045799（总编室）
网　　址：www.taimeng.org.cn/thcbs/default.htm
E－mail：thcbs@126.com

经　　销：全国各地新华书店
印　　刷：重庆大正印务有限公司
本书如有破损、缺页、装订错误，请与本社联系调换

开　　本：787mm×1092mm　　　　　　1/16
字　　数：239千字　　　　　　　　　印　张：17.5
版　　次：2021年1月第3版　　　　　　印　次：2021年1月第1次印刷
书　　号：ISBN 978-7-5168-0819-1

定　　价：99.80元

出版寄语

《日本·军鉴》聚焦各个时期的日本军事风云，在专业性与可读性之间取得巧妙的平衡，进而找到了一条通往历史深处的秘径。

——作家魏风华，著有《抗日战争的细节》等

以史为镜可知兴亡，以邻为镜可知短长。我们对邻国日本的了解或许不能说不多，但永远不能说足够。期望《日本·军鉴》能够成为更多读者深入日本史研究领域的一个起点和窗口。

——纪录片《争雄三八线》、央视《互联网时代》导演郭威

作为所谓的邻邦，日本这个国度对于国人而言既熟悉又陌生，尤其是在其军事方面更谈不上知根知底。相信大家能够通过《日本·军鉴》这一系列出版物，了解对面那个国家军事历史的方方面面。

——资深制服徽章文化研究者、指文号角工作室主编reichsrommel

虽然是中华文化的继承者之一，近邻日本在历史上却多次与中国发生战争，无论过去、今日、还是未来都是中国不可回避的对手。知己知彼，百战不殆。我们必须对日本的历史、文化和军事等一切方面都加以最深刻的研究，才能避免悲剧重演，开辟东亚美好未来。由指文军鉴工作室编著的《日本·军鉴》，便是读者研究日本的最佳途径。

——战史作者王子午，著有《日本武士战争史》等

长久以来，国人对日本的观感似多有偏颇之处，其实我们更应该用客观的眼光看待这个国家。希望广大读者能够通过《日本·军鉴》了解我们这个即熟悉又陌生的邻邦。

——军史作者赵国星，有《装甲司令：艾哈德·劳斯大将东线回忆录》、
《意大利空战1943—1945：欧洲软肋上空的殊死争夺》等作品

卷首语

日本明治三年（1870年），曾在大英帝国驻日本公使馆中担任过职务的英国医生威廉·威利斯接受了高薪（其在公使馆工作薪水的四倍以上）聘请，来到了位于九州岛南端的萨摩藩，负责在当地建设西式医院和培养年轻医护人员。威廉医生在倒幕戊辰战争中即曾受聘于萨摩军，亲眼目睹了手持洋枪、勇往直前的萨摩岛津军作为新政府军主力大败幕府军队。由于萨摩藩的各项近代化革新举措大多是在萨英战争之后由英国帮助其完成的，加上许多年前萨摩藩就开始经营近代化"集成馆"事业，因此威廉满心以为此行到萨摩将会见识到一个正积极向西方靠拢的城区。

然而威廉医生在萨摩藩的亲眼所见却与设想完全相反，萨摩藩内一派古风。藩政最高领导人岛津久光是顽固的汉方药信奉者，对于西方医学态度冷淡，威廉甚至感觉久光压根就不想接触西方人。萨摩人对食物普遍不甚关心，他们最喜欢吃的居然是腐烂发臭了的猪肉，显然癞病（麻风病）等各种疾病的蔓延便与此有关。在写给英国公使馆友人的信中，威廉表示"对废藩置县等所有改革举措，能否在这片土地上推行，深表怀疑"。然而正是萨摩藩中真正的实权人物——西乡隆盛，在倒幕战争后返回家乡领导"门阀破除"的改革，继而返回中央全力推行废藩置县改革，使日本延续数百年的藩国体制彻底废除。在岛津久光施放的烟花下，萨摩藩成为鹿儿岛县。仅仅五年之后，由萨摩藩人作为主力创建的"国军"（日本政府军）海陆并进，围攻鹿儿岛县，将仍然坚守武士理想的西乡隆盛等叛军几乎屠戮至尽，而此时掌握日本中央政府核心的是另一个前萨摩武士——大久保利通。

一个多世纪前，威廉医生以身为外国人的客观视角留下了回忆录，为我们描绘出高速行走在悬崖边缘的日本之实态，无数的矛盾纠结其中，而一切炙热冲突的结果往往都突破人类想象力的边际。这个时代的日本不是一部直线上升的电梯，直接从锁国升向开化，由虚弱跃至强盛；而是遍布漩涡的大海，波涛汹涌的根源力量来自海面下的深渊。为了纪念最为奋力地在海洋中搏击的人们，我们将《日本·军鉴》的首辑主题设置为"萨长政权"，奉献给读者五篇精品日本史文：由宏观视野把握日本50年间军政外交风云的《萨长天下 布武四海：日本明治国家军事战略》，以女杰传奇生涯透视历史轨迹的《葵花已然凋谢 樱花依稀盛开：真实的＜八重之樱＞和戊辰战争》，以细腻笔触将历史暗幕与知名小说、日剧相融的《命运之人 悲悯冲绳：萨军入侵琉球到冲绳外交疑云》，以令人感慨的西乡、大久保兄弟相杀串起历史脉络的《萨摩同胞 歧路巨头：西乡隆盛和大久保利通》，以及颠覆长久以来对耳熟能详之"脱亚入欧"固有历史观的《脱亚？兴亚？萨长时代日本民间的亚洲视角》。

笔者以为，如果读者在掩卷之余，得出如下结论：这个时代的日本不是一个"好日本"，也不是一个"坏日本"，它是极端纷繁复杂又充满无数历史趣味的日本；最终这个日本能够为当前和未来的日本作出参照，使我们不至于用过于简单，乃至于掩耳盗铃的态度去面对这一近邻。如此，我们写作的目的便达成了。

指文军鉴工作室主编 潘越

2016年1月28日

目录

CONTENTS

萨长天下 布武四海

日本明治国家军事战略（上）

作者/潘越

以国家实体间战争形态而言，中国的近邻日本可谓是一个极佳的国家军事战略成败之范本。正是凭借着国家军事战略选择上的成功，这一个与中国有数千年交往史却又长久受到轻视的"蕞尔小国"，忽而暴发成了"大日本帝国"。

随着甲午、日俄战争的胜利，日本看似其国力达至顶峰，然而其整个国家战略也逐渐混乱到无以复加的地步。中央政府没有清晰的决策，甚至于政府本身都被操纵于军部掌中，而派驻海外的军人野心家随意发动"事变"，随意扩大"战斗"的规模。这些"事变"和"战斗"是为了达成什么"战争目的"？对此疑问，日本举国上下全盘糊里糊涂、整个莫衷一是，最后归纳为一句话：先打吧，反正"武运长久"、"皇军必胜"，打赢了再看有多少战利品不就行了？

以1931年"九一八"事变为开端，继之以1937年"七七"事变后全面侵华，最后在无比狂热且压根没搞清楚该如何终结战争的状态下，军部引领着日本帝国奔向1941年对美开战，向全世界爱好和平的国家与人民挑起战端，遭到反法西斯同盟的联合反击，迅速走向惨烈失败的结局。战后，日本的政界和史学界对于第二次世界大战侵略本质的反省是否充分暂且不论，但至少日本的绝大部分国民都认同：昭和时代开始（1926年）至日本战败这二十年间（日本战败的1945年正是昭和20年）是日本历史上从未有过的黑暗时代。

在如此认知的基础上，一种貌似与传统右翼历史观有所区别的所谓"新历史观"潮流涌动于战后日本社会，其重要的始作俑者之一便是著名历史小说作家司马辽太郎及其笔下所谓的"司马史观"。提起这位作家，他就是销量甚巨的小说《坂上之云》的作者，这部小说还被改编成了高收视率的"大河剧"。另外，他还著有《称为"明治"的国家》、《称为"昭和"的国家》等书。

司马辽太郎在不否定"昭和时代的罪恶"的同时，极力颂扬明治时代日本在制定宪法、开创政党议会及社会经济军事建设上所取得的各项巨大成就，乃至于肯定在甲午战争、日俄战争中初创的"大日本帝国"所迸发出的民族主义、国家主义的激情。他试图找回美好的"明治时代"，从而引导日本人重建被战败国身份所"压制"的"民族自信心和自豪感"。

必须承认，司马辽太郎及其志同道合者的活动颇为成功，日本作为经济大国却不能成为政治大国的原因，正是遭到所谓"自虐史观"的长久"压制"，这样的观点已经渐成主流思潮。日本近年成立的极右翼政党有取名为"维新党"者（由"日本维新会"分裂发展而来），充分反映"明治维新"这块"金光闪闪的历史招牌"在右翼构建的新民族主义话语体系中是多么美好的存在，它显然被当作是现代日本应极力"复古"模仿的参照物。

史观清正的人们绝不会赞同将战前日本近代史割裂为"光辉的明治四十

年"与"黑暗的昭和二十年"。昭和时代的日本军部、统治高层乃至于社会各个阶层（除了极少数左翼反战人士以外），在面对自大正时代后期开始所发生的一系列国内外难题时，将盲目狂热地推动对外侵略作为解决难题、排解压力的手段，其基础无非是明治时代一系列"辉煌胜利"所建立起来的超强自信。或者可以说，"武运长久、皇军必胜"已成为无人可加以质疑的盲信。

历史往往具有偶然与必然的两面性，在明治时代日本帝国的建立和发展过程中，历史的偶然性因素从一开始便被故意忽视。对"人神"天皇的崇拜与"神国"日本不断膨胀的事实，令整个日本社会陷入了"一叶障目"的盲目乐观中，忘记了"国虽大好战必亡"的东方古训。最终与在日耳曼古代传说的故纸堆中寻找"优秀种族"的证据、妄图称霸世界的纳粹德国一道冲向了毁灭的深渊。

如今，日本的历史修正主义者们又试图重蹈覆辙，无视世界上和平发展之主流，却以"折返明治原点"来解决现代日本所面对的内外困局。这样无异于"刻舟求剑"的愚行，同样具有释放极端民族主义、军国主义破坏力的危险性。为了探明此愚行到底"愚"在何处，本篇将日本明治时代的国家军事战略由混沌至清晰、由创建至执行、由外表之光辉至暗里之阴影简要描绘成文，以正史观[①]。

明治国家建立之初的军事战略混沌期

德川幕府的幕藩体制及锁国制

1600年9月，德川家康于关原合战中击败忠于丰臣秀吉家族的各派势力。1603年就任征夷大将军，于江户设立幕府。对于天皇朝廷，德川幕府制定了禁中及公家诸法，久而久之，日本人只知有将军而不知有天皇，以致"视万乘之

注①

笔者曾于拙作《日本军事崛起之路：幕末至明治时代》之中，花费了不少笔墨描绘失败的幕府军队、逐渐壮大的明治国家军队。其组织、教育、武器装备状况均有所涉及，但对明治政府所制定的、由其陆海军队所执行的国家军事战略之面貌却着墨不多。本文也堪为补足之作，将从明治时代日本国策、国家军事战略在制定、执行过程中所涉及的重要人物与事件展开叙述，对幕末至明治时代日本政治、外交等国家决策之背景进行了总体描绘。

尊如孤豚^①"。

1615年又制定了武家诸法度，将对诸侯大名的干涉行为常规化，未经过幕府同意，各封国不得擅自交往，不得另行新建防御城池。

宽永年间（1624—1643年），第三代将军德川家光又制定大名参觐交替制。全国大名被分为亲藩、谱带和外样三大类，被认为不可靠的外样大名以九州萨摩岛津家、中国长州毛利家为代表，只得占据最为偏远之领地。如此，德川幕府彻底压制了来自朝廷的权威挑战及来自大名的实力挑战，将日本近世封建制度铸造得极为坚固。而幕府与各国大名统驭社会，依靠的就是武士阶层（即"家臣"）——这是由织田信长、丰臣秀吉开始实施"兵农分离"政策之后，所形成的脱离土地、身怀武艺，为幕府与家主提供忠诚的服务，以获得俸禄的武士"有产"阶层。

一般认为将军直属的"旗本"（近卫军）总数有五千余人，"御家人"（从属于德川家的武士）有17000人，还有"旗本"、"御家人"所拥有的家臣（基本属于"足轻"阶层）。一旦发生战事，幕府以关东江户为核心，可动员兵力达六七万人。德川幕府是日本最大的地主、最大规模武士集团的拥有者，同时还占据着狭长的日本国土上位于中央的最优越的战略位置。

江户幕府时代的封建武士统治体制本身即可等同于军事动员体制，这套双轨体制完全是为了保持日本国内的安定、德川幕府之江山永固而精心设计的，其设计目的确实在二百余年江户盛世中得到了完美实现。1609年，得到幕府默许的萨摩岛津军队入侵琉球王国。1614—1615年的大阪冬、夏之役，德川家康将名存实亡却不肯主动退出历史舞台的丰臣家彻底毁灭，随即于1616年去世。1638年，幕府军队血腥镇压了由九州岛西部受到迫害的天主教徒发动的"天草、岛原之乱"，这成为日本战国军队的谢幕演出，从此以后的二百余年，日本举国"不闻兵事"，天下太平。

对外关系方面，德川幕府在大力禁止、镇压天主教之余，自然也断绝了与笃信天主教的西班牙、葡萄牙两国的外交关系。正逢此时伊比利亚国家在全球海洋扩张的优势正急速衰落（以1588年英国战胜西班牙无敌舰队为起始），"海上

注①

语出福泽谕吉《文明论概略》，意为天皇不过被视作没人搭理的家猪。以天皇为首的皇室之生活费用由幕府支给，等于是被饲养的家畜。

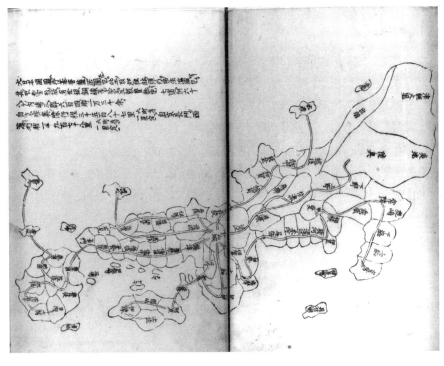

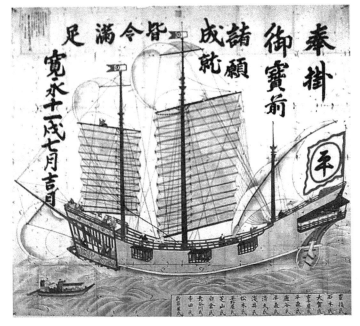

◆收录于日本古代百科类书籍《拾芥抄》1656年刊行版中的"行基图"，反映了江户时代日本人对于本国地理的基本看法。

◆日本江户幕府时代的朱印船。

马车夫"荷兰共和国及英国正在崛起，因此幕府的政策可谓正逢其时。对于日本来说，最有利可图的外贸对象依然是近邻之中国、朝鲜。虽然幕府很快着手修复因丰臣秀吉入侵朝鲜而破裂的中日、中朝关系，但其尚未彻底确立的幕藩体制却因此存在一定的隐忧：西国大名毛利、岛津的地理位置，虽然想要起兵造反、推翻江户幕府是极为困难的，但于开展海外贸易方面却颇为有利。如果让西国大名利用贸易增强经济实力、进而整顿军备，将根本上破坏幕藩体制。

德川幕府的应对方法如下：1604年推进"朱印船"贸易的同时，便实行"丝割符制度"，从中国进口的最有价值商品——生丝，由幕府御用商人凭借许可证垄断采购。1609年，禁止大名拥有五百石以上大船。1616年，将外国商船的停泊地点限制于平户与长崎，后在长崎港人工填造"出岛"。1635年，全面禁止日本人航行海外以及海外日本人归国，终止朱印船贸易。1636年，经多年谈判，朝鲜派遣"通信使"前往日本，日朝两国复交，日本首次在对朝外交文书中使用"大君"一词指代幕府将军，标志"大君外交体制"确立。1638年，"天草、岛原之乱"被镇压后，"锁国制"彻底构筑完成——尽管幕府自身并无锁国的自觉。"锁国"一词广为人知，要等到1801年长崎的兰学家志筑忠雄将荷兰人撰写的有关日本外交、外贸之文章翻译为日文，并为文章取标题为《锁国论》。

1644年，明朝被李自成起义军推翻，而后者又迅速被入关的清军击败。满族入主中国使得日本举国上下大为紧张。德川幕府自然会回想起13世纪蒙古入主中原后，忽必烈两次举大军征讨日本虽遭"天佑神风"而失败，但其后果却是迫使镰仓幕府在沿海防御上投入了庞大的人力物力，有功武士又得不到满意的封赏，引发一连串社会危机，最终导致镰仓幕府垮台、南北朝数十年乱战。

德川幕府之所以一度积极与抱残守缺的南明政权进行接触，支持以郑芝龙、郑成功为首的福建水师与清政府相抗衡，是因为其深知幕藩体制、锁国制同样是不能应对大规模外敌入侵的。如上所述，主要部署于关东江户的6至7万名幕府直辖旗本、御家人，如果分摊于日本漫长的海岸线上防卫，则如同盐溶于水，直可无视。允许各国特别是西国大名发展自身武力实施防卫，则又彻底动摇幕藩体制"强本弱末"之政策基础。这一最为尖锐、根本没有方法可以化解的矛盾，却自动消解于无形：清朝吸取了元朝的教训，入主中国后勤修内政，无意东向征日。东亚进入长期和平安定的局面。

"黑船来航"与幕府体制之根本矛盾

对于江户时代的日本来说，不时出现的西洋海上舰船是漫漫太平岁月中搅人清净的几声虫鸣，却不知西方殖民者基本完成对南亚、东南亚的征服后，正以难以匹敌的坚船利炮积极向东亚渗透，最终虫鸣之音化为雷鸣之声。1792年，沙俄女皇叶卡捷琳娜二世派遣使节拉克斯曼（Laksman,A.K.）乘坐军舰来到虾夷地根室，这是除荷兰之外西方国家中首个向幕府提出要求开港通商的，自然遭到拒绝。其后英国在积极运用其海上力量封锁拿破仑欧洲帝国的过程中，成为至19世纪20年代为止派遣最多舰船前往日本海岸的国家①。1808年，英国军舰"菲顿"号（Phaeton）闯入长崎港湾事件发生后，就连幕府内部都出现了呼吁撤销大船建造禁令、兴建海军以杜绝外敌的声音。但幕府却在1825年颁布了《异国船只驱逐令》（推翻了自身在1806年颁布的接待外国船只法令），以回应英国船只于1824年在常陆国的大津滨②登陆事件——这个地点距离江户湾（今东京湾）已经很近了。

建国后国力急剧膨胀的美国，需要为横渡太平洋前往中国的船只获取可靠的补给站，因此渐渐成为最积极要求日本幕府打开国门的国家，并最终实现了这一目标。1837年，美国商船"摩利逊"号开入江户湾要求通商，却立即遭到炮击，只得悻悻而回。幕府还声明以后将照此办法，来航洋船一概击之。

面对不断加剧的沿海危机，江户时代的兰学家行动起来，渡边华山和高野长英撰写《慎机论》、《梦物语》等书，抨击"击攘政策"，主张与西方建立平等的外交关系。但幕府的反应却是展开迫害运动，致使两人先后自杀，以此为代表的一场"蛮社之狱"，竟使得掌握西洋情报最多的兰学家群体凋零。

1842年，英国对中国发动鸦片战争，打败清军后迫使清政府开放国门，签订不平等条约。消息传到日本后，终于震动了老中水野忠邦为首的幕府高层，

注①

在德川幕府早期，英国和荷兰一道在平户设有商馆。但因为当时英国海上力量还无法与"海上马车夫"荷兰竞争，不能获得足够利润，遂于1623年撤消商馆。

注②

常陆国国土大约为现在日本关东茨城县之大部。

连忙于1841年将佐贺藩内学习荷兰军事的高岛秋帆及其门徒们请至关东，在武藏德丸原展示使用荷兰造洋枪洋炮、按照荷兰军队教程实施的作战战术。又于1843年撤销《异国船只驱逐令》。但因为"天保改革"计划引发反对声浪，水野忠邦于1844年便下台了，高岛秋帆竟然也很快被逮捕入狱，门徒四散。自此以后，虽然不断有消息传来，英、美、俄等国将派遣舰队前来迫使日本通商，但幕府似埋头鸵鸟一般无所作为，直至美国佩里舰队到来。

1848年，美国吞并加利福尼亚成为新领土，并在当地发现金矿，引发"淘

❯ 江户时代后期著名兰学家高野长英画像。

金热", 无数美国移民涌向太平洋海岸。为了太平洋上的贸易和捕鲸事业, 迫使日本打开国门已刻不容缓。终于, 1853年7月8日, 马休·佩里准将率领"黑船"舰队抵达浦贺港, 坚决不肯退去。幕府于7月14日在久滨里举行仪式, 接受美国总统国书。约定明年春季再来之后, 佩里终于离去。"黑船来航"事件将德川幕府整个体制矛盾暴露在了光天化日之下:

第一个矛盾, 幕府的外交体制是"大君外交", 将军作为"大君"在处理对外事务时是日本最高元首的身份, 但在日本国内, 日本名义最高元首仍是天皇。现在作为美国元首的总统递交来国书, 这烫手山芋是将军自己处理了呢, 还是扔给天皇(即请求天皇"赦许")——那到底谁是日本元首?

第二个矛盾, 毫无疑问美国人坚船利炮, 一旦开战, 身为岛国的日本比泱泱大国的清王朝更难实施抵抗, 更不用说只掌握六七万直属旗本、家人的幕府。但如果动员日本各地大名自行组织武力防御, 则又违反了"强本弱末"政策, 会动摇幕藩体制根基。

第三个矛盾, 如果幕府想要凭借自身的力量抵抗外敌入侵, 那么武士军队就必须改制为近代军队。西方近代国民军队从武器编制到建军思想、征兵体制、训练方法, 与武士军队的差距何止十万八千里。如此彻底的改革形同将世代传袭的武士军队灭亡, 甚至将颠覆"士农工商"之封建社会基础。如此釜底抽薪的改革搞还是不搞?

第四个矛盾, 西方国家的目的在于通商, 幕府也终于明白在此新时代中, 与各国通商互换有无, 才能培植产业、增进财富, 巩固幕府统治。与外国通商还需要日本撤销藩国壁垒, 即全国的政治、经济要由现代统一政府来组织。那么作为德川幕府统治基础的幕藩体制还能够继续存在吗?

萨长强藩的胜利与幕府的崩溃

综上所述, "黑船来航"事件将一大堆政治、外交、经济、军事、社会之矛盾, 一股脑压至德川幕府面前, 而且这些矛盾都有此特点: 无论幕府采取保守的或激进的对策, 都会相应产生更多的矛盾, 所以幕府眼前根本没有好的选择。后世的历史学家无法指摘幕府面对危机时不够努力, 但努力的后果如何呢?

针对第一个矛盾, 幕府首席老中阿部正弘只得打破"大君外交"由将军包办外交决策之惯例，向朝廷汇报"黑船来航"事件，又向各国大名征求意见，而对象不仅包括谱代大名，还包括从来无资格参与幕府决策的外样大名。如此一来，看似一时之间责任被分摊了，但由此发端，天皇、公卿、外样大名，直至各国中下层武士乃至平民，都参与到政治外交事务中来。

当佩里依照约定率领规模更大的"黑船"舰队于1854年2月再次来到日本，并以更加恫吓性的姿态对待幕府之后，终于迫使幕府于神奈川签订《日美和亲条约》，打开日本国门。西方各国随后纷至沓来迫使幕府订约。反幕府公卿、外样大名的嘴皮子越发摩擦飞快，而中下层武士乃平民干脆动刀动枪，开始搞"尊皇攘夷"，"天诛"亲幕府人士——将军必须要面对不但在名义上，而且在事实上失去日本元首之权力的现实。

针对第二个矛盾，幕府只好承认"二百年升平，武力衰微"的现实，采取了撤销大船建造禁令、建造海岸防御炮台、兴建炼铁反射炉和关口铸炮厂、向荷兰订购蒸汽船、开设长崎海军传习所、录用兰学家创建藩书调所等等措施，1856年陆军讲武所亦宣告建立。林林总总的决策在短短两三年内便陆续付诸实施，堪称果断又迅捷，可是当美国在1857年又向幕府施加外交压力之时，幕府仍然没有实力断然拒绝，虽经艰苦谈判，只得于1858年签署《日美修好通商条约》，在关税自主权、领事裁判权（事实上的治外法权）、单方面最惠国待遇等方面丧权辱国，并导致黄金外流、物价飞腾、破产失业者不计其数。如此一来，尊皇攘夷运动更加甚嚣尘上，幕府大老井伊直弼虽发动"安政大狱"加以镇压，激进分子却于1860年将井伊"天诛"砍杀于樱田门外，史称"樱田门之变"。幕府越是搞改革，全社会就越是纷纷攘攘，而以西国大名为首的诸侯也趁此混乱局势，购买枪炮轮船、经营贸易、推行殖产兴业、组建编制近代军队。支撑幕藩体制的"强本弱末"政策自行瓦解。

针对第三个矛盾，幕府必须以近代化的海军、陆军对应艰难时局，却无法保证掌握近代军事技术的家臣与陈旧古板的幕府保持一条心。1864年，胜海舟在神户开设海军操练所，幕府却很快以加入其中的坂本龙马等人思想激进为由，于翌年将操练所关闭。1862年，面对陆军讲武所成果寥寥之状况，幕府颁布了《兵赋令》，但兵源和兵饷仍然来自于旗本领地之上贡，这支幕府"步兵队"在1864年镇压天狗党叛乱中的表现完全不能令人满意。

1863年年初，天皇派遣公卿三条实美向将军德川家茂传达朝廷敕令，限期

现位于横滨市鹤见市生麦的砍杀事件纪念碑。

责令幕府攘夷，由此攘夷运动进入高潮。8月，因为偶然斩杀英国人之"生麦事件"，萨摩藩被英国舰队报复炮击，史称"萨英战争"。由于在6月朝廷规定攘夷期限到时，幕府毫无动作，最积极的长州藩遂自行在下关向外国船只开炮。英、法、荷、美终于忍无可忍，于1864年9月纠集四国联合舰队炮击下关，史称"下关战争"。这场战争的后果是长州藩激进派在高杉晋作、桂小五郎等领导下，更加倚靠成员大多为庶民身份的"奇兵队"等武装团体。这一类军事团体是对"士农工商"之封建阶级制度的颠覆，更是未来实行国民普遍征兵制度所创制"皇军"之鼻祖。普遍装备洋枪洋炮的"奇兵诸队"之战斗力还高于为了军饷打仗的幕府陆军。

　　针对第四个矛盾，幕府别无选择，必须在军事、政治、经济各层面上将自身树立为具有全国性统治力的政府，而首要任务便是镇压骚动的西国强藩——但这项首要任务却完全失败。1864年7月京都发生的"池田屋事件"标志着斗争进入白热化，长州藩激进派很快组织队伍上京攻打皇居，被负责防卫的会津、萨摩等藩军联手打败，史称"禁门事变"。一个多月之后，沦为"朝敌"的长州藩又遭四国舰队蹂躏，幕府于年末所发动的"第一次征长战役"之形势似乎好得不能再好。然而此时历史拐点出现了——数月前还与长州藩激战于皇宫禁门的萨摩藩军，以西乡隆盛为首的指挥层转向了，连同公卿们一通忽悠，"第一次征长战役"竟不了了之。随后经由坂本龙马等牵线，萨、长两藩秘密联合，大量洋枪洋炮流入长州。如此形势急剧逆转，其实与幕后洋人的活动相关——1865年幕府与法国已经打得极为火热，以出卖日本多项主权利益（例如由法国公司垄断生丝贸易）为代价，换来法国提供经济、军事乃至政治改革指导等许多援助。而与法国竞争的英国则转头去扶持被自己教训了一顿的萨摩藩，西乡、大久保等有识之士通过"萨英战争"认识清楚日本与西方列强的差距，必须整个推翻封建体制，日本才有出路，于是接受英国援助，转入倒幕阵营。

其后的历史进程可用"一泻千里"来形容：1866年中，幕府终于醒悟过来，发动"第二次征长战役"，但此时积极予以配合的大名藩军已少之又少，幕府军由海、陆多条线路发起的进攻全部失败，威信扫地。末代将军德川庆喜急忙实施最后一轮改革：《兵赋令》取消，由旗本领地缴纳金钱直接用来雇佣士兵、购买法国武器、由法国教官训练，但还来不及获得足够成果，便被迫于1867年10月向朝廷"奉还大政"，此举试图以退为进。然而倒幕阵营步步紧逼，1868年1月初"挟天子以令天下"，发布《王政复古大号令》，随后双方军队在京都附近的鸟羽、伏见进行决战，幕府军大败。倒幕诸藩联军摇身一变成为持有天皇赐予"锦之御旗"的"官军"，由西乡隆盛担任实际总指挥，一路势如破竹进军至江户城下，德川庆喜自行宣布退位，江户"无血开城"。德川幕府就此覆灭。

新政府五条誓文与首创国防方针

1868年4月6日，天皇睦仁率群臣以"五条誓文"向天地神明起誓，实行亲政，标志着以天皇为元首的明治新政府建立。"五条誓文"成为新政府根本性施政纲领，抄录如下：

第一，广兴会议，万机决于公论。

第二，上下一心，盛行经纶。

第三，文武以至庶民各遂其志，俾使人心不怠。

第四，破旧习，基于天地公道。

第五，求知识于世界，大力振兴皇基。

时隔26年之后（1893年），日本正磨刀霍霍，准备以精心培育数十年之海陆军打败中国、吞灭朝鲜之时，时任枢密院议长的"国军之父"山县有朋发表一份《军备意见书》，其中有一段论述："我邦之国是在于开国进取，此乃维新以来数回圣诏所明瞭之事……开国进取并非单纯开港实行贸易之意，而是处于列国对峙之中，维持我邦之独立，兼宣扬国光。"

山县有朋在甲午战争前为战备问题所发表的这番言论，极好地总结了自"五条誓文"以来日本国策之精髓，可总结为四个字：开国进取。正是为了以开国进取之维新事业，解决导致德川幕府覆灭的那些深刻矛盾，才有"五条誓文"。笔者必须指出的是，虽然幕府因为前文所述之无法克服的各种深刻矛盾而灭亡，属于历史的必然因素。但是，历史还有偶然因素：经过漫长战国乱世后得以诞生，稳固统治日本二百余年的德川幕府竟然在"黑船来航"十余年后便覆灭了，实在快得令人惊异。

与之比较，中国1842年被鸦片战争打开大门，其后所遭受外辱之深，相较日本何止百倍，太平天国战争等内战之规模又何其大，而清政府竟然在内外交困中支撑一甲子有余，才因辛亥革命而覆灭。辛亥革命是清政府自己培养的新军举枪相向而引发的，这是清政府必然被历史淘汰之佐证，可是它竟苦苦支撑如此长久、并且其中还有"中兴"阶段，这才是"老大"政权之应有表现，所谓百足之虫、死而不僵。德川幕府迅速覆灭之过程，实有许多令人惊异的偶然因素发挥作用，例如完全事出偶然的"生麦事件"，导致萨摩藩在"萨英战争"中体会切肤之痛，最终促使其与长州联合，成为倒幕军主力。可以这么形容：明治新政府是坐着一条小船，却突然发现已经冲入大洋之中，必须面对惊涛骇浪的考验。对于理解明治时代之国家军事战略，这是极为重要的认知前提。

讨幕"官军"继续东征，镇压不愿听从新政府号令的"奥羽越列藩同盟"，又于1869年6月将原幕府海军副总裁榎本武扬、原新撰组副局土方岁三在北海道组织的所谓"虾夷共和国"灭亡，内战（戊辰战争）终结。创建由政府掌控之中央军（当时称"亲兵"）事宜还未等战争终结，便提上议事日程。10月，在集议院会议上①，关于军备问题进行了热烈讨论，概括公论如下：应重视海军多于陆军；应创建军学校，以培养人才为急；陆军应学习法国，海军应学习英国；军费应由各藩根据其石高出资。军务官副知事大村益次郎担心东征军队如果"各归故土，势必酿成尾大不掉之患"，但政府初建，本身无钱维持"亲兵"所需军费，也无力要求各藩出钱出人，集议院之公论只得停留于书面。

政府首先开始实行根除幕藩体制之事业：萨摩、长州、土佐、肥前这四个倒幕主力藩，率先申请奉还版籍（土地和人民）。这项举措如此顺利，倒不是因为政府拥有武力后盾之保证，而是由于维新事业领导层的远见卓识、以及全国上下已普遍认同尊皇思想的精神因素作用②。大村益次郎此时所推动的军制改革之事，局限于在大阪设立兵学寮、设立兵工厂（实际是接收幕府遗留资产、继续与英国法国合作），他本人却很快被心怀不满的低级武士刺杀。1870年夏，考察欧洲军事归来的山县有朋接过大村未竟事业，最终创立"国军"。

1870年年末，明治政府终于颁布第一个"国民征兵规则"，仍然是要求各藩根据一万石高出五名壮丁的比例来征集兵役，却根本征不来兵。继续在旧体制上折腾，显然已经没有出路了。岩仓、木户、大久保前往萨摩、长州、土佐，劝告此三藩带头奉献藩兵（共8000人），由萨摩的西乡、土佐的板垣、长州的木户作为代表合议，于1871年将这8000人编成为"御亲兵"，归兵部省管辖。5月开设东山道镇台（本营在石卷）、西海道镇台（本营在小仓），驻守镇台的兵力由附近各藩提供。明治陆军终于诞生。数月之后，天皇颁布御诏令"废藩置县"，诸大臣、参议、官员开会，讨论如果诸藩中有抵抗此废藩令者该如何是好，一时议论百出。此时在旁默默听闻的西乡隆盛突然大喝："如各藩提出异议，我将率军将其击溃！"顿时议论止消，废藩令付诸实施，一举成功。

注①

摘录自坂本太郎著《日本史》，中国社会科学出版社出版：为体现"万机决于公论"的精神，明治政府建立之初就设有议政官，后来改为公议所，是有关立法的决议机构。但公议所又改为集议院后，却不过是以广征众议为目的的咨询机关了。到废藩置县后再次实施官制改革，太政大臣、左右大臣、参议等把持的正院总揽行政、立法、司法大权。集议院成为左院，其官选议员是由正院任免的，由此议官时代尊重公议的制度，可以说完全消失。明治政府建立数年内，每次相应改革官制，均不断加强其专制的性格。

注②

当然，除了服从天皇的精神因素，物质因素也是起作用的。由于幕末时代长期的经济凋敝，各藩的负债总额达到2600万日元之巨，奉还版籍的过程中，这些债务也转由中央政府承担。有一个故事说，最主动申请奉还版籍的萨摩末代藩主岛津久光，听闻此举可得到承认之消息时，笑逐颜开，施放烟花庆贺。

❯ 走入东京靖国神社，见高立于参道中央铜柱顶端的人并非山县有朋、东乡平八郎等后世赫赫有名的将帅，而是大村益次郎。

藩兵与各藩一道被解散，全国城郭与兵器交于兵部省。封建制度的迅速废除，统一中央政府得以成立，一方面是由于政府手中已经掌握一支各藩国不敢加以反抗的中央军"亲兵"，另一方面也由于政府给予旧藩主们丰厚的经济补偿，还将他们尊为"华族"。但广大中下级武士却得不到能够令其满意的抚慰，而平民百姓则被强加沉重赋税，终于使得"国军"在明治时代前半阶段的主要战略任务，只能是维持国家内部安定而非对外之国防。

随着废藩置县和官制改革，兵部省也相应改革，下设陆军部、海军部。9月，东山、西海两道镇台废止，重新设立东京、大阪、镇西（熊本）、东北（仙台）四个镇台。1872年年初，时任兵部大辅山县有朋、兵部少辅河村纯义及西乡从道联名，向天皇上奏提议"国防之目的、国土之守备、军力之整备、沿岸防御、想定敌国"等各项方针。后世将之称为近代日本第一份"国防方针"（"国防方针"这个名词当时还未发明出来，日本第一份正式的《帝国国防方针》诞生于日俄战争后的1907年）。方针要点如下：

第一，军备之目的要从国内镇压向对外防御转移。

第二，为达成国土防卫之目的，需采用常备与预备之兵役制。为此需实施征兵制。

第三，需重视沿岸防御，于战略上重要地域构筑海岸工事炮台。

第四，需整备陆海军的教育机关、兵器生产机关与后勤兵站组织。

第五，军备应优先于诸项一般政事。

新政府面临之矛盾与全民征兵

在山县有朋提出第一份"国防方针"之前，随着国内局势趋向稳定，以修改不平等条约为目的（但并未实现）的"岩仓使节团"已经于1871年年末派遣出国，除特命全权大使岩仓具视以外，木户孝允、大久保利通、伊藤博文等都在其中，明治政府实掌权力者集团走了大半。而留守政府的最高负责人西乡隆盛，却被大久保等要求遵守十二条约定，不得进行官制改革、也不得自主任命任何高官。

愤慨万分的西乡来到横滨码头，目送着载使节团出港的美国商船"亚美利加"号，不由脱口而出："出洋去的船在中途沉了就好了！"可惜船没有沉，在建立明治新政权、新军队过程中功勋卓著的西乡本人，却将在数年之后与这个政权、这支军队血拼至最后丧命。这究竟是为了什么？很简单，突然出现在德川幕府面前的一堆深刻矛盾，并没有随着幕府迅速垮台而一起消失。有些矛盾被继承了下来，有些在转换矛头所指之后，显得更为变本加厉。日本的维新事业，至废藩置县运动成功之时，是依靠天皇的神性光辉、维新大佬的人格魅力（或者说"威严"）所能推进达到的顶点。其后维新事业所面对的更深层矛盾，就要看当时人物如何抉择了。

虽然"攘夷"是倒幕派叫喊了许多年、与"尊皇"并列的口号，但新政府自然并无底气将其付诸实施。当初鸟羽、伏见之战枪炮声刚落，西洋列强便以外国人遭到殴打为由派遣海军登陆封锁了神户港，新政府急忙派人道歉——这是新政府与各国外交使团最早正式接触。政府很快声明承诺将按照"世界公法"处理"对外交际事宜"，间接承认幕府遗留的一系列不平等条约继续有效。"五条誓文"发布同时天皇还颁布了《安抚万民之亲笔诏书》，强调今后要放弃攘夷，把"拓万里之波涛，扬国威于四方"作为外交方针，这方针很模糊，既可以解释为"我要建造军舰征服世界"，也可以解释为"我要建造大船与各国通商"，怎么都解释得通。

天皇"东幸"至江户定居并将其改名为东京后，各国公使来到东京谒见天皇，递交国书，这样"大君外交"的衣钵便由新政府继承。与诸国建交之后的第一个成果，是新政府得到了原是幕府从美国订购的铁甲舰"石墙"号（Stonewall），改名为"甲铁"，凭借这艘新式军舰击败龟缩北海道的幕府舰队，终结内战之后。明治政府所面对的首要外部威胁来自于北方的沙俄——日本与俄国移民都在原属中国的库页岛（日本称"桦太"，俄国称"萨哈林岛"）上开拓经营，英国公使巴夏礼心急火燎地要求日本赶快对库页岛采取对策，并认为俄国势力有扩及北海道之虞。

于是1870年3月，黑田清隆被任命为库页岛专任之开拓次官，邀请美国公使德朗从中斡旋，副岛种臣为全权代表与俄方谈判，但谈判拖延日久。来自沙俄的威胁是明治初年被反复宣扬的，但沙俄此时正热心于吞并中国东北疆土，并无余力出兵攻打日本。因此沙俄对于日本领土的威胁，只在臆想中存在[1]，明治

注[1]

可资证明的是，黑田清隆于1874年被提升为陆军中将，又担任北海道屯田兵事务总理兼开拓长官，对北海道军事、开拓两手抓，而沙俄并没有如巴夏礼所说的那样施加阻碍干预，却于1875年5月与日本签署《千岛·桦太交换条约》，基本公平地划分双方北方边境。北海道遂成为日本之固有领土。巴夏礼当初拿来吓唬黑田的"桦太绝对保不住了，全力确保北海道还有希望"那套言论，实证为英国出于自身利益目的的夸大其词。

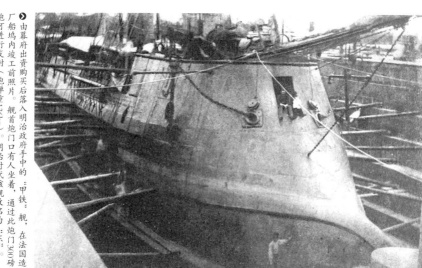

▶由幕府出资购买后落入明治政府手中的"甲铁"舰,在法国造船厂船坞内竣工前照片。舰首炮门口有人坐着,通过此炮门300磅大炮可进行发射(炮弹重136kg)。明治时代该舰改名为"东"。

▶曾任北方开拓使的黑田清隆,虽是萨摩出身,但反对贸然出兵朝鲜、台湾,指挥西南战争中的两栖突击行动。西乡叛乱终结之后被尊为萨派之长,虽然有传闻杀妻、贪腐等丑事缠身,仍得以出任明治政府第二任首相。

政府将其宣扬的主要目的是为建立"国军"煽动舆论。

明治政府此时面对的最大难题不是外交或军事威胁，而是英雄好汉最怕的两个字：没钱。奉还版籍与废藩置县之后，为了维持稳定，需要向旧大名藩主阶层支付家禄，向士族、卒族支付俸禄与津贴，根据1873年年初的调查，这些"秩禄"支出占政府收入的三成以上！（另有资料认为占政府支出一半左右）致使政府财政瘫痪。

1873年年末，开始执行以现金、公债将武士家禄赎买之政策，经过其后数年各种努力，终于将"天生有产者"的武士阶层给搬动下来成为平民，代价是政府还得支付金禄公债，而由此形成的沉重债务又转移到农民阶层头上，后者必须不论丰年灾年、雷打不动地缴纳地价的3%作为地税，愤怒的农民发动在各地"一揆"暴动予以回应。由此形成奇怪的因果关系：要推动日本"文明"（即实现"五条誓言"之精神），就必须实现"四民平等"、废除旧有封建阶级制度。而要既平稳又快速地做到这一点，又需支出大量"金禄"安抚旧士族阶层。如此一来新政府就必须比德川幕府更起劲地剥削农民。

而农民的反抗必须以武力进行镇压。既然士族阶层正在被逐步消灭，那么镇压武力何来？只能是将"护卫天皇之近卫兵"，也就是政府所掌握之"皇军"，予以壮大，并赋予其绝对忠于天皇（也就是忠于中央政府）之性格。那么再回看这个因果关系的开头与末尾：推动日本"文明"、实现"五条誓言"之精神为循环开头，建立忠于天皇、坚决服从专制"藩阀政府"命令之军队为末尾。口口声声向往开明政治，却建立起一支镇压起人民百姓来心狠手辣的专制军队。

中国古人有云：治大国如烹小鲜。意思是政权之施政举措需要尽量平缓（特别是在大乱之后），不能一味激进、用急火乱煎一气，炒成焦糊。明治时代的日本也有几千万人口，不算是小国，而明治政府建立后的施政举措却是完全不顾"治大国如烹小鲜"之原则。好似是一艘小船突然冲入惊涛骇浪之大海，水手本能反应便是操起桨来拼命向前划，划到岸上便可得安全，便是胜利。明治日本这艘船幸运地没有中途翻沉，貌似取得了重大胜利，但这并不意味着只顾拼命向前划桨就是永远正确的操舰法——后事休提，先看"皇军"如何通过全民征兵制建立起来。

为陆军省与海军省，"御亲兵"改称为近卫兵，陆军卿山县同时出任近卫

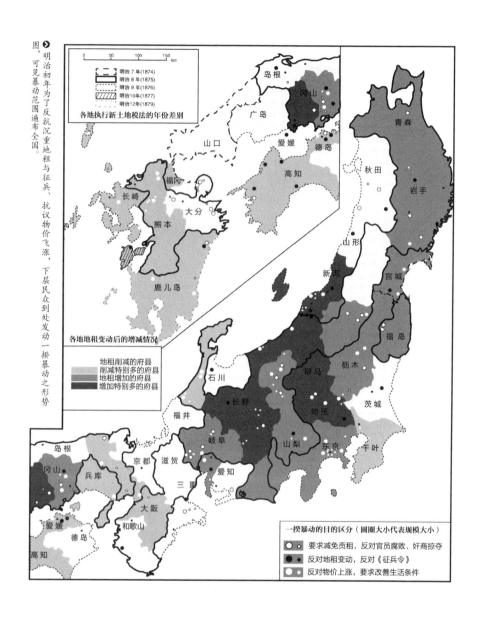

明治初年为了反抗沉重地租与征兵、抗议物价飞涨，下层民众到处发动一揆暴动之形势图，可见暴动范围遍布全国。

各地执行新土地税法的年份差别
- 明治7年 (1874)
- 明治8年 (1875)
- 明治9年 (1876)
- 明治10年 (1877)
- 明治12年 (1879)

各地地租变动后的增减情况
- 地租削减的府县
- 削减特别多的府县
- 地租增加的府县
- 增加特别多的府县

一揆暴动的目的区分（圆圈大小代表规模大小）
- 要求减免贡租，反对官员腐败、奸商掠夺
- 反对地租变动，反对《征兵令》
- 反对物价上涨，要求改善生活条件

兵都督。但这支近卫兵是由萨摩、长州、土佐三藩之兵组成，山县作为长州大佬，去指挥萨摩军兵是近乎不可能的事。山县不断鼓吹实行征兵制，但仅仅数月之后受到山城屋事件牵连①，西乡隆盛接过近卫兵都督职。

所谓"萨长之争"达到了白热化的程度，但西乡作为开国先锋，绝非不通道理之人。山县对其劝说道：实行征兵制后，士兵虽将以庶民（农民）为主，但指挥将校阶层仍以士族阶层为主。在西乡的思想观念中，"泥腿子"庶民到底是不可能具备军事指挥之才能的，所以山县的说法多半可信。另一方面，西乡接手近卫兵都督职后，发现旧时代士族中身份最低的"外乡武士"补入近卫兵后，被"主城武士"出身的官兵"称之为乡巴佬而加以鄙视"，这套封建等级思想残渣弄得西乡也没了办法，只好同意山县的主张。由此扫除征兵制实施之障碍。

明治六年（1873年），日本开始实行公历。1月9日，新设名古屋、广岛镇台，形成近卫兵加六镇台（军管区）之体制。1月10日，发布全国征兵令布告。陆军分步、骑、炮、工、辎重五兵种，编制为14个联队（42个大队），规定平时人数31680人，战时人数46350人。同年7月改订"镇台条例"，其中第六条规定镇台军承担对外防御任务同时，紧接着第七条规定"凡师管之营所[②]中必须布置步兵一联队提防草贼、镇压管内方面。"普遍征兵制的实施，标志明治日本国家军事体制整合的第一阶段目标完成，与此同时有关"大陆政策"、"征韩论"之争论被摆上台面。这将导致一场手足相残的惨烈内战，并开启日本帝国侵略大陆之门。

注①

长州奇兵队分队长出身的山城屋和助（实名野村三千三），新政府建立后在横滨开生丝屋做出口生意，靠着与山县有朋交情很深成为陆部省御用商人，前后数次借得648000日元巨额"官金"用于采购军需品、扩张事业，甚至到了连个凭证都不用书写的地步。虽然投资蒙受了巨大损失，但野村却以贸易考察为名游历欧洲至巴黎，搂着白种金发美女招摇过市，赛马场上一掷千金，成为当时巴黎头号花边新闻。消息传回日本国内，立刻成为萨长两派倾轧之中心问题，萨派的桐野利秋甚至叫喊要派军队去占领山城屋商店。山县急忙召回野村，却出不了欠款，司法卿江藤新平对其调查穷追不舍。野村只得烧毁相关帐薄与文件（特别是来自长州派的文件），直接走到陆军省，在接待室里切腹自尽。遭强烈批判的山县只得辞去近卫兵都督职位，但西乡却不愿意导致萨、长两派彻底闹翻的结局，遂力主山县不能彻底退出政府，终使山县保住陆军卿职位。正因如此，山县得以继续推行征兵制改革。事实上，维新领袖们掌权后贪污腐化是很普遍的——另一位长州派大佬井上馨同在岩仓使团外行期间，作为大藏大辅把持最为要紧的大藏省（大藏卿是大久保利通），也被江藤以尾去泽铜矿丑闻追责，1873年5月被迫辞职。他重返政坛的契机是1876年作为副使跟随黑田清隆前往朝鲜，迫使朝鲜签署《江华岛条约》。

注②

六个镇台军管区的大本营营所在是东京、仙台城、名古屋城、大阪城、广岛城、熊本城。每个军管区还设有两到三个常设"营所"，如东京军管区的常设营所是东京、佐仓、新泻，以联队为单位的部队实际驻扎在这些常设营所，因此可以说这一时期的"国军"是以"镇台条例"中第七条规定之"镇压管内"，即镇压百姓反抗、维持治安为主要任务。每个常设营所下还分别有几个临时营所预定地，以方便部队紧急状况下展开，例如佐仓营所之下还有木更津、水户、宇都宫三个临时营所。

西南之役与第一期大陆政策

日本对外战略的两种可能性与外部推手

　　今日提起日本明治时代之大陆政策，似乎只意味着由征韩论起始之侵略、征服大陆的一系列扩张性战略举措，并导致日本向朝鲜、中国、沙俄发起挑战并引发战争，最终使获胜的日本帝国成为远东殖民地霸权国家。但是，大陆政策并不是自诞生之时便是彻底的侵略性战略。

　　大陆政策的萌芽，最早见于幕末长州思想家吉田松阴于1854年所著《幽囚录》："于群夷争聚之帝国主义争霸时代为保持独立自主，绝不可坐而待毙，应先行进取、向外扩张，然后可坚固后退防守之基盘"。这其中"先行进取、向外扩张"乃"开国进取"之早期版本，其实际含义即可以用吉田自身所谓的"一旦军舰大炮稍微充实，便可开拓虾夷，乘隙夺取堪察加、鄂霍次克海，晓谕琉球……责难朝鲜，使之纳币进贡……北则割据满洲，南则掠取台湾及菲律宾群岛，然后爱民养士"①来解释，也可以用胜海舟曾向木户孝允（当时名字是桂小五郎）所言"向亚洲各国君主游说合纵连横，共同壮大海军，互通有无，研究学术，免受西洋之蹂躏。应首先说服邻国朝鲜，其次是清国"之理念来解释。

　　这一左一右的理念拼合起来，才是真实的大陆政策思想源头，而联合中国、朝鲜对抗西洋的理念还是占上风的。如果站在当时维新人士的立场上向西看：朝鲜虽然封闭落后，却与日本通商交好数百年。中国这个庞然大物虽然连败于两次鸦片战争并遭太平天国重创，但太平军与西洋雇佣"洋枪队"血斗、曾国藩等创建的湘军与太平军血斗之景象，也令武士出身的维新人士惊愕、大受启发②。

　　对奠基不久之明治政府来说，中国并未完全丧失加以拉拢、共同对抗西洋的资格。明治政府在外交方面所做成的第一件实事，也正是派遣全权代表伊达

注①

　　吉田松阴的这些文字被认为是日本军国主义野心的早期表现。但实际上这些文字还不够夸张。幕末思想家佐藤信渊于后世被许多人视为"大东亚共荣圈思想之父"，是因为其1823年的著作《混同秘策》开卷便写"皇大御国乃大地最初形成之国，世界万国之根本……应将全世界悉数纳为郡县，万国君王均化为臣仆"。可见三十年后见识了"黑船来航"的日本"野心家"们，"口头放炮"的力度还有所收敛了呢。这些口头空喊当然是不能作为明治时代政府、军部军事战略之依据的，最多是其不知天高地厚的证明而已。至于佐藤信渊，他的对外思想之基础实际上是"日支提携论"。胜海舟则提倡"日鲜支同盟论"。

宗诚赴天津与李鸿章谈判，最终于1871年9月基本按照清政府方案签署《大日本国大清帝国修好条约》③。

1872年7月发生的"玛利亚鲁士"号事件④，使中日两国关系扶摇直上至顶峰，但随后便急转直下。在此之前，1871年已经发生"牡丹社事件"，一艘来自表面为中国藩属、暗地里也向日本萨摩（此时成为鹿儿岛县）进贡的琉球王国船只漂流至台湾南部，登陆船员误入原住民住地，遭遇"出草"被杀54人，剩余12人由清朝台湾府官员送回琉球。

1872年年初，该事件由鹿儿岛县上报东京，萨摩藩出身的桐野利秋、野津镇雄等随即向西乡、坂垣等留守政府首脑建议"征伐台湾"，虽得到口头赞许，但西乡隆盛实际所采取的行动却是先册立琉球王尚泰为日本帝国的琉球藩王，列为华族。日本此举并非忍气吞声，而是准备先行吞并琉球，再以"牡丹社事件"为由头，向清王朝发难。不过这一举动被琉球国王尚泰所拒绝。而就在此时，一直试图在东亚搅混水的西方势力终于跳了出来——美国率先承认琉球为日本领土。

注②

相关请见《"千岁丸"上海行：日本人1862年的中国观察》，冯天瑜著，商务印书馆出版。天平天国运动发生时幕府派往上海的考察团中，作为藩士的高杉晋作、中牟田仓之助等人均留下大量描述，并对其本人思想产生重大影响。高杉回国后立即与伊藤博文等组织起来袭击英国公使馆，主张"肉食武士不能任事"并组建平民为主的奇兵队等武装团体，大力引入洋枪洋炮。组建奇兵队之理念，大多来自于对曾国藩以质朴"乡勇"组建湘军之模仿。对太平军的印象则是暴虐无理、杀人无算，破坏社会生产力，摧残传统文化，导致外国势力入侵等等。因此维新人士在倒幕战争中尽管借助平民百姓的力量，但战争结束后很快走向"藩阀专制"、树立对天皇绝对崇拜，并将平民之反抗立即镇压于萌芽状态，都可看出维新人士对太平天国运动观察理解之痕迹。

注③

《日清修好条约》一言以蔽之，是在基本平等立场上签订的外交条约。其中包含有互相承认领事裁判权和互相协定关税的特殊内容，即中日两国互相持有治外法权和税权，但以当时两国落后的法律体制、被西方列强以片面最惠国待遇掌控对外经济之事实而言，并非违反常理的内容。

注④

19世纪60年代起，美国大力开拓西部的过程中急需大量廉价劳动力，遂以口头美好承诺、实际以奴隶水准待之的方法骗得大量中国劳工前往，某些国家趁机也做起了贩卖人口的生意。秘鲁货轮"玛利亚鲁士"号从葡萄牙殖民地澳门装载一批中国劳工于1872年7月抵达横滨，有一名劳工不堪其苦逃入神奈川县境内。英国代理公使沃森经过调查，将劳工惨状报告给外务卿副岛种臣，并鼓励他行使日本司法主权审判船长。虽然秘鲁联合澳门的葡萄牙当局抗议说日本无权审判此案（日本当时与船籍所在国秘鲁没有外交关系），但在英国、美国的支持下，以"华人移民合同违反人伦之道"为理由，终于在数月后使中国劳工"取得自由权，返回祖国"。此事件一时之间使清廷对日本新政府好感大增。另一方面，由于秘鲁指责日本国内同样存在买卖艺妓的现象，没资格提所谓人道理由，被戳到痛处的日本政府遂发布《艺娼妓解放令》。但这项法令只是一纸空文，穷苦妇女反而沦为私娼，日本的娼妓业更加繁荣。

大阪炮兵工厂。日本陆军在明治时期形成的装备生产布局简单未说就是东京工厂造步枪、大阪工厂造大炮。

　　9月美国公使德朗与副岛会谈时鼓励道："美国向不占有他国土地，但我友邦如占他国土地而有所扩张，则为我所好。"（记载于《日本外交文书》第七卷）这就是美利坚，从大西洋扩张至太平洋，至今口口声声不侵占他国一寸领土，专注煽风点火一百年不变。德郎并推荐曾率水兵登陆台湾震慑原住民的前美军军官李仙德为日本外交顾问。李仙德曾率部袭扰过台湾沿海，对当地的人文地理颇有了解。因此到任之后便将台湾地图、海图、照片等倾囊相授，全力鼓动征台。以至于时人均认为副岛成为李仙德的傀儡，其主政期间日本外务省事实上由李仙德控制。

　　当副岛于1873年年初就交换《日清修好条约》事宜，率领外务大丞柳原前光和李仙德再次前往中国时，便将"牡丹社事件"摆上台面（尽管事件已经过去了一年半）。李鸿章全力维护"琉球乃我藩属，与台湾冲突并不与日本相干"主张，但是总理衙门大员毛昶熙面对柳原质问时却回答台湾原住民是"化外之民"，为清朝"政教所不及"。这一典型的出自传统华夷之辩观念而发出的不当言论（并未付诸文字），被副岛当作日后能够利用的把柄抓在手心，心满意足回国。得意的副岛回日本后，却深深卷入征韩论之争，失败后与西乡一同下野了。

征韩论之争与首次对外侵略

1873年4至5月间，朝鲜王国单方面断绝釜山草梁倭馆的生活物资供应，在倭馆门口张贴禁止走私告示、并称日本人"变形易俗"①不可交往，是为朝鲜"辱日"事件。消息传到日本，立即引发了日本朝野的一片激荡之声，最终酿成了改变日本政坛格局的"明治六年政变"。

如果倒退数年，明治政府初诞之时，积极主张把握朝鲜内部不稳时机、发兵征韩的代表人物是木户孝允，西乡隆盛则是主张谨慎行事的。岩仓使节团考察欧美、开了眼界，以为日本武力昌隆的热情进一步降低——这个现象是很清楚的：打开国门之后，越是眼界开阔、看清楚世界与日本真相之人，便越是反对莽撞行事。

美、英等列强确于幕后推动日本向周边扩张，但这股推力也并未成为固定政策、持之以恒——后来大久保政府决心要侵台之时，新任美国公使宾汉反而撤销对该项行动的支持。至于过往的征韩论旗手木户，在一切对外政策主张之上，首先需要保住长州派大佬的地位，而他的党羽山县、井上被穷追猛打，即将酿成威胁他本人政治生命之大危机。木户离开岩仓使团，1873年7月先一步回国，到处奔走以平息党羽们的贪腐案件（却不回到政府里去），所以他的关注点根本不在于朝鲜，而是眼前的政斗。

作为木户政斗的主要对手，西乡隆盛对待征韩问题的态度毋宁说仍然是小心翼翼的，疑问"先派军队是否得当？"，并担心"大违初意，酿成战争"，由此可见西乡并不赞成贸然出兵。西乡的主张是"派出使节，明确宣布其（朝鲜）违理"，并愿意自任使节，朝鲜"必然采取轻蔑举动，杀害使节"，那时再派征讨大军不迟。

后世可以从完全不同的视角看待西乡试图自任使节、前往朝鲜谈判之意图：也许西乡确实是以武士之意志，为了全日本百万因为封建制度破除、征兵制实施而失去优越地位的士族找一份在海外杀伐的工作，而自愿去惹怒朝鲜、牺牲性命。这场战争实在太过冒险，既然你们非要打，我西乡就替你们开路，以后你们

注①

掌握朝鲜政权的大院君是非常保守的，以中华儒家文化为荣，对清廷"事大主义"以"三百年金石之约"来形容。因此对于日本维新之后，日本人穿西装、坐洋船等举动，极为鄙视，更不可能接受日本进行平等交往的主张，因为这违反了"华夷秩序"。朝鲜与日本的关系在明治初年可谓急剧转恶。

自个看着办。但还有更大的一种可能性：西乡这番慷慨激昂之词，只是为了稳住叫喊立即出兵的激进分子，他本人如果能够抵达朝鲜进行谈判交涉，虽然也肯定会采取一些恫吓手段，但最后所取得成果，未必会与时隔两年之后大久保政府同样对朝鲜采取恫吓手段所取得的《江华岛条约》有很大差异。总而言之，8月17日内阁做出决议，三条太政大臣委托西乡本人作为全权大使前往朝鲜，次日已得到天皇批准，但需待岩仓回国后再正式宣布。9月13日，岩仓、伊藤率团回到日本，形势急转直下。

返回日本的岩仓、大久保面对的形势是：政府、军队中长州派势力均大受打击。大久保的老巢大藏省，被丑闻搞得一塌糊涂。副岛出使中国取得外交成果，岩仓使节团原本要修改条约的使命却完全没有达成。推行征兵制、设置陆军六镇台之事业也在留守政府主持下得以推进。如果再让西乡取得对朝外交之成果，岩仓、大久保将被边缘化是可想而知的，于是他们必须展开反击。

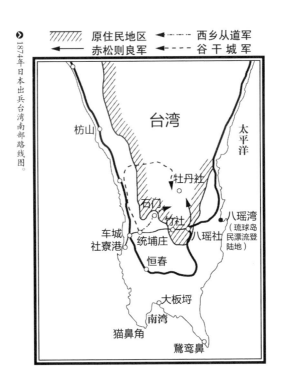

1874年日本出兵台湾南部路线图。

西乡自己给对手留下了把柄，毕竟他在使节团出航前曾承诺不在大政方针上自行其是。西乡为安抚出兵派的言论中，也确实说过如朝鲜轻举妄动、便可派兵征伐。这样，岩仓、大久保便将西乡一派打成"外征派"，而自己摇身一变成了"内治派"。大久保以崇高之立场，纵论世界形势，说到横滨还有英、法驻军，政府则身背外债五百余万两，贸易入超年超百万两，如此境况下轻启战端，为了外购武器势必使外债更加增多，何等无谋！西乡对此亦无可辩驳。天皇于10月23日"圣裁"推翻遣使往朝鲜一事，由此争斗了结。西乡与坂垣、副岛、江藤、后藤均递交辞呈，近卫军中桐野利秋以下萨摩派、片冈健吉以下土佐派，大多亦掷冠而去。真可谓政治、军事之大地震。

政斗失败之前，征韩派已经在组织部队准备对朝鲜动手，而陆军卿山县有朋与海军卿胜海舟是被西乡给抛在一边的。胜海舟得知出兵计划后表示海军军备根本就不足，如果政府强命海军出战，他就只能辞职。山县在8月去巡视各地镇台时仍然被完全蒙在鼓里，至大阪时才接得有关内阁决议的消息，还以为事态并不严重，至10月间听闻征韩之事已决，顿时大吃一惊（《公爵山县有朋传》）。征韩派用于侵朝的地面部队本就不想依靠山县正在征召的"泥腿子"，"鬼石曼子"军团可谓信心十足[1]。可是没有海军支持，如何跨海作战？事实上，征韩派所能依靠的只有"友邦"之支援，副岛被李仙德灌了迷魂汤以后，以为一定能够获得美国军舰和运兵船。但上文已述，外部势力对日本向外扩张的鼓动仍然是不明确的，也不连贯的，再加上日本国内各种复杂问题纠结，最终导致征韩论受挫。然而受挫只是暂时的——需要注意的是，外务卿副岛辞职了（他加入坂垣的民权运动中去了），但李仙德这个美国佬可没滚蛋。他继续其鼓吹事业，于是仅仅半年之后，贪腐案件不了了之，"内治派"政府各位大员弹冠相庆，日军竟于明治时代首度跨出国门，侵略中国台湾了！

1874年年初，大久保（此时任内务卿，掌控新建的、掌握全国治安权的权势机构内务省）与大隈重信（大藏卿）拟就《处理台湾番地要略》，事隔两年之后才宣称"我藩琉球人民遭受杀害，为之报仇，乃日本帝国政府之义务"。4月，

注①

萨摩藩岛津家在战国时代末期臣服于丰臣秀吉后，萨摩军在岛津义弘的率领下参加丰臣侵略朝鲜之役，其战斗力和成果堪称是各支日军部队中最大的，援朝明军因此以"鬼岛津"的日文发音称其为"鬼石曼子"。萨摩派如此积极鼓吹征韩，祖上的武勋传说显然是重要的心理因素。

西乡隆盛的从弟西乡从道（先前拖延阻碍了侵朝出兵计划的制定）任台湾藩地事务都督，李仙德随同顾问。新任美国大使宾汉如前所述，表示反对日本出兵台湾，英国大使巴夏礼也表示反对——与美国某些势力推动日本侵台不同，英国主要是想推动日本侵朝，并不希望更多势力去中国南方插一脚。

虽然大久保就此失去了英美的海上支持，但西乡从道明言箭在弦上不得不发，否则他也压不住军队不满情绪了，随后擅自率三千人的军队5月6日由长崎出港，大久保只得事后加以承认。日军登陆台湾南部后虽然很快迫使原住民退往深山，战亡人数稀少，但死于热带疾病者却很多，军费消耗更是庞大。大久保于8月亲赴北京展开艰苦谈判，几番濒临破裂，最终于10月签署《北京专条》。清廷不但以抚恤难民、购买日军在台建造房屋名义赔偿了50万两白银，还承认日军出兵行动是"保民义举，中国不指以为不是"（即间接承认琉球属于日本）。所换来的不过是日本对此前并无异议的事实之承认——台湾是中国领土。

直到西乡从道出兵时，清政府仍然沉浸在"玛利亚鲁士"号事件所形成的对日友好印象中，得知日本竟不顾《日清修好条约》、悍然出兵大清领土，自然震怒，且并没有在军事上处于不利形势，却为何要签署不败而败的条约呢？其实看一看是谁在幕后发挥作用就明白了——英国驻华公使威妥玛，在日军还未出兵前便向清政府发出警告，但后者并不相信。待到日军入侵消息传来，中日双方军队在台湾岛上形成对峙局面，即将全面开战时，又是威妥玛从中周旋，甚至对李鸿章用语极其粗暴，终于逼迫清廷让步，签署《北京专条》。他如此忙前忙后所为何事？大久保来到北京后，威妥玛终于将真实目的向其合盘托出——强烈建议大久保对朝鲜用兵，并道"日本经略朝鲜有利，如果日本有此举，欧洲没有异论，我英国将给予帮助"云云（摘自《大久保利通日记》）。就这样，东亚各国联手抗击西方列强的希望毁于萌芽状态，而日本很快侵犯朝鲜的举动，将引发中日两国围绕朝鲜不断升级的对抗，直至甲午战争。

西南之役

1875年2月，由于日本在对朝外交文书中持续使用"大日本、皇、敕"等字眼，违反朝鲜所坚持的"华夷秩序"规则，日朝交涉再次停滞，已经明了清政府软弱的大久保政府决定对朝鲜动手。5月，日本海军炮舰"云扬"号擅自开入釜山港。9月20日，"云扬"号又擅自驶进汉江河口，并以补充淡水为名向江华岛派出小艇——这活脱脱就是当年英舰"菲顿"号擅闯长崎港之翻版。朝鲜开炮将其轰走。颇具讽刺意味的是，已经下野的西乡隆盛听闻消息，批判大久保政府的做法"实属背离天理之可耻行为"，还追问大久保是否"以奸计使过去种种情况化为乌有，另启战端？"问题提得很好，可惜已经下野，说了等于白说。大久保派遣黑田清隆为正使、井上馨为副使实施威压谈判之后，日朝两国签署《江华岛条约》（即《大日本国大朝鲜国修好条约》），朝鲜单方面向日本开港、设立"特别居留地"①并承认日本的领事裁判权。日本的侵略性"大陆政策"就此迈出第一步。

这第一步对于中国是警钟，对于朝鲜是晴天霹雳，对于日本近代史是罪恶里程碑，但在当时日本社会上反响不大，只因日本国内形势几乎可用"烽火连天"来形容了。1876年3月，政府颁布《废刀令》剥夺士族佩刀之自由，8月士族家禄制度被完全废除（代之以"金禄公债"和士族银行贷款等救济措施）。社会地位的优越感、持续数百年的铁饭碗都被打破，成为士族大举叛乱的导火索。为了安抚士族，政府所付出的公债数额不可谓不大，人民百姓头上的负担不可谓不重，事实上绝大多数士族如何落魄，亦不至于会马上饿死②，这就使得士族叛乱不可能如同战国乱世那般在全国普遍发生，对政府形成致命威胁。1876年10月间，连续发生了熊本神风连之乱、福冈秋月之乱、山口萩之乱。特别是萩之乱，其发生所在地区乃是过去毛利家长州藩核心区域（因其藩厅设于萩城长达260年左右，长州藩因此也称"萩藩"），前任兵部大辅前原一诚也参与进去，兵败身死。

1873年年初，山县有朋主导实施国民征兵制充实陆军，但仅仅半年之后，全

注①

在朝鲜设置"特别居留地"事宜是1877年年初，由花房义质出使朝鲜逼迫其签订《釜山居留地租借契约》而确定的。日本本国内也在横滨、长崎划有土地给外国人居住，在中国、朝鲜看来就是租界，但日本将其称为"居留地"。西方国家在中国的租界中一般只行使警察权，紧急状态下才部署军队。而日本在中国开辟的所谓"居留地"，却是常驻军队、侨民武装团，对中国的利益侵害更重。

注②

按照远山茂树著《日本近现代史》第一卷序章记叙：处理秩禄上的财政负担是1.8503亿日元，比处理以前支付家禄的总额1.2915亿日元还多。能够靠"金禄公债"的利息维持生活的人，只有旧大名和少数以上层藩士。在西南战争进行的同时，大久保政府制定债券发行条例，以各种名义投入资助士族经营产业的经费达到1亿日元以上。如此，全国士族才没有积极响应鹿儿岛县士族叛军。过后数年日本货币大举贬值，最终导致本就不善经营的原士族群体破产没落，但此时政府在政治、军事方面已完全稳固，再也不可能武装造反了。而另一方面，西南战争结束的1877年年末，日本政府欠下的公债总额高达2.36亿日元。

国到处发生反对征兵的农民"一揆"暴动。面对手中仅仅只有"竹枪"的对手，手中握着步枪的陆军进行镇压自然并不费力，而且山县还故意偏向于依靠地方士族为主的镇台兵去搞镇压。另一方面，山县又以陆军兵学寮培养的新军官取代西乡下野时带走的近卫兵士族军官。西乡搞征韩计划时完全甩开山县，这给山县很大的刺激，从此之后他便开始追求"统帅权独立"，即令全民征兵组建之"皇军"名义上只服从于天皇，事实上则控制于军部手中。

而在山县的对面，政斗中失败的西乡则将另一套陈腐的军事体系付诸现实，即建立士族专制政权。早在拉队伍进京组建"亲兵"之前，西乡便在家乡鹿儿岛将土地分给低级士族，然后每个乡都以庄头为首的士族武装团实施管辖。下野后再度回乡，西乡以下一干人等依靠维新功臣所得的"赏典禄"资金（西乡个人有2000石），开设士族私学校与附属炮队学校，至西南战争打响时"私学校党"集结起13000人的队伍。县中的区长、警察署长都由西乡派人担任。就这样，鹿儿岛士族专制的"西乡王国"建立了起来。

大久保试图学习的是德国俾斯麦，建立中央官僚专制的政府，而西乡追求的则是乡间士族专制，类似于战国前期由大大小小地方"土豪"所支撑的"大名共和国"。山县要学习的是老毛奇麾下纵横披靡的普鲁士军队，所谓"不是普鲁士国家拥有军队，而是普鲁士军队拥有国家"，以及"大总参谋部"一人之下、万人之上的权柄，而士族军队有事才集结起来，没事就耕田并看家护院，很少关心县外的事情，作战主要依靠个人刚健精神。西乡鄙视昔日至交大久保一味浅薄地西方化、满身铜臭气，但问题的关键是西乡所作所为根本就是开数百年的历史倒车，绝不可能成功。鹿儿岛地方政权与东京政府之间裂痕越来越大、不可弥补，终于1877年2月爆发全面战争，史称"西南战争"。

从战术上来讲，叛军充分展现了其个人战力的优秀，兵力与武器装备处于极端劣势的情况下仍然与政府军血斗至9月末才被彻底歼灭，以西乡隆盛为首的一干叛将几近全灭。而从战略上来讲，叛军一开始就犯下了久攻熊本城不克的巨大错误，而即使攻下这座城池其实也没有太大的意义。政府军方面则策动海上登陆配合陆上进攻，形成多路合围的有利战略态势，并在野战中充分利用火力优势，虽然也吃过几场败仗，但战略上一直处于不败之地。

赢得战争胜利，大久保的政府首脑地位更加巩固，但他却于1878年5月遭遇士族浪人刺杀身亡，再加上一年前木户因病去世，维新三巨头的时代遂告结束。全国士族尽管不满，但也不再怀抱重建武家政权的梦想，许多人转投于自由民权运动——后来的日本民权论者往往同时鼓吹亚细亚殖民扩张，便是此时遗留之毒素。

新一代的"御用商人"如三菱会社趁着战争发展起来（政府为这场战争支付军费4150万日元，三菱会社赚得其中1500万日元），成为财阀。但最关键的变化来自于经受了战火考验的庶民军队。数万名应征兵坚韧不拔地进行战斗，怀着对士族阶层数百年作威作福的痛恨，最终将其彻底打倒。一批军官将佐获得了近代战争的实战体验，这些宝贵的经验将沿用于甲午、日俄战争。明治维新起始已经十年了（西南战争又称"十年之役"），日本在外交上受英、美之影响，已经彻底放弃对朝、对华友好的想法，并初步品尝到向外扩张的甜头。如今内部已平，日本将开始铸造对外征服之剑。

敌人就是大清国

1939年年初，平沼骐一郎上台组阁，面对日本陆军深陷中国战场泥潭，进不得、退亦不得之状况，曾由衷感叹道："明治时代的元老大半为武士阶级出身（平沼本人出身于冈山县津山藩士家庭），当时的武士是军人，也是统治者，同时还是行政官、司法官。也就是说（明治元老）身上同时具有政治、军事两方面的知能与资质，因此可以于日清、日俄战役取得辉煌胜利。对此不加注意，是陆大教育之误啊！"

如果按照平沼以上标准，推翻幕府的第一元勋西乡隆盛自然武功卓著、主持留守政府时期把各项事业也搞得有声有色，武士本色更是不容置疑，此等人物正应该领导日本沿着康庄大道走下去，却被排挤后遭打击至灰飞烟灭，死后魂魄都没资格进入东京镇魂社（西南战争后改名"靖国神社"）去配享冷猪肉。伟大的西乡不在了，"皇军"头号首脑毫无疑问便是山县有朋，他将倾力打造出心目中理想的"东方普鲁士军"——创建被平沼痛恨的陆大（陆军大学校）只是打造过程中的一项举措。

明治政府创立以来，军政大权由太政大臣总揽，而陆军卿与海军卿隶属于太政大臣，没有直接辅佐天皇之权。1878年11月，前身不过是清水衙门的陆军省参谋局被独立出来，成为日本陆军的参谋本部，规定参谋本部长不仅不受陆军卿管辖，也不受太政大臣管辖，而是作为陆军军令（对内对外的陆军作战准备与指挥）方面辅佐天皇的最高机关，直属于天皇——所谓天皇的直接指挥当然只是徒具形式，实质是军令机构从此得以按照自身意志行事。

1879年10月，在重新划分全国陆军为7个军管区的同时（增加北海道为新军管区），公布陆军组织条例，其第一条便规定"日本帝国陆军一律直属天皇陛下"，第七条规定"有关军令之事项，由参谋本部长负责上奏和策划，经天皇亲自裁决后，由陆军卿执行之"——也就是说作为政府一部之陆军省，实质上沦为参谋本部的附属执行机关。首任参谋本部长自然由山县亲任，从德国考察军事归来、时任中佐的桂太郎被委任调查从朝鲜至中国沿海地理及社会情报。各种情报经过综合研究之后，1880年山县提出《进邻邦兵备略表》上奏文，基本主张是：虽然日本财政状况严峻，但世界列强均"论兵之多寡急于论国之贫富"，清政府也在大力强军。日本实施强兵策刻不容缓，应优先于一切政治课题。

1881年5月，时任陆军卿大山岩（旧萨摩藩出身）和山县参谋本部长联名向天皇申诉说修筑东京湾炮台的经费不足，争取到天皇直接敕令拨款。这是参谋本部长（1889年起称参谋总长）直接行使上奏权、跳过政府来取得军费之首个恶

❯ 明治后期东京陆军士官学校外观。

例，但实事求是地讲，山县本人并不赞同延续这个恶例，要让军队获得足够令他满意的军费，显然不能依靠每次都找天皇诉苦。而且必须要注意的是：明治时代由于维新元老威望极高，行使"直接奏请"权力的不仅是山县。后来甲午战争时，基于"统帅权原则"首相伊藤博文是没有权力加入作战计划审议会议的。但是伊藤直接奏请天皇得到同意，强行列席，于军事战略以外将政治、外交战略完美与之结合而形成较为平衡的整体战略计划。

多年之后平沼感叹陆大没有培养出"文武全才"的好学生来，却对于引发军部独走的"统帅权原则"不置一词（事实上他完全赞同各项军国主义原则），何其谬也！1882年《陆军大学校》条例颁布，陆大于1883年4月开设于东京赤坂的参谋本部院内，首任校长是儿玉源太郎，从德国聘请梅克尔少校授课，日本陆军就此开始由学习法国全面转向学习德国（梅克尔同时也担任桂太郎等主导的"临时陆军制度审查委员会"顾问）。

改变经费现状的机会很快就来了，朝鲜被日本打开国门之后，又连续被美、英、德等国强迫签署不平等条约，终于1882年7月发生了"壬午兵变"，起义士兵杀死了日本教官，日本驻朝公使花房义质逃跑至英国军舰上，把持朝政的闵妃政治集团被推翻。8月，日军数艘军舰运载150名士兵侵入仁川，山县取得天皇批准后向全国军管区下达了集结令，并在福冈编成临时混成旅团准备开战。清政府随即也派出数艘北洋水师军舰前往对峙威慑，最终以逮捕大院君送往天津软禁、扶持闵妃归位之举措，解决了事态。

日朝两国随后签署《济物浦条约》，朝鲜政府支付赔款并进一步开放国门，日本甚至取得了驻军权（名义上为了保卫使馆），为甲午战争留下最直接的祸根。壬午兵变使得中日之间仅存的一点好感完全丧失殆尽，互相确认为未来必定开战之对手。中朝两国随后签署《通商章程》，明确朝鲜对中国的宗属关系，清政府也在朝鲜取得租界、驻军权，并从政治、经济、军事各方面协助朝鲜实施改革。如此一来，日本对朝鲜的渗透远不及清政府来得快。这便使得日本朝野上下产生莫大危机感。既然庞大的中国已经成为明显的假想敌，那么日本必须付出百分之百之努力扩张军备也就势在必行了。

1883年，为明确扩军之必要性，山县提交《对清意见书》。11年前山县提出第一份"国防方针"建议书，当时日本的国家军事战略还只是模棱两可的"要从国内镇压向对外防御转移"，至此终于以积极筹划对朝、对中实施大规模军事侵略为根本性战略。并非偶然，又过11年甲午战争爆发。

山县之《对清意见书》中对于清军威胁认识是：清国陆海军军制均在进行变革，模仿西洋形制，西式军舰已经拥有百余艘之多……以此可宇内争雄。即对于清军的实力评价为亚洲之雄者，而日本现状则难以企及。因此具体有四项提案：第一，需要迅速建造装甲军舰以提升海军实力。第二，通过整备海峡炮台以强化沿岸防御。第三，对清外交需维持和平方针。第四，应加强万一对清作战的准备工作。军备大扩张运动就此开始，而作为陆军军头之山县在意见书中视为最紧要之事，却是海军之大举扩军。

击沉"定远"的游戏

"壬午兵变"解决之后，日本尽管逼迫朝鲜签署了不平等条约，却对于清政府派遣更为强大的北洋水师与其对峙，深以为羞辱——其后百年直至今日，此种情况屡屡发生，只要在外交、军事、经济各种冲突中，日本没有占到便宜（甚至是没占到大便宜）就一定会自觉深度受辱。昭和时代的日本军史学者对此评论道："国际关系中一切以力量为准绳。深为遗憾的是，当时我国国力实在不足。虽以尚武为国是，征兵令实施已过十年，国军却只堪国内使用，于国际上实不堪用。且现状是相对陆军，海军形势更为严峻。虽然维新以来，在我国海军的建设扩张乃一般国论……然而唯独海军处于不振之态。"

虽然海军在1882年仍处于"不振"状态，由接收幕府海军起家的这支可怜的明治海军，却早已做起侵略海外的梦想。1870年5月，后因主张征韩论下野、造反而亡的兵部大辅前原一诚向太政官提出《关于创建大海军之提议》，纵论世界列强皆为海军强国，日本是孤悬于大洋之上、四面皆可能受敌攻击之岛国，因此"今日之事，唯需尽快振兴强大之海军，以护卫数千年岁月之我赫赫皇国，于内地尽驱外兵及开疆至北海尽头，更将朝鲜收为属国，西连支那，强压俄虏"（由此可见前原主张"征韩"的同时也主张"日支提携"）。[①]紧接着前原便要求建造军舰大小200艘，其中蒸汽厚铁舰（当时只有一艘"甲铁"勉

注①

笔者由佐藤市郎所著《明治海军五十年史》中摘录此大海军提议内容。值得一提的是，因为前原后来发动叛乱身亡，《明治海军五十年史》只道这些提议是兵部省提出的，竟不提前原的名字。

强算包铁舰）50艘，常备人员25000名，为此需支付的费用是金千万两、米20万石，以20年为期建成大海军，每年费用大约折合150万石。

不过明治初年根本没钱建立如此大海军，提议遂不了了之。三年之后，海军省独立出来，海军卿胜海舟又提交一份新造舰提案：甲铁舰26艘、大舰14艘……总计140艘作为海军总体战力，期待18年整备完成。尽管数字已经大大缩水，但这份提案同样无资金去实施。因此，1873年征韩派叫喊要出兵朝鲜时，胜海舟便表示海军无力配合，政府如强令他出兵，只能辞职了事。

1874年入侵台湾时的海上窘困状况，终于迫使政府拿出一些钱来（310万日元），向英国订购了"扶桑"、"金刚"、"比叡"三艘巡洋舰，1878年加入日本海军。1882年清政府派北洋水师"超勇"、"扬威"等军舰威慑在朝日军，海军卿川村纯义借机争取到海军第一期扩军经费（当然这也得益于山县为首元老的谅解），总额2400万日元，向外国购买"筑紫"、"千代田"（取代神秘失踪的"亩傍"）、"浪速"、"高千穗"等具有世界准一流水准之军舰。

1884年，在朝鲜又发生了日本支持的开化党政变（甲申事变）[①]，日本焦躁于对朝鲜渗透远不及清政府来得快，又看到清廷南洋水师在中法战争中被一举歼灭，便鼓动在朝鲜的爪牙发起无谋政变，结果迅速被清军镇压。中日之间对抗情绪更加激化。随后中日签署的《天津条约》规定今后朝鲜有变，清日两国如要出兵须事先相互通知，为日本侵朝留下了最大的借口。受此事件刺激，1885年日本政府发行海军公债1700万日元，变更原先扩军计划，申请新造54艘新式军舰，达66300吨。1888年，官制改革之后就任海军大臣的西乡从道（原陆军中将）沿袭此扩军方针，请求自下一年度起追加更多海军军费（第二期扩军），计划购买建造16艘大型铁甲舰，由此海军支出占政府总支出比例年年超过10%。

同年5月，海军参谋本部与陆军参谋本部分道扬镳，前者于甲午开战前改名海军军令部。8月，海军大学校设立，井上良馨任校长。1890年时，日本海军舰艇总吨位达到58000吨，而同一年中国海军总吨位是65000吨左右（此后北洋海军发展停滞），已经相当接近了。

注①

开化党是中国方面的称呼。日本为了强调支持朝鲜所谓"独立"之主张，将朴永孝、金玉均为首的这伙人称为"独立党"。

日本海军军费数额及占财政总支出的比例
（摘自《明治海军五十年史》）

年份	财政总支出	海军军费	比例
1877	48428000	3168000	6.54%
1881	83106000	3015000	4.56%
1885	61115000	2635000	8.72%
1888	81504000	5469000	12.03%
1890	82125000	5786000	12.37%

注：财政支出与军费的单位是日元。

以上日本海军扩军过程中，曾有一桩虽然事出偶然、却很能成为日后甲午战争胜负注脚的事件——1886年，北洋海军造访长崎，清军水兵下船后逛烟花柳巷、与当地警民发生冲突，双方互相赔款了结此事。日本社会上下掀起捐献资金买军舰的高潮，民间对中国愤恨情绪直冲云霄，小孩子普遍开始玩"击沉'定远''镇远'"的游戏。日本海军高层自然不会以游戏态度来对待拥有远东头号巨舰的北洋海军，除了继续大力买舰造舰以外，海军作战战略也在研讨制定中。1890年，继任海军大臣的桦山资纪又提出更大规模的扩军案（12万吨！），最终使得甲午战争打响前日本海军总吨位达到62000吨。

同时，桦山阐述日本海军战略如下："维持我之国权即防止他国侵扰，将敌击退而守卫之策必导致前进攻击之事实，军舰于海上之势并无攻守差别。"此话含义就是海军总体战略虽然是于国土周边之海上采取守势的"邀击"战略，但具体作战战略是必然需要采取攻势的。此"攻势主义"思想，后演变为"舰队决战战略"，成为日本海军支配性战略思想。众所周知，此时世界海军中开始盛行美国海军学者马汉的理论①。

1902年，海军少佐佐藤铁太郎写成《帝国国防论》，由山本权兵卫海军大臣上奏于天皇，其主张要点是：一、日本是与英国相似的海岛帝国；二、海岛帝国的国防以防守自卫为宗旨；三、为此海军要以保护通商为任务夺取制海权作为主要任务来整顿军备；四、为此海军要采取攻势，于海上邀击敌舰队并将

注①

马汉极为强调"集中原则"，他有一句名言："切勿分散舰队（Never divide the fleet）！"

明治末年的陆军参谋本部外观。门前铜像是名义上领导了倒幕战争的有栖川宫炽仁亲王（东征大总督）。

其击破，才能圆满达成国防目的。此份浸透马汉思想的文件虽然是写于甲午之后，但实质是对甲午以来日本海军已实行战略成果之总结，并将通过其后的日俄战争进一步加强至固若金汤的地步。

中日对决已迫在眉睫的1893年，山县再度上奏《军事意见书》（他的意见书不止一份），提及海军状况称："于要港防卫之任务亦不足，更不用说对应东洋之危机，如欲夺取东洋之霸权，最大急务仍是整顿海军。需用八九年时间，整顿海军军力应达到15万吨。"山县没有想到的是翌年日本海军便击败了中国海军，而15万吨这个目标将在对俄扩军运动中去实现。由文中"如欲夺取东洋之霸权"这番话语，倒可充分明了日本海军真正战略之所在。

甲午战争与第二期大陆政策

背着债务剑指北京

如果我们细细探究明治时代日本的社会面貌，将会发现无数令如今的"日

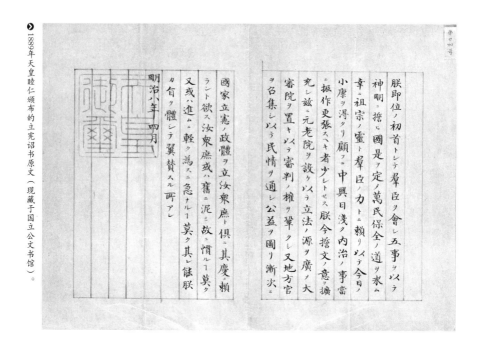

1889年天皇睦仁颁布的立宪诏书原文（现藏于国立公文书馆）。

本通"们吃惊到合不拢嘴的现象。例如，当时日本向中国出口之大宗商品包括最简单的手工业品——火柴，原因是大量农村人口涌向城市、为"血汗工厂"带来了取之不尽的极廉劳动力，所生产的火柴尽管质量糟糕，但价格极便宜。为尽可能增加出口创汇，大量日本女性在国内外沦为风尘女子这类事就不多说了，当时日本还拼命向欧美出口大米。以日本耕地之缺乏、人口之稠密，出口国产大米当然会带来米价攀升，于是乎就需要采取各种手段从朝鲜进口更廉价的大米补充国内。

强行打开朝鲜国门之后，日本对这个国家的掠夺就从最基本的生活物资大米开始，自然又激起朝鲜民众普遍愤怒。日本海陆军（特别是海军军费翻倍增长）由1883年开始大举扩军导致政府债台高筑眼见将升入云霄了！1889年《大日本帝国宪法》公布，对亚洲第一个宪政国家（当然更准确来说前面需要加个引号——"天皇制"）诞生、帝国议会开幕（拥有地产或满足缴税额规定的男子才有选举权、第一次大选的选民只占总人口的1.24%）庆贺之声未绝，1890年明治日本便陷入首次严重经济危机，全国到处爆发"米骚动"，山县内阁（他是作为因修改不平等条约失败、此时难以上台的伊藤之替身而于1889年年末登上首相宝座的）

则以制定《治安警察法》等镇压措施予以回应，全力维护藩阀统治。

《帝国宪法》公布的仪式上，总理大臣黑田清隆和枢密院议长伊藤博文均发表演说，强调要继续坚持推行"国是"即开国进取、富国强兵政策，但第一届议会强调要"修养民力"，于是削减1891年政府财政预算（由8300万削减至6500万）。第二届议会又削减军舰、钢铁厂建造费，于是1892年7月由于陆军部、海军部拒绝提出继任部长，导致松方正义内阁总辞职，首开军部利用此恶劣手段阻扰政治运转之先例[①]。伊藤临危受命、出马组阁，山县、黑田、井上馨、大山岩等元老都入阁，以应对"东方大局"变动下"我国命运之危殆"，而实质上萨、长藩阀专制正是此时达到极致。

1893年2月，伊藤及内阁成员联名请求天皇在敕令议会与政府妥协、或解散议会这两个选项间进行裁决——"正是为了军国主义至上的课题，而使出了家传宝刀。"（《日本近现代史》第一卷）天皇一书诏敕之下，至今某些人艳羡不已的所谓"日本宪政议会民主"便于轰响的战争鼓声中沉默，第四届议会（1892年11月—1893年2月）迅速通过政府提出的预算案（象征性地砍去272万日元，其代价是议员们自身要在未来6年中"捐献"俸禄十分之一纳入造舰费用），并承认了所有追加预算，且无一名议员提出异议！[②]战争已经不是要不要发动的问题了，而是必须赶快发动起来并打败中国，否则仅仅高额巨债的利息重负便会将日本压垮！议会休会后不久，即制定了战时大本营条例，规定大本营只能由陆海军军人组成，文官不得参与作战指导，这就是为开战而做指挥体系准备了。但首先，让我们看看陆军在最后阶段的作战准备工作。

尽管经历了惨烈的西南战争并获胜，但实行征兵制十余年的日本陆军仍然苦于本就负担沉重的民众逃避兵役，山县于1883年后转去研究建立地方自治制

注①

　　需要指出的是，导致第一次松方正义内阁（1891年5月—1892年8月）总辞职的起因事件，表面上并非军事问题，而是1892年2月第二次众议院大选期间由品川弥二郎内务大臣和白根川一次官所主导的大规模选举干涉问题，导致政斗演化为暴力冲突、民党方面死伤数百人。品川、白根的后台就是陆军大臣高岛鞆之助、海军大臣桦山资纪，农商务大臣陆奥宗光为此抗议辞职。经过内阁改组，新任内务大臣河野敏镰着手对白根及福冈县知事安场保和等数名责任人进行调转、免职处理，结果高岛、桦山干脆一起辞职，而代表陆军的大山岩、川上，代表海军的仁景礼范一同拒绝松方请求军部提出后任人选的要求，反而劝松方也辞职了事。

注②

　　1894年8月战争一爆发，明治政府又陆续发行总额达1.25亿日元公债，并召集各大银行行长"训话"要求"协助政府"，贷款4250万日元。

廣嶋御發輦之圖

甲午战争时天皇睦仁（以军队统帅身份来说是大元帅）从皇居出发，前往广岛设置指挥大本营的绘画。随后议会也被临时召集于广岛，称"举国一致之军国议会"，立即通过庞大临时军费案与战争公债发行案。

明治廿七年九月廿八日印刷　明治廿七年九月三十日發行　表紙繪作者日本橋區和泉町一

度，其实质目的便是通过此制度彻底加强基层户籍管理完善征兵制。1883年开始的大规模扩军，虽然海军获益远比陆军多，但陆军也要求将步兵编制扩充至28个联队、野战炮兵扩充至7个联队，骑兵、工兵和辎重兵都扩充至7个大队，至1888年基本完成。

以时任受位陆军省次官的桂太郎为中心，凭借陆军大臣大山岩、元老山县公（1889—1891年第一次组阁担任首相）的支持以及川上操六（出身旧萨摩藩）、儿玉源太郎两位少将协助（川上、儿玉两人当年在陆大时，被德国教官梅克尔特别称赞为优秀学生），称"相比法国，德国之制度才完全符合日本之国民性，因此是以日本之国民性考虑来建立陆军制度"。（《桂太郎与军政之整备》）决心将建立德式陆军的最后步骤付诸实施。

1888年5月镇台制正式改为师团制，近卫军与六支镇台兵各自改为近卫师团与第一至第六师团（驻扎本营分别位于东京、仙台、名古屋、大阪、广岛、熊本）。1890年又补充了沿海要塞炮兵，陆军基本以此阵容迎来甲午开战。陆军大部分士兵手中握有国产步枪：村田枪，但并不怎么先进，火炮也仍然是青铜制。日本陆军将用以击溃清军的真正"武器"，是多年模仿德国军事战略思想而成的"攻势防御"、"各个击破"。

1888年7月，山县提出的《军事意见书》对于陆军作战战略是如此描述的："即使敌人是拥有强大海军力量的国家，由其海上输送能力而言，一次性登陆（日本）的兵力最多只有两个师团。因此，日本的各军管区内有一个师团事前部署阻止敌军推进，再利用铁路将1至3个师团集中起来发动攻势，则大有可能将敌击溃。此作战战略即为'攻势防御'，敌人每一次登陆，都被顺次击溃，这一点便是'各个击破'。"以防守日本漫长的海岸线角度而言，此战略非常正当、毫无侵略性之意味，而实质当然并非如此。

需知明治日本的铁路、航运事业是在国家全力扶持之下膨胀式发展的（农商务省对铁道、海运会社的扶持力度最大）。一旦大陆上发生战事，日军可通过铁路迅速前往西部港口（其中最重要的是广岛湾宇品港），搭乘轮船实施登陆（当然这是在海军夺取制海权的前提下），则山县的陆军作战战略可立即演变为在敌国领土上出其不意地集结兵力、主动采取攻势各个击破敌军部队。

怎样为在敌国领土上集结部队、实施攻势作战提供国家战略上的依据呢？1890年3月，时任总理大臣的山县向天皇提交《外交政略论》，终于炮制出所

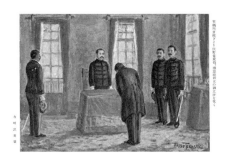

谓"主权线与利益线原则",即"日本国防之方策有两项。其一,以领土领海为线,称为主权线,侵犯此线之外敌需予以驱逐。其二,对于主权线之安全具有重大利害关系的区域,其外围边境称之为利益线,侵犯此线之外敌需予以驱逐……只有达成此两项方策,国家之独立才得以完全保证。"进而提出为此需要陆军兵力20万。

发动陆军兵力20万,与德国陆军一样利用铁路进行快速机动(当然日本陆军还得依靠海运),不但在日本本土的主权线范围内,而且在可算作是利益线范围内的朝鲜、中国领土上前进、集结,再以德国式的集中优势兵力之作战战略对敌予以歼灭式打击。将山县前后这些建议书、政论串连起来看,日本陆军的战略形态已昭然若揭,整个便是"普奥、普法战争"之翻版。

早在1887年,经过对中国情报收集后回国的参谋本部第二局长小川又次(因其才华出众,人送外号"今谦信")提出《清国征讨案》,基本方针是:"以8个师团派遣至清国,攻占北京,俘虏清国皇帝"为最佳方案,具体方案内容是"在海军支援下派遣6个师团登陆渤海湾,围攻北京的同时,在扬子江岸派遣2个师团登陆,牵制清军北上"。除了前述的7个师团,他把北海道的那些屯田兵也算作了第8个师团。

英国与俄国视角的远东战略

1890年之后,日本花费巨资购买的"松岛"、"严岛"(这两艘来自于法国造船厂)、"桥立"(最后这一艘由横须贺海军船厂自造成功)这三艘所谓"三景舰",以及"秋津洲"、"吉野"(英国造的最新式)为代表的具有新式舰体、高航速性能、装备大量凶猛火力之速射火炮的军舰加入海军行列。陆军也已整装待发。庞大的军费资金获得议会通过。民间对中国仇恨情绪、吞并朝鲜的鼓吹声浪已彻底煽动起来。可谓万事俱备只欠东风。

1894年年初朝鲜发生的东学党之乱。6月，朝鲜向清廷借兵镇压乱党，而日本战时大本营也于6月5日在参谋本部内设立，立即发布动员令，驻朝公使大鸟圭介在并无朝鲜同意的情况下援引《天津条约》指挥日军登陆，至6月底在朝日军已达8000人、远超清军。在中日两国就"同时撤兵"问题吵来吵去时，日本内阁已于6月22日御前会议奏请天皇"圣断"，决心继续增兵，这就注定了战争即将爆发（当然清政府也已经下决心开战，继续增兵）。

但是6月30日，俄国驻日公使希德罗夫向日本政府发出强硬警告："朝鲜内乱已经平息，日本应遵从朝鲜政府的要求，接受日清两国军队同时撤兵的方案，否则日本将背负重大责任，特此忠告！"这是千钧一发的时刻，强悍沙俄帝国的几句话，比中、朝两国万言书都更有分量。时任外相陆奥宗光在其回忆录《蹇蹇录》中讲述：（陆奥）急忙去找伊藤询问如何处置，原先主张增兵需谨慎的伊藤沉默良久后，缓慢但是坚定地说"事已至此，我们怎能接受俄国的劝告从朝鲜撤兵呢？"由此陆奥驳回俄国的要求。7月13日，俄国声明放弃抗议日本出兵，7月23日大鸟命令日军进攻朝鲜王宫，7月25日日本海军分舰队袭击清军运输船及护航军舰（丰岛海战），战争爆发。

我们首先要注意的是：阻碍战争爆发的最后、也是最大力量来自于俄国，其最终放弃的态度，使得一切阻碍因素消失。已经在朝鲜渗透多年的俄国之所以选择放弃，并非因为害怕当时实力根本达不到列强水准的日本，而是因为在日本的幕后站着英国。前文已述"日本对外战略的两种可能性与外部推手"，而英国便是自从萨英战争之后、推动萨摩转向倒幕开始，从外部对明治日本国家战略施加最深影响之势力。

甲午战争是远东战略格局的一次大洗牌，日本表面上由此真正独立而成为列强之一，但事实恰恰相反，日本是由此更深地被卷入世界列强瓜分远东的游戏中，成为大英帝国棋盘上重要的战略棋子。因此，笔者必须回顾英国、俄国漫长的全球利益冲突史，以这两国看待远东角逐的视角，才能真正讲明明治时代日本的军事战略本质所在，限于篇幅只能浅谈一番。

英国于维多利亚女王开始统治后（1836—1901年），资本主义发展水平达到世界顶峰，成为"世界工厂"与全球海洋霸主，大量殖民地使其成为名副其实的"日不落帝国"，但自从19世纪中叶开始，工业革命技术由英国扩散至全球，挑战者陆续出现。德国与意大利先后实现国家统一与民族团结，也开始向非洲扩展殖民地，德国人还远航至太平洋夺得许多岛屿。美国在南北战争结束后经济获得飞速发展，领土扩展至太平洋，并率先敲开日本大门。俄国在欧洲东南部针对不断衰落的奥斯曼土耳其领土实施扩张，试图夺取君士坦丁堡（伊斯坦布尔）、打开通向地中海的门户，此乃彼得大帝时代以来一贯的国策，最终导致1853—1856年的克里米亚战争，历史上恩怨情长的英国和法国联起手来登陆克里米亚半岛击败俄军，签署《巴黎和约》，俄国在欧洲的扩张势头被遏制。

顺便提一句，1853年年末俄国远东舰队司令普提雅廷正率领舰队停泊在长崎，打算强迫德川幕府开港，听闻克里米亚开战的消息后只好离去，结果打开日本国门的"荣誉"留给了一周后第二次来航的美国佩里舰队。英法这对好伙伴紧接着又干一票，1856—1860年对中国发动第二次鸦片战争，迫使清政府签订《天津条约》、《北京条约》。然而捞取最大好处的竟是不费一枪一弹的俄国，1858年西伯利亚总督穆拉维约夫强迫签订《瑷珲条约》、俄国公使普提雅廷（就是上面那位）强迫签定《中俄天津条约》（先于英法两国的《天津条约》），再加上1860年《中俄北京条约》、1864年《勘分西北界约记》，中国东北、西北150万平方公里领土被沙俄掠夺。英、法、俄成为此后数十年间在华殖民利益最多的三国，互相争斗不绝。

◎ 1894年8月5日，迅速击溃清军在成欢、牙山抵抗的日军混成第九旅团（大岛义昌部），凯旋回到汉城万里仓，公使大岛圭介、日侨民和朝鲜重臣出城欢迎。

而作为世界殖民帝国的英国，与强烈希望向南方扩张获得不冻港的俄国之间的对抗，绝不局限于中国。英国最为重视沿着地中海、红海、印度洋至远东海域的殖民利益经营，沿着这条"亚欧弧线"，英、俄两国在波斯、阿富汗、印度、中国的西藏直至朝鲜，到处发生利益碰撞。这一圈对抗下来，俄国在哪里都没有获得梦寐以求的不冻港，但侵占中国东北领土之后，终于获得了位于远东、面向日本海的海参崴港，立即着手将其建设为海军基地。这就是明治初年英国驻日公使巴夏礼三番五次提醒日本注意俄国威胁的原因所在，而鼓动日本"经略"毗邻海参崴之朝鲜半岛也是英国对抗俄国的策略之一。

1882年、1884年日本在朝鲜策动的"事变"，只是为将来全面开战留下了借口，当时来看日本侵略朝鲜的事业是严重受挫了，因此英国决定亲自动手。1885年，英国派遣舰队占领朝鲜南方要冲之地巨文岛，俄国国内一片哗然，认为英国的目的在于封锁海参崴，鼓吹也去占领朝鲜领土。中、朝乃至于日本都要求英国退兵，英国提出条件是需要俄国"保证永远不占高丽地"。由于俄英两国于当年9月签署《伦敦议定书》划分阿富汗边界，再加上权衡此时在远东与英国开战毫无胜算，1886年10月俄国终于声称"除担保太平外，并无他意，不愿取朝鲜土地"，于是翌年年初英国退出巨文岛。

虽然清廷对于朝鲜闵妃集团算得上有"再造之恩"，但其无力单独迫使英军退去的现实，使得朝鲜自此以后开始积极引入俄国势力，以作后盾（与之对抗的是清政府派遣的袁世凯）。在中国东北和朝鲜获得的利益，使得俄国统治高层的野心膨胀起来，1891年在财政大臣维特的鼓吹之下，决心修建从莫斯科通往海参崴的西伯利亚大铁路，它将使俄国能"控制太平洋水域的一切国际商业活动"（引自维特1892年11月6日奏折）。值得一提的是，铁路修建费的贷款完全来自于巴黎银行团，丝毫没有依靠伦敦和纽约的银行家。正是这条铁路引发远东在一次大战前的炙热战火，将中国、朝鲜卷入地狱之中。

春帆楼上伊藤左右开弓

转头再看英国。虽然在获得俄国保证、巨文岛事件平息之后，英国看似在远东过着太平日子，但在中、日之间越加浓厚之硝烟味中，英国最终决定抛弃清政府、支持日本以获取利益。在此之前，英国是两面下注的，清政府也从英国购买了"致远"、"靖远"、"超勇"、"扬威"等军舰（"定远"、"镇远"、"济远"、"经远"等则购买自德国），最重要的是还聘请英国海军中校琅威理为副提督，负责北洋海军的组织、操练、教育事宜（提督丁汝昌是李鸿章门下、不熟悉海军事务），琅威理使北洋海军训练水准在19世纪80年代末达到最高峰。但由赫德（1861—1911年掌控中国海关总税务司权利）推荐而来的琅威理实际是掌控中国海军之棋子——中法战争时琅威理因为英国宣布局外中立而回避去职，赫德向英国外交部发电要求允许琅威理再度赴华时极为露骨地说："法国人、德国人和美国人都想谋取领导权，但我仍将中国海军保持在英国人手中。……急需琅威理来，煊赫的前途已经展开，机不可失，时不再来。"再度来华的琅威理于1890年3月闹出了"撤旗事件"，即提督丁汝昌离舰后仍要求北洋海军为他自己升提督旗，这实际事关北洋海军到底是中国自主舰队还是中英联合舰队之争，最终琅威理辞职。

　　从国家民族的立场上来说，清政府的处置并没有错，但在与英国关系转为非常冷淡之后，老佛爷却热衷于修园子、给小皇帝办婚事，北洋海军停止一切采购，且训练废驰，如此迎来甲午之战。民族主义是一股精神力量，颓废与过激都不好，且必须要有实力做支撑，这是晚清留给我们的教训。总而言之，日本是在英俄冲突的漩涡中，主要受着英国的推力走向开战，这是无可置疑的。对于英国来说，清政府已经颓废，且不愿意加入争霸游戏中为其服务，而日本正在崛起并磨刀霍霍。远东形势只是英国的世界战略棋盘上偏远之一部，正在欧洲大陆上崛起的德国才是心腹之患，因此在远东能够"借力打力"是最好不过的事情。当然，日本的扩张对中国、朝鲜会造成如何大的伤害，英国佬是绝对不会关心的。对于日本来说，由于国内形势沸腾，开战已经是箭在弦上、不得不发。至于坐在棋盘对面的俄国，则准备于战后分一杯羹，就如同第二次鸦片战争后那样，并想方设法阻止英—日势力北上。

　　作为对日本奋勇对清开战的"临门助攻"，仅仅在丰岛海战打响（众所周知这次丰岛海战的善后处理工作完全偏向日本，也是英国送给日本一个天大的面子）的前一周，基本以日本草案为基础，英国与日本签订《日英通商航海条约》。这项基本平等的外交条约当然并不会导致对日本军事上的直接帮助，但其政治意义极大，标志着英国认同日本"制定了近代化的各项法典，国际上已具备与清朝角逐的实力"。（摘自坂本太郎《日本史》）与英国签约不但鼓舞

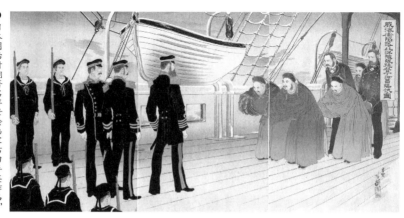

日本明治时期著名浮世绘画家右田年英作品，内容是丁汝昌向伊东祐亨请降，但自杀殉国的丁汝昌亲自去请降的事情根本没有发生过。

了日本的民心士气，且将伊藤内阁从与议会"国权派"争吵并导致议会两次解散的危机中解救了出来（"国权派"反对允许外国人至日本内地杂居的条件下修约、同时更主张对清强硬，因此等于是用对清开战换取修约草案通过）。

日本全国上下一切纷争都立马消失，战争开始了。虽然日本已经于数日前在陆上、海上都率先发起战斗，但正式宣战是在8月1日，随后8月5日大本营决定对清作战战略方针。方针基本内容是："这次战争的目标在于从韩国将清国势力排除。因此，日本军为了达成此目标，作战目的就不止于将清国军队从韩国排除，还需要一举进军北京，于直隶平原寻求决战，与清军一决雌雄，是为雄大之攻势战略、决战战略。以下将作战分为两期：第一期，首先以第5师团先遣至朝鲜，国内的陆海军为出征做准备。其间对敌舰队展开扫讨作战，夺得制海权。第二期，甲案——如果得以掌握制海权，则逐次将陆军主力输送至渤海湾登陆，于直隶平原遂行大决战；乙案——如果只控制近海（即双方海军打成平手），则陆军向朝鲜进军，击退敌兵，扶持朝鲜独立；丙案——如果制海权完全被敌方掌握，则尽可能拯救第5师团，完善我国本土防御，待敌军来袭将其击退。"由于日军登陆朝鲜后一段时间内，海上没有捕捉到北洋海军主力，8月31日大本营决定执行乙案。

随后的战事只简述一番：9月16日日军击溃驻朝清军，占领平壤。17日黄海海战，北洋海军受创严重，退回旅顺，自此制海权被日本海军联合舰队夺取。10月下旬日军连克九连城、凤凰城，轻易渡过鸭绿江，并在海军掩护下登陆辽东花园口，11月21日占领旅顺，进行大屠杀。1895年1月日军又在山东登陆、包围威海卫，2月17日迫使走投无路的北洋海军投降。自旅顺被浸于血泊时起，日本国内便一片欢腾、到处提灯游行，福泽谕吉等名流联名呼吁乘胜攻占北京。但通过"直接上奏"天皇而获得在大本营内控制战争进程权力的首相伊藤博文，则密切注意列强所发出的声音，借助天皇权威纠正大本营的激进动向，最终将日军战略定于符合现实的甲案与乙案中间位置。可以设想一下，如果任由决战派貌视政治、外交的限制，一味逞威而攻克北京，日军损失肯定会更大，而战事可能会拖延不决，如果导致西方列强大举出兵干涉，则日本在军事上取得的胜利可能因政治、外交之劣势地位而化为乌有。

不要被胜利冲昏头脑，说来容易做来难。作为"元老中的元老"、"陆军大御所"，已经担任过首相、56岁高龄的山县有朋竟跑去前线自任第一军司令。为了造成日军继续挺进至山海关、必须执行直隶决战的既成事实，山县命令桂太郎的第3师团不顾后路、冲入清军后方夺取海城，却在冰天雪地中三面被困了。天皇想把山县就地免职，陆军参谋次长川上操六哭求伊藤去天皇面前求情，给山县老太爷留个面子，于是天皇下令山县以身体状况不佳为名回国疗养。不过回国后充任监军的山县可看不出有啥身体不好的，继续叫喊直隶决战。伊藤一方面压制决战派的呼吁，另一方面在下关春帆楼谈判桌上不断向李鸿章施压。历史之河中又发生一起偶然事件——李鸿章遭一个激动的日本人行刺而负伤（1895年3月24日）引起国际舆论关注，使得伊藤的开价降低了不少，终于4月17日清政府被迫签署《马关条约》。

李中堂于如此绝望境地中竟能保住大清江山不倒，实在值得今人苦笑鼓掌。而伊藤凭借个人之手腕以及天皇之信任，镇住军部暴走之势，从现实角度为日本争取到最大程度之侵略利益，如此事实竟得不到后世之日本人认同，即使他们正被军部暴走拉入深渊！其实，伊藤于马关条约签订后不过一年（1896年8月）辞去首相的时候，几乎已经到了被明治时代日本人唾弃的地步，原因是他将"最大程度之侵略利益"又吐出去一大块，成了替罪羊。叫日本把到嘴的肉吐出来的自然是俄国，还要加上德国、法国，这便是"三国干涉还辽"。而就在《马关条约》签署的两天前，山县还向天皇上奏一份新《扩充军备意见书》，称"为使此次战争胜利不失其效，进而（日本）成为东洋之盟主，则必须进一步谋求扩张利益线"。

三国干涉还辽与战后大扩军

中日甲午战争这次远东战略大洗牌，其速度之快、战况之惨烈、日军胜利之辉煌，叫一旁观看的列强特别是俄国心惊肉跳。大局已定的1895年2月，沙俄御前会议便决定增强太平洋舰队的规模，一定要比日本舰队更强大。外交方面则主要与法国会商达成共识（已于1894年结成"俄法协定"成为后来一次大战协约国体系的基础），如果日本对朝鲜、中国的侵略程度过于严重便共同向其施压。俄国特别指出："（远东）最危险的敌人无疑是英国……当我们与英国的关系在绝续之际，我国与日本的关系是迫切问题。"（张蓉初译《红档杂志有关交涉史料选译》）由此可见，俄国是以俄英远东战略对抗的视角，将日本看作是英国利益扩张的急先锋，这与事实并无差距。既然对抗之最终对象是英国，那么在威廉二世皇帝统治下（1888年继位、1890年辞退首相俾斯麦实行独裁统治）开始叫喊"我们也要阳光下土地"的德意志帝国，自然也能拉入这个圈子里来了。《马关条约》墨迹未干，4月23日俄、法、德三国联合向日本发出"友谊的"劝告，要求日本"放弃确然占领辽东半岛一事"，并且15日内必须给答复。

这枚重磅炸弹把日本高层震得晕乎乎的，想了半天后陆奥将三国干涉劝告内容透露给英国政府，并告知："由于此次俄国之干涉，完全可以推测俄国对满洲东北部及朝鲜北部包藏的野心……我政府希望英国能够给予某种程度的援助。"但英国经过权衡之后，表明了不干涉的态度，称"英国对日本虽抱有最真诚的友谊，同时也不能不考虑本国之利益，因此现在不能接受日本的请求而予以援助。俄国似乎具有真正的决心。"（摘自《塞塞录》）在向本来就只是旁观的美国求助也无果后，5月4日日本内阁紧急会议决定接受三国劝告，将辽东半岛作价3000万两白银卖回给中国。随后，英国拒绝清政府提出的将"台湾"让于英国商人，以防止日本割占的建议，这使得日本对英国好感度又大增，"只有感谢"。（戚其章《中日战争》第10册）6月首任日本帝国之台湾总督桦山资纪前往基隆接收，派遣包括近卫师团在内的日军大举登陆，至年底付出惨重伤亡代价之后才镇压了台湾军民抵抗。英国在战争及干涉过程中实际只是耍嘴皮而已，却为日后结盟日本、令日本与南下之俄国展开大战奠定了基础，可谓一本万利。

日本遭受三国干涉时人心大乱，"社会似被一种政治恐慌所袭击，惊愕之余而陷于沉郁，忧心忡忡。"（摘自《塞塞录》）对于跑去伊藤面前叫喊要强硬的人，伊藤只冷冷回答："现在倾听高见，还不如与军舰大炮商量！"被迫归还辽东之后，日本人"生出昨日过于骄傲、今日却蒙受奇耻大辱之感……于是把一切屈辱、一切错误，完全归咎于政府的措施失当，对政府外交大加责难。'战争胜利、外交失败'的攻击之声浪起于四方"。陆奥只得叹道："外交如果没有武力作后盾，虽有如何正理，其结果终不免失败。"所谓"卧薪尝胆"自此而始。虽然日本人将少侵占一块领土、多掠夺白银的事情称之为"失败"，但面对俄国咄咄逼人之势，"战后经营"必须立刻发动。8月，时任藏相的松方正义将阪谷方郎起草的《关于财政前途之计划的提议》提交，后者作为大藏省官员所鼓吹的理念是"东洋的政局决定了日清战争以后，必须推行武装的和平"。因此《提议》中心内容是政府新增经费支出需"以军备大扩充为中心"，理由是"欧洲列强已改变对我国之外交面目……西伯利亚大铁路在五年内当可竣工"。（这未免将沙俄能力估计过高）也就是说为了准备对俄作战，需要从清政府赔款3.56亿日元（2.3亿两白银折合而来）中划出一半即1.8亿日元用于新增海军军舰（20万吨）及陆军常备部队人数倍增，划出500万日元建立制铁所（即官营八幡制铁所）以图实现钢铁供应自主化。在满足军事大扩充的前提下，剩余赔款有相当大部分被用于确立日本财政的金本位制（1897年3月通过《货币法》），从此日本得以参与伦敦为中心的国际金融市场。同时社会上掀起兴办企业的热潮，铁路、海运、纺织三个领域的投资均有大幅度增长，会社数量从1894年的2104家，两年后增至4595家，又过两年增至7004家，经济形势一片大好。

▶1893年时东京石川岛造船所照片。其"买舰非长久之计"，而重在自造舰：的国产化观念，由明治日本继承而延续至今。岁月中建起此造船厂，其：德川幕府在其最后总而言之，今日我们所见"经济大国日本"就在这红红火火的数年中扎下了根基。近年来有些人时常提起日本如何利用甲午赔款实现振兴，这个论题本身没错，但关注点过多聚焦于仅占赔款零头的八幡制铁所（其直系后裔是现在的新日本制铁公司）却是不对的，该厂直到日俄战争后才实现稳定量产。日本维新以来数十年埋头苦干，开设银行会社、建设铁路、造船、纺织等殖产兴业各领域均打下坚实基础。打个比方说，一幢房子已经建好地基、牢固支柱，一大笔飞来横财便可使得其楼层节节攀升，上盖一个"金本位制"的光灿灿天守阁，顿时令人刮目相看了。不过这座"一夜城"四面都伸出黑洞洞的炮口。"国是尚武"的明治日本毫无真心实意缓和与敌对国家（此时就是俄国）之间关系以避免战争，其好战态度自明治初年与清政府冲突以来一以贯之，唯一阻止其开战的理由只有一条即备战还不充分。今日"司马史观"将明治与昭和时代之日本特意划分，实际上昭和的外交不通融路线就来自于明治，昭和的"爱国者"们明言"退让"政策才是有负于"明治大帝"在天之灵，应予"天诛"！

1894年11月甲午战争仍在进行中，已经率军突入中国东北的第一军司令山县有朋百忙之中上奏一份《朝鲜政策意见书》，以开战以来对朝鲜见闻，其落后状态实在严重，因此需要迅速革新朝鲜内政（当然由日本指导）、实施经济开发及整顿军备。第一要紧便是铺设纵贯朝鲜半岛之铁路作为军事、经济运输大动脉；第二件事是向平壤以北的"满韩边境"移民日本人，掌握当地商业及农业利权。山县声称这条"通向东亚大陆之道，将来不仅可以横贯支那，直接抵达印度，而且使我邦称霸东洋，欲永远雄视各国，也必须以此道作为直达印度之大道"。近五十年后，日本陆军抛开后勤，由缅甸向印度境内冲杀入去，端坐靖国神社配享冷猪肉的山县可欣慰否？

远东对抗升级与"亚细亚主义"复活

山县想到的当然俄国人也想到了。眼见袁世凯一溜烟跑了，三国干涉却能够迫使日本让步，朝鲜闵妃便一头扎入沙俄怀抱，建立政坛新势力"贞洞派"，拒绝驻朝公使井上馨所提出的由日本出资修建从釜山至汉城铁路及其他试图掌控朝鲜内政之提议。日本政府当即决定除去闵妃，执行者便是过去与山县斗争失败而退出陆军现役、此时紧急替换井上的三浦梧楼。三浦与玄洋社老大头山满取得联系后，招揽日本浪人，10月8日挟持大院君并鼓动原朝鲜新军训练队发动兵变，浪人集团执行"狐狩"行动、冲入景福宫内杀死闵妃、抛尸灭迹，史称"乙未事变"。尽管杀人罪名被推给朝鲜人，凶手回到日本时受到热烈欢迎，但这起暴行还是经由俄国于国际上广泛控诉而引起舆论哗然，在俄、美两国军舰①联合紧逼汉城实施威慑之情况下，只得派遣小村寿太郎替换三浦处理善后。此时任何日本人前来摆出笑脸，在朝鲜国王李熙看来都是一副恐怖的鬼脸，于是1896年2月他仓皇逃入俄国公使馆，史称"俄馆播迁"，整整一年之后才回到王宫，1897年10月登基为帝，国号"大韩帝国"。这一事件以及在朝鲜各地出现的"反日义兵"，使得一手好牌都被握于俄国手中，1895年5至6月间签订的两次《日俄协定书》基本是俄国占好处——日本承认俄国在朝鲜也存在利益，俄国可以出兵朝鲜（双方大致在中部划分缓冲带），而日本希望由第三国来训练朝鲜军队之主张未被接受。1899年以涩泽荣一为中心的"承办组合"取得朝鲜京仁铁路的铺设权（由美国铁路大亨莫尔斯手中购得），至1902年日本基本实现独揽朝鲜外贸的目标（日本贸易占朝鲜出口的七成、进口的八成）。

　　俄国虽然缺乏搞经济贸易的能力，此后在朝鲜的政治、军事方面却逐渐取得优势。紧接着《日俄协定书》之后俄国便与朝鲜代表闵泳焕（闵妃之侄）在莫斯科签署了五项密约，俄国将为朝鲜培训军队并结成所谓防卫同盟（但朝鲜在1899年后又非常脑残地驱逐了俄国军事顾问）。跑去俄国签署密约的还有代表清政府的李鸿章，一纸《中俄密约》使得俄国得以修建从赤塔至海参崴的西伯利亚铁路支线，这便是横贯"满洲"的中东铁路。1898年俄国从中国强租旅顺、大连地区25年，并且从中东铁路又向南引出一条支线（即后世所谓"南满铁道"）延伸至大连、营口甚至鸭绿江岸边！辽东半岛大部成为沙俄所谓"关东区"。另外俄国还借助法国资本开设俄华道胜银行，向彻底丧失财政自主权的清政府贷款以获取其他殖民利益。自认为因"三国干涉还辽"有功于中国的德国自然不甘落后，1897年以德国传教士被杀于山东为借口，叫喊着"既成事

注①

　　美国曾经对日本向台湾、朝鲜扩张多有鼓动，此时与俄国在一起行动当然并非急公好义，而是在万里之外的夏威夷王国"处置"问题上，美日正闹得剑拔弩张。1893年1月美国以日本惯用的手法，在夏威夷策动一起"武装事变"，随后以保护美国侨民等借口派兵登陆将夏威夷王国灭亡。日本政府命令东乡平八郎率军舰"浪速"号赶往夏威夷示威，但由于中日战争已近在眼前，日本只好忍气吞声最终撤回军舰。此后日本继续向夏威夷大举移民，因此美国在朝鲜问题上与俄国联手敲打日本。

实总是比反诉容易为别国尊重"悍然占领胶州湾。

英国认为俄、德的动作是针对自身的，于是找日本商量说也要展开行动："务必在德、俄之间插入一个楔子。"日本表示支持英国行动，同时提出："今后为加强防卫或提高其利益而有必要采取同样措施的话，日本政府相信可以取得英国政府的同意和支持。"双方取得谅解之后，1898年英国强占威海卫，几乎同时日本强迫清政府同意不将福建让与他国侵略之要求，即福建沦为日本势力范围。

甲午战争后日本国际地位的大幅提高由此得以明证，加藤高明事后满意地声称"日英同盟播种于威海卫"，此言不虚①。当然，世界争霸棋局中的老手大英帝国不是一步便进到与日本结盟的。与日本磋商前，英国政府指示驻俄大使询问维特，能否就在中国划分势力范围达成妥协。据说维特当即掏出中国地图，大手一挥说"直隶、山西、陕西与甘肃早晚成为我国利益范围，西伯利亚铁路支线将与兰州相接"，英国可得到长江流域的既有利益范围不受侵犯的保证。英国与贪得无厌的俄国谈判至1899年4月，签署划分在华铁路权益的换文，但这份文书很快便无法平衡两国在华利益，只因中国大地上再次发生有利于俄国趁机大举侵入的事件。1898年，中国维新派受日本的"维新输出"影响而发起的百日维新运动，却没有得到日本实质性的支援，被慈禧太后为首守旧派血腥镇压。维新无果，动乱开始，1900年5月义和团进京引发一片混乱，6月开始围攻东交民巷，西摩尔指挥的八国联军此时人数尚少，被阻于廊坊。英国政府于6月25日、7月3日、6日连发照会请求日本增兵，甚至说出"（如果日本）毫不拖延，立即再派两万人的军队去解救北京使团的话，英国愿提供100万英镑资助"这番近似乞求的话来。对于日本来说，这是"宣扬国威"的又一个大好机会。

甲午战争后日本一边收获侵略利益，一边却将"日支提携论"②从箱底翻出

注①

必须要注意的是，在1898年英日共同行动的同时，日本高层中赞成英日结盟并采取坚决行动的基本只有一个人：日本驻英公使加藤高明。而伊藤、井上、小村乃至山县，此时都是赞同对俄妥协，以"满韩互换"来解决两国间纠纷的。此后数年这些元老纷纷转向，直至连伊藤也不得不放弃日俄妥协主张。

注②

明治初年的"日支提携论"完全停留于纸面，但甲午后的这一次倒是有些实际行动的。1902年担任参谋次长的田村怡与造亲自前往保定拜访袁世凯，经过商议之后开始派遣大量日本教官成为北洋新军的顾问，推行日本陆军操典，出售武器装备，甚至共享情报，以备中俄或日俄之间发生战争。

❯身为"韩国总监"的伊藤博文与"大韩帝国太子"李垠合影。随着伊藤被安重根刺杀,"大韩帝国"被吞并,李垠也就只能去享受日本皇族待遇了。

◀韩国景福宫兴礼门。这座宫殿曾毁于丰臣侵朝,又见证了近代史上日本对朝鲜的侵略。

坐落于大连的满铁分社建筑。

日本绘画，八国联军的各式军服（并分为各军种）及旗帜。

来大唱特唱，"亚细亚主义"又一次泛滥开来。当然，曾高喊要"直隶决战"的山县竟然也成为这次"亚细亚主义"运动的领军人物之一，可见日本之主张无非是在"华夷秩序"崩溃之后试图建立以日本为领袖的远东同盟，中国须屈服于日本指挥棒下共同对抗列强。战争结束后不久，山县即提出将陆军从7个师团扩充至13个师团的军备案（1899年完成），并强调"对于他国之侵害必须前进予以膺惩，因此需要排除现在的守势防御战略，必须以攻势防御为主。"如前所述，甲午战争前的日军陆军战略之教条虽然是"守势防御"，但由山县、小川主导、实际采取的就是德国式攻势战略，只不过受大本营中伊藤由政治、外交角度出发有所牵制而已。现在山县要将"守势"两字从日本陆军的字典里彻底抹掉，以后所谓"攻势防御"可总结为两句话：最好的防御就是进攻，只要进攻不要防御。面对真正的列强海军之一，正在旅顺集结的俄国远东舰队（海参崴有四个月冰冻期而旅顺没有），日本海军的信心则没有陆军这么强，佐藤铁太郎的《帝国国防论》明文确立海军的攻势战略要等到1902年，而这是与当年日英同盟的结成密不可分的——国际风云的演变彻底影响了日本的国家军事战略。

（未完待续）

樱花依稀盛开 葵花已然凋谢

真实的《八重之樱》和戊辰战争

作者 赵恺

近一个多世纪以来，明治维新曾为无数国人津津乐道。作为近代唯一完成工业革命、摆脱西方殖民阴影的亚洲国家，日本的成功先例无疑鼓舞了当时仍在上下求索的中华儿女，对其的褒美之词更是溢于言表。但日本人自己如何看待这段历史却似乎并不为国人所了解。2013年NHK所出品的大河剧《八重之樱》，以其独特的视角不仅全景式为我们展现了那段风起云涌的大时代，更集中表现了日本对这段历史的总结和反思。

楔子：那些关于山本八重的故事

在人类漫长的封建历史之中，女性由于其经济地位的低下，往往扮演着"被侮辱和侵害"的角色。但具有讽刺意味的是，当一个政权面临崩塌的绝境或新兴政治势力崛起之际，又往往为了鼓舞士气、彰显正义，而将女性推上神台，一种笔者姑且称之为"女英雄献祭"的模式，古今中外都不乏先例。其中比较著名的案例既有国人所熟知的梁红玉、秦良玉、秋瑾，更有在西方家喻户晓的布狄卡女王、圣女贞德，如此种种，可谓不胜枚举。而在我们的邻国日本，此类人物亦不在少数。除了据称曾率部跨海远征，一举荡平朝鲜半岛的神功皇后之外，源、平两大武士集团争雄之际，更涌现出了巴御前、阪额御前这样的传奇级女将，至于类似于花木兰、穆桂英那样小说、演义中的"女杰"，更是多如过江之鲫。而山本八重更被视为明治维新以来女权崛起的滥觞，被贴上日本版"圣女贞德"的标签。

山本八重出生于幕末的会津藩（今日本福岛县）。除了曾据传在"戊辰战争"之中断发、男装、持枪上阵之外。其在明治维新的日本开化浪潮之中，与第二任丈夫新岛襄共同在京都地区开设基督教学府"同志社英学校"的举动，更一度引发了当时日本列岛的关注。当然真正令山本八重得到日本官方肯定的，还是其在新岛襄死后，已过不惑之年仍毅然投身于中日甲午战争及日俄战争的洪流之中，以护士的身份活跃于广岛、大阪等地的陆军医院。"明治天皇"睦仁的两次授勋，足以奠定其在日本当时主流媒体之中的地位。以至于1928年，已过耄耋之年的山本八重还被受邀参加了"昭和天皇"裕仁的即位大典。

二战结束之后，有关山本八重等明治时代人物的官方宣传虽然逐渐降温。但相关学术研究、人物传记乃至动漫、游戏却不断推陈出新。其中由山本睦美撰写脚本的《八重之樱》于2013年以大河剧和漫画的形式同步推出，一度创下了首集收视率21.4%的佳绩。以时装剧和推理题材见长的主演绫濑遥，也因在剧中展现出不同以往的英武之气而备受好评。但数集之后却呈现后续乏力、每况俱下的态势。对此各种负面评价纷纷指摘《八重之樱》剧情太过平淡，与传统大河剧相比没有创新突破，所以不太容易吸引年轻观众的眼球云云。但在笔者看来，《八重之樱》作为一部电视剧，其对幕末日本列岛政治风云和普通民众

浮世绘中的日本女英雄——巴御前。

1929年日本政府所拍摄的："山本八重会见国际友人："的照片。

漫画中山本八重的形象。

生活的展现仍堪称严谨，中心思想和政治倒向更堪称"主旋律"。窥一斑而知全豹，结合相关史料，仍能感受到日本文化精英对"戊辰战争"及明治维新的总结和反思。

黄门野望：
水户藩的阴影和江户幕府继承权之争

电视剧版《八重之樱》的开场，是一段美国南北战争的交锋画面。虽然不免会令人产生"走错片场"的错觉。但却彰显了主创团队的"别有用心"。毕竟在世界各主流国家之中，美国主流媒体在弭平内战伤痕方面，可谓匠心独具。一场"兄弟阋墙"造成远超历代对外用兵伤亡总和的战争，在美国主流媒体的妙笔生花之下，被赋予了各种崇高的使命和理想主义的光环。而同样以内战一个中产阶层女孩蜕变为主线的故事，《八重之樱》自然而然地借鉴了《乱世佳人》中的很多表现手法。当然南北战争时的美国与正处在江户幕府统治末期的日本，无论是政治架构还是社会风俗都有着天壤之别。因此镜头很快便摇回了日本，定格在"戊辰战争"爆发前17载的1852年。

之所以选择这个时间点展开整个故事的讲述，而不是山本八重出生的1845年。主要缘于这一年会津藩第八代藩主松平容敬病重，长期以人质身份驻留江户的养子松平容保被准许回藩继任。而作为站在整个日本角度审视整个幕末政治走向的主要线索，松平容保的戏份基本涵盖了《八重之樱》上半部分《会津编》的始终。

会津藩地处本州岛的东北部，虽为群山环绕，但其主城若松周边却是依托猪苗代湖的肥沃盆地，加上扼守陆奥、出羽，甚至越后诸藩进入关东平原的要冲，因此自古便是兵家必争之地。早在战国末年，丰臣秀吉便借口雄踞陆奥的伊达政宗参与围攻北条氏时首鼠两端、失期后至，令其吐出从芦名氏手中夺取的会津等地，转手册封给了织田信长的女婿——蒲生氏乡。

受封会津一度虽然令蒲生氏乡一跃成为坐拥92万石的"天下第四强藩"，但恰如其本人所说："封地若在中原，虽小国足以图霸业。如今弃居边陬，根本做不成什么了。"丰臣秀吉对蒲生氏乡的这番处置，除了借其牵制伊达政宗之外，更是对蒲生氏乡本人的防备和控制。1595年，蒲生氏乡在跟随丰成秀吉前往九州部署征朝战役后不久便离奇病死。坊间一度传其实为丰臣氏鸩毙。蒲生氏乡死后，其子蒲生秀行很快便因家中内乱，而遭到减封至下野宇都宫18万石的处分，会津地区随即成了越后上杉氏的封地。

此时的上杉氏正处于上杉谦信养子上杉景胜的领导之下，对于离开雄踞三

福岛县

N

山形县

宿城县

伊达郡
国见町

相马郡
新地町

桑折町

伊达市

相马市

福岛市

新潟县

耶麻郡
西会津町

喜多方市

北盐原村

猪苗代町

相马郡
饭馆村

南相马市

会津坂下町

湯川村

耶麻郡
磐梯町

川俣町

安达郡
大玉村

二本松市

葛尾村

河沼郡

金山町

三岛町

柳津町

会津美里町

会津若松市

本宫市

三春町

田村市

浪江町

双叶町

大熊町

川内村

双叶郡
富冈町

富冈町

大沼郡

昭和村

郡山市

田村郡

小野町

广野町

只见町

岩瀬郡
天荣村

须贺川市

平田村

南会津郡

下乡町

玉川村

石川町

石川郡

磐城市

南会津町

西乡町

西白河郡

镜石町

矢吹町

中岛村

玉川村

石川町

古殿町

桧枝岐村

白河市

浅川町

鲛川村

群马县

栃木县

棚仓町

塙町

东白川郡

矢祭町

茨城县

代的越后迁往会津一事，上杉氏内部的有识之士纷纷表示反对。但上杉景胜却力排众议，欣然前往。据说在转封会津的问题之上，上杉景胜曾与丰臣系重臣石田三成密议，认为会津扼守关东要道，一旦天下有变，即可"出其不意，与西国诸将协力消灭德川"。但就在上杉氏接手会津的第二年，决定日本列岛走向的"关原之战"爆发，身处关东的上杉氏非但没有直捣江户的机会，反倒深陷北陆豪强最上义光、伊达政宗等人拉锯战中，甚至趁势夺取越后旧领的行动也因遭遇堀秀治的顽强抵抗而败北。只能眼巴巴地看着德川家康从容击破石田三成的丰臣系人马，最终腾出手来，形成对上杉氏的威压之势。

从后世的角度来看，上杉氏在"关原之战"前后的表现不可谓不尽心竭力。但会津所处战略位置的尴尬，却令其无论如何辗转腾挪，最终仍处于动弹不得的窘境之中。"关原之战"后德川家康虽未对上杉氏赶尽杀绝。但转封米泽的处分，也令昔日称雄于战国时代，丰臣政权威名赫赫的上杉氏从此沦为仅有30万石封地的寻常大名。而德川家康虽一度将会津封给蒲生秀行和丰臣氏叛将加藤嘉明。但秉承着"卧榻之侧岂容他人鼾睡"的政治理念，蒲生氏和加藤氏在会津地区的统治均未超过三代，1643年江户幕府以加藤嘉明之子加藤明成未能笼络家臣，导致藩内骚动为由，将其改易至本州西部的石见国（今大岛县）。会津地区终于落入了德川家康后裔的手中。江户幕府统治下的会津藩历史，大体也从此时开始。

会津藩的初代藩主是第二代将军德川秀忠的庶子保科正之。德川氏的子孙缘何会出现武田遗臣保科氏的门下。故事还要从将军的"后宫"大奥里的争斗说起，德川秀忠的正室浅井江可谓"大有来头"，其母是号称"战国第一美人"的织田市（织田信长之妹），其父则是一度雄踞近江的浅井长政。两个姐姐，一个给丰臣秀吉当了"小三"（即丰臣氏继承人丰臣秀赖的生母浅井茶茶），另一个则在德川氏与丰臣氏的大阪决战中扮演居中调停的角色（即"萤火虫大名"京极高次的夫人浅井初）。

更为夸张的是，浅井江在嫁给德川秀忠之前，已经有过两段婚史。先后嫁给过织田信长的外甥佐治一成和丰臣秀吉的外甥丰臣秀胜。但偏偏就是这样的一个阅历颇为复杂的女人，在入主幕府将军的后宫之后却醋劲大发，对丈夫德川秀忠的私生活严加干涉。这一点从德川秀忠虽贵为武家领袖，却长期不敢册立侧室便可见一斑。因此当得知德川秀忠与侍女神尾静有染，且生下一子之

◐ "浅井三姐妹"之一的阿江画像。

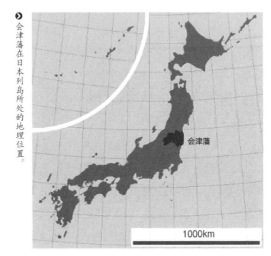

◐ 会津藩在日本列岛所处的地理位置。

会津藩

1000km

时，浅井江的愤怒自然可想而知。德川秀忠无奈之下，只能将神尾静母子送到家臣保科正光的门下。

保科正光没有子嗣，虽另有养子。不过既然将军把私生子送过来了，也只好将这个孩子作为自己的继承人，取名"保科正之"。在此后的十数年间，浅井江虽然于1626年病逝，但德川秀忠似乎畏惧其余威，直到1629年才正式召见保科正之。18年的骨肉分离，早已淡化了两人之间的父子亲情。终德川秀忠一生，保科正之均未见重用。倒是德川秀忠与浅井江的儿子德川家光继承将军之位后，对这位同父异母的弟弟颇为照顾，将其从保科正光的封地——信浓国高远藩转封至会津。

德川家光此举固然有念及手足之情的成分，但更为重要的是此时的江户幕府正处于危机四伏的瓶颈期。一方面自"关原之战"以来，不甘失去政治特权和经济利益的丰臣系人马、各地诸侯仍蠢蠢欲动，另一方面西方殖民者的坚船利炮也不断游弋于日本近海。1637年爆发的"岛原之乱"便可谓是这些"外患"的集中爆发。德川家光一方面修订武家诸法度，施行各地豪强定期前往江户居住的"参勤交代"制度。另一方面则垄断长崎贸易的利益，强化对天主教压制，颁布《锁国令》。而"岛原之乱"虽然令江户幕府付出了沉重的代价，但却也并非毫无意义。被认为是"生来将军"的德川家光借此证明了自身的文韬武略和德川家族的无与匹敌的动员力。日本列岛没有任何一家大名自认有天草时贞起义军的顽强，自然只能俯首帖耳。

如果说外部矛盾可以用"简单粗暴"的方式进行化解的话，那么江户幕府此时所积聚的内部纷争却令德川家光有些无从着手。德川家康一生育有11子，其中长子松平信康被织田信长勒令自裁，七子松千代、八子仙千代早夭，但长大成人领有封地的仍有8人之多。除了不为德川家康所喜的"二阿哥"结城秀康、在"关原之战"中因伤去世的"四阿哥"松平忠吉、继承武田家但不幸病故的"五阿哥"武田信吉之外。真正对德川秀忠一脉构成的威胁的，主要是"九阿哥"德川义直、"十阿哥"德川赖宣和"老十一"德川赖房。

对于自己最小的三个儿子，德川家康可谓"舐犊情深"。德川义直受封于织田信长的龙兴之地——尾张，领地遍布美浓、三河、近江、摄津、信浓诸国，坐拥61万石。德川赖宣则一度继承德川家康晚年所居住的骏府城周边50万石之地，其后虽转封"京都之要地"纪州，但加上伊势、松阪等地的产出，亦有55.5万石的雄厚资本。加上德川家康曾生前指定德川秀忠一脉将来如出现绝嗣的情况，可从德川义直、德川赖宣的子孙中挑选良才、入主江户。因此德川义直的尾张藩和德川赖宣的纪州藩，长期与德川秀忠一系并称"御三家"。

和两个哥哥相比，德川赖房的政治待遇似乎被降了一个档次。不仅封地仅有常陆国水户藩28万石，与尾张藩、纪州藩相差悬殊，更被剥夺了子嗣参与将军之位角逐的权力。之所以出现这样的情况，有人认为是德川赖房和哥哥德川赖宣虽同为德川家康所宠幸的侧室正木万所出，但此后德川赖房过继给了德川家康又爱又恨的绝色才女太田于梶①名下，以至于影响了其与父亲家康的关系。也有学者以江户时代盛行的风水之说，认为水户藩正位于江户的东北方"鬼门"方位。因此德川赖房的子孙如果入主江户，将会令江户幕府陷入灭亡的危机。

德川家康虽然剥夺了"老十一"德川赖房一脉未来执掌幕府的可能，但却给予了水户藩世代为"副将军"的特权，负责弹劾将军的不正行为以及幕府与朝廷的沟通。将军家绝嗣时的继承权问题将被交由水户藩决断。正是这种不是"御三家"但胜似"御三家"的特殊地位。令德川赖房及其子嗣日后时常有问鼎之举。

开启日本"锁国"时代的江户幕府第三代领导人德川家光。

注①

太田于梶——战国北条氏名将太田康资之女，嫁给德川家康时年仅13岁，与当时已经49岁的家康存在巨大的代沟。但其冰雪聪明和绝色美貌一度令德川家康又爱又恨，以至于一度将其改嫁给家臣松平正纲。

对于江户幕府的第三代将军家光而言，他与义直、赖宣、赖房三人，虽名为叔侄，但实际年龄却相差不过几岁。不仅是童年玩伴，更是潜在竞争对手。毕竟兄终弟及的传承在历代幕府之中也不乏先例。而为了制衡这三位叔叔，德川家光不得不仰赖于家族的一些边缘人物。如德川家康的私生子土井利胜、德川秀忠的私生子保科正之等人。

1651年德川家光临终之前，特意将保科正之唤到病榻前，将自己的继承人德川家纲托付予其照顾。而保科正之不仅在有生之年全力支持侄子德川家纲的统治，更在死前留下总计十五条的"会津家训"，其中开宗明义便宣称"会津藩是为了守护将军家而存在，如有藩主背叛则家臣不可跟随"。但可惜的是，"会津藩"这番忠义的自白却并未感化其他德川亲藩。1651年江户等地爆发了下级武士由井正雪密谋"倒幕"的"庆安之乱"。江户幕府虽然将事件扼杀于摇篮之中。但在由井正雪的宅邸之中却搜出了他与纪州藩主德川赖宣的往来信函。江户幕府方面虽然将此事定性为由井正雪"造伪自重"，但"御三家"与幕府将军离心离德的阴影却始终笼罩在日本列岛的上空。

与纪州藩公然与叛逆暗通款曲不同，水户藩的第二代藩主德川光国选择了以各种"行为艺术"挑战幕府将军的权威。通过招揽南明遗臣朱之瑜[①]往来于江户、水户两地公开讲学，德川光国轻松掌握了日本主流意识形态——儒学的话语权。而由其主导编撰的《大日本史》，更极尽夹杂私货之能事。当然德川光国最为出格的事件，还是在德川家纲的继任者第五代将军德川纲吉颁布《生类怜悯令》，严禁国人虐杀犬类的情况下，公然向德川纲吉进献几张狗皮，宣称可以辟邪。如此公然"打脸"的行径，自幼便身体羸弱的德川纲吉竟也忌惮其水户藩主"副将军"的威势不敢将其定罪，德川光国在幕府中的超然地位可谓登峰造极。而在一系列所谓"水户黄门"的坊间故事之中，德川光国更成了在日本各地微服巡游主持正义的"包青天"形象。

1709年，背负着"犬公方"骂名的德川纲吉病逝于江户。由于其唯一的儿子德川德松早在5岁之时便已夭折。因此将军家绝嗣，"御三家"替补的局面首

注①

由于朱之瑜自号"舜水"，因此中日历史上一般皆称其为"朱舜水"。朱之瑜在明末时两次东渡日本，希望"借兵复国"，尽管其外交努力最终以失败而告终。但其学识却为江户幕府所欣赏，最终受聘于江户等地讲学，终老于日本。

❻ 晚年的保科正之。

❻ 德川光国以"水户黄门"身份微服私访的想象图。

次浮出了水面。但主持将军继承权决断的德川光国却竭力反对纪州藩主德川纲教入主江户。坚持由德川家光庶出的长孙德川家宣继承将军之位。德川光国这种"损人不利己"的行为，显然有着更深的政治算计。毕竟"御三家"之中将军家和尾张德川家均人丁单薄，只要将纪州藩挡在江户城外，不停开支散叶的水户藩早晚有通过复杂的过继收养关系登上将军宝座的一天。

可惜德川光国的算盘虽然打得很响，但德川家宣及其唯一儿子德川家继均只在位三年便撒手人寰。空悬的将军之位最终仍落入了纪州德川家手中，水户藩方面不愿意承认当初决断失误，只能不断制造舆论，宣称德川家宣父子天赋过人，如果不是天不假年，日后必是一代明君云云。但讽刺的是真正开创江户幕府中兴之业的，恰恰是来自纪州藩的第8代将军德川吉宗。

通过一系列政策杠杆和经济手段，德川吉宗成功地稳定了日本岛内不断高涨的米价，重建了幕府的收支平衡，因此人送"米将军"的雅号。其在民众心目中无限拔高的形象，最终催化出了性别逆转剧《大奥：女将军与她的后宫三千美男》这样的奇葩。但面对自己病多体弱、说话口齿不清，绰号"尿床将军"的长子德川家重，德川吉宗也背负着极大的心理压力。因为一旦自己绝嗣，那么纪州德川家好不容易得来的将军之位很可能将再度流转。

日本女星柴崎幸扮演的女版德川吉宗。

面对水户藩的阴影，德川吉宗决定另起炉灶。他先后让自己的次子宗武、四子宗尹创设了田安德川家和一桥德川家，加上其继承人德川家重让次子德川重好创立的清水德川家。规格仅低于"御三家"的"御三卿"体系由此横空出世。与"御三家"相比，"御三卿"虽然只有象征意义的10万石俸禄，且并没有自己的藩领。但毕竟有权问鼎大宝，如此一来纵使水户藩日后有所动作，纪州德川家也能做到"让肉烂在锅里"。

客观地说德川吉宗的这番部署颇有效果，1779年德川家重的嫡孙德川家基在打猎归途中猝死，德川家重一脉临绝嗣的危机。但在最终将军继承人选择问题上，"御三卿"迅速顶上。1786年第10代将军德川家治病逝之时，出自一桥德川家的德川家齐脱颖而出，补位成功。但此时欧亚大陆的政治局势已经有了天翻地覆般的剧变。而在纪州德川家谋划长期霸居将军之位的同时，长期致力于外围部署的水户藩也在加紧收官。

死水微澜：
"黑船来袭"前的日本政治生态

1837年农历七月的江户湾依旧如往常一般平静，几个月之前发生在大坂的民变宛如遥远的仿佛是另一个宇宙空间里的故事。毕竟在效忠于江户幕府的"忍者"和"目付"的监视之下，即便是频繁出海的渔民此时仍不敢贸然谈论其那位据说并未烧死的"平八郎先生"。

所谓"平八郎先生"是日本民众对号称"民权之开宗"的大盐后素的尊称。与传统意义上的农民起义军领袖不同，大盐后素其实是长期被东方帝国认为"造反不成"的一介儒生。当然"腐儒"是"儒"，"儒将"亦是"儒"。起源于中国的儒学发展到16世纪，出现了主张"知行合一"的阳明学派，而在以王守仁为代表的"心学"在中国本土为明清鼎革所中断发展的同时，这一儒学派别却飘扬过海在日本发扬光大。

尽管后世对王守仁的学说进行诸多的解释和衍生，但是其根本的立足地还是万物一体的"仁"学，即每一个人都应将自己的良知是非推广到天下，如此方能救万民于水火之中。正是这份悲天悯人的"良知"让大盐后素在自1833年

起席卷日本列岛的"天保大饥馑"中变卖藏书，散尽家财以接济灾民。

"天保大饥馑"来势凶猛，江户幕府虽然全力展开赈济，但面对不断涌入各地的灾民却也束手无策，以江户地区为例，幕府设立了21个可收容近6000人的"御救小屋"但是却要面对70万张嗷嗷待哺的嘴巴，其压力之大可想而知。在这样的情况之下，主持大坂地区市政的东、西奉行所虽然采取了禁止米商囤积、限制酿酒等措施，但还是被大盐后素及其学生认定是"不作为"。而面对指责，大坂当地的跡部良弼等官员也没有从谏如流的雅量，反而威胁要拘捕大盐后素来立威，一场内乱的导火索随即被点燃。

客观的说大盐后素在叛乱之初并没有改朝换代或者割据一方的野心，正如其在起义当天所散发题为《致天赐各村小前书》的檄文中所说："我等兴师问罪，不同于乱民之骚扰；既欲减轻各处年贡诸役，并欲中兴神武天皇之政道。"因此大盐后素虽然为了教研兵法而常年在自己主持的"洗心洞"私塾中藏匿有长矛、大炮和"焙烙玉"（土制手雷）等武器，但起义军骨干力量只有其弟子二十余人而已。

对于自己老师准备屠戮贪官富商，将"所藏之金银财货以及米粮等物，当悉数散发于百姓"的理想主义做法，他的弟子之中也不乏临阵退缩者。就在起义发动的前夜，平山助次郎等人跑去找大盐后素首先准备拿来开刀的"西町奉行"跞部良弼自首。可怜跞部良弼此时已经通过牺牲大坂饥民的"江户回米令"而为自己另谋了高就，此刻也只能硬着头皮跑去镇压。

有趣的是，跞部良弼虽然系出武家名门却毫无行伍经验，尽管在平叛之战中占据了先机，自己却被大盐后素方面的炮声吓得从马上跌落了下来。而一向自诩悍勇敢死的幕府军也没有和对手白刃战的勇气，只是用大炮对着大坂街区乱轰一气。好在大盐后素的"救民"大旗在目不识丁的饥民中应者寥寥，在洗劫了"鸿池家"等巨商米店之后，起义军随即在高压之下溃散。而幕府军的炮火在摧毁了大坂城五分之一的街区之外，却始终没有找到大盐后素的身影。

由于江户幕府担心各地饥民趁势作乱，因此第一时间调集了近邻诸藩向大坂驰援。而在事态平定之后，为了搜捕大盐后素又下令出兵其可能藏匿的丹波等地，如此兴师动众难免惹得谣言四起，坊间甚至流传跞部良弼战死，大坂已经陷落的消息，京都、江户等地的贵族富商纷纷开始作逃难的打算。好在一个月之后，在幕府御用忍者的刺探之下，幕府军终于将潜逃的大盐后素及其养子包围在了大坂韧油挂町的一所民房之内，事情终于到了了结的时候。

就在幕府方面打算用大盐后素的人头来安定民心之际，这位宿儒竟然点燃炸药自焚而死。尽管幕府将两具焦黑的尸体驮在马上游街，并再加以磔刑。却始终无法消弭民众的疑惑和抱打不平，于是"三月末得于火中者，非真尸也"的新谣言再度泛滥开来，而这一次江户幕府也束手无策，毕竟大盐后素已经死了，谁也没办法把他揪出来，验明真身。

被日本史学家称为"大盐平八郎之乱"的大坂骚乱只是"天保大饥馑"所引发的大规模民变的冰山一角而已，在大盐后素起兵之前有公元1836年发生在甲州的"郡内骚动"和三河国的"加茂一揆"，而在大盐后素伏法之后，各地又相继发生了如越后的"生田万之乱"、摄津的"山田屋大助之乱"和"备后尾道、三原一揆"等大规模骚乱。而"大盐平八郎"之乱之所以被载入史册，很大程度上是由于其领导人的特殊身份和叛军大量使用的火器，将其与那些被幕府藩兵用铁炮乱射就击溃的饥民暴动拉开了档次。

值得一提的是在平定"大盐平八郎之乱"后，在大坂民怨沸腾的跞部良弼尽管在影射的评书和歌舞剧中被一再丑化，却依旧官运亨通，不过这也无可厚非，谁让他有一个位高权重，此时正出任幕府首席"老中"的哥哥——水野

身处内忧外患之中的幕府管理者——水野忠邦。

忠邦呢？而跡部良弼凡是所管理的地区不是火灾连年就是骚乱不断，如果不是"天生祥瑞"，那么就只能说明他的性格大有问题。

　　就在江户幕府上下对国内无法遏制的天灾和各地此起彼伏的民变大感头疼之际，一艘不合时宜的西方舰船却偏偏出现了江户湾原本海面之上，更令江户幕府连问讯的兴趣都没有，直接让沿海炮台"无二念打拂"了事。而令幕府上面所没有想到的是此举竟引来了一场最终改变日本国运的祸事。

　　这艘名为"莫礼逊"号的商船为美国人查尔斯・金所有，查尔斯本来航行的目标是当时隶属于葡萄牙政府管辖的澳门，不过在澳门逗留期间，他无意间发现在当地的教堂里生活着几位被英国人救起的日本海员，查尔斯对日本的国情并不太清楚，认为奇货可居，随即打着"送人回家"的旗号，准备和江户幕府谈谈通商的问题。从今天的角度来看，查尔斯此举无疑是利令智昏，这招如果真的有用，英国人就不会选择将这几个日本海员安置在澳门了。

　　没来由地挨了一通炮火之后，查尔斯只能灰头土脸地将这几个日本海员送回了澳门。客观地说对于常年仍处于"天保大饥馑"的祖国，这几位日本人应该没有太多的眷恋，他们在澳门打工娶妻，成为了进入西方世界的首批日本侨民。而令江户幕府始料未及的是"莫礼逊"号的出现又引发了新的谣言，坊间盛传大盐后素不仅假死，此时更被美国船接走了。江户幕府此时无力辟谣，只能将民间批评锁国政策的一干"兰学"家以与大盐后素通谋的名义一一逮捕，史称"蛮社之狱"，显然对于日本内外"开国通商"的呼声，江户幕府不仅没有接纳的意思，相反却一味地采取了错误的高压姿态，但这种态势很快便随着邻国的一场战争而产生了天翻地覆的变法。

公元1840年中英鸦片战争爆发的消息透过往来于长崎的中国、荷兰商旅所递交的"风说书"（报告）第一时间传到"老中"水野忠邦的手中，江户幕府随即在高度关注这场东、西方文明决战的同时，严密封锁了此事在国内的传播。应该说虽然身为旁观者，但是江户幕府对于大清帝国禁烟、中英武装冲突乃至《南京条约》的订立都第一时间有所了解。而由于往来于中日之间的商贾大多为浙江人，江户幕府甚至得到了一些宁波、定海、乍浦等地战事的细节情报。

天下没有不透风的墙，在水野忠邦"虽为外国之事，但足为我国之戒"的默许之下，其秘书盐谷宏阴将有关鸦片战争的各种"内参"整理成册，以《阿芙蓉汇编》的名义出版，而同期歌颂中方抗英将士，谴责英国侵略行径的《乍浦集咏》也在日本刊刻流行。不过日本民间写手岭田枫江所写的小说《海外新话》却由于卷首附录的《英吉利记略》和世界地图而被查封。

有趣的是《海外新话》及其同人作品《海外新话拾遗》为了满足读者的口味，加入了大量有关中国军民英勇抗战的故事，不仅关天培、陈化成等中国将领形象高大，达洪阿台湾歼敌、三元里义民抗英无一遗漏，甚至还以讹传讹地说满清军队在余姚俘获了"神态万化，轻如蝴蝶逐花"的敌军女将、英国三公主。为清廷的一败涂地抹上了些许绯色。当然这个故事的原型是英军前武装运输船"鸢"号的船长夫人诺布尔女士。[①]

再美好的故事终究也只是故事，无论生擒敌国公主的传说如何香艳也始终无法改变东亚老大被打倒在地的现实。原本以为"清国无论如何乃一重要大国，夷狄不敢轻易问津"的日本政要此刻感受了一种前所未有的压力："今清

注①
"鸢"号事件是指1840年9月英国武装运输船"鸢"号于余姚外海搁浅，船长夫妇及26名船员悉数成为俘虏。满清政府随即对俘虏采取了甄别关押，欧洲人可不戴手铐活动，而印度船员则要求始终戴着，据说是因为中国官兵看不惯其以手抓饭。船长夫人诺布尔更受到了空前的礼遇。其老公则靠着一手素描的本事，换来了很多肉包子作为画资。《南京条约》签订前这批俘虏已经获释回国。

国打乱，难保何时波及日本。"

公元1844年荷兰国王威廉二世亲笔修书给江户幕府，要求其留意"近来英国出兵中华的激战"想借机要挟日本向西方世界打开国门。但是江户幕府随即书面通知出岛的荷兰商馆："以后请直接将这类信件退回吧！"显然主动开国并非江户幕府的选择，面对大清帝国的前车之鉴，日本首先想到的是加强海防，顽抗到底。

就在江户幕府忙于整顿内部事务的"天保改革"，各种加强海防的谋划还停留在纸面上之时，美国人又来了。这一次带队的是美国东印度舰队司令——詹姆斯·比德尔准将。面对西方直逼依旧疏于防卫的江户的坚船利炮，江户幕府步上大清帝国的后尘似乎已是无法避免的了。1837年被日本拒之门外的美国商人查尔斯·金在回国之后曾将自己在日本的见闻写成一本书，在书中他曾这样告诫自己的同胞："下一次和日本接触一定要武装到牙齿。"从某种意义上来讲，美国政府的确遵从了他的建议。在詹姆斯·比德尔准将的小舰队之中包含有一艘装有74门炮的风帆战列舰——"哥伦比亚"号，但就火力而言已不输于英国打开大清国门的远征军旗舰——"麦尔威厘"号。但美国人准备好了战舰，却没有调整好自己的心态。

1844年7月3日，美国利用大清帝国喘息未定之际，几乎兵不血刃地逼迫对手签订了《中美望厦条约》，消息传回美国国内，自然是一片欢呼之声。在美国政府看来似乎东方的大门已经毫无保留地向其打开，于是便草率地要求比德尔准将在赴中国换约之后，绕道前往日本。可以说比德尔此行本来就是"搂草打兔子"，本身并未做好一旦江户幕府拒绝开国，便兵戎相见的准备。

与逼迫满清政府签署通商条约的顾盛相比，海军准将比德尔也并非是和日本政府打交道的合适人选。顾盛在从政之前是马萨诸塞州的一名律师，深谙虚张声势之道。正是他在与满清帝国的谈判中不断采取战争恫吓与炮舰威胁的手段，最终迫使满清政府主动发出了"两国均不乏明于料事，岂有无端用兵之理"的哀求。而比德尔虽然老于军旅，却并无独挡一面的才能。甚至率部扫荡加勒比海的海盗都无功而返。值得一提的是，当时奉命以外交手段，威胁委内瑞拉政府停止颁发私掠船许可证的海军上校奥利佛·佩里恰是未来打开日本国门的马休·佩里之兄。

美国海军抵达江户随即引发了当地的居民的慌乱，好在此前江户幕府已经对"无二念打拂令"进行修正，于公元1842年再度颁布了《薪水给予令》。在避免了第一时间发生交火之后，负责江户湾外事工作的"浦贺奉行"随即遣员上船与美方交涉。在说明来意之后，比德尔自持江户幕府断无拒绝的勇气，却不想刚和日方代表团接触，便被随行的武士一记耳光抽倒在地。事后比德尔才知道自己挨打是因为没有按照日本的礼仪表示敬意。比德尔不想事态恶化，也只能大度地表示谅解。他当然没有想到美国政府的底线恰在这一记耳光中被对手试探了出来。

日本文化向来尊重荣誉，但更推崇实力，在江户幕府看来比德尔的表现恰是外厉内荏的表现，于是水野忠邦底气十足地向对方重申了日本的锁国政策，要求美国舰队在获得了补给之后，马上驶离日本近海。此时美墨战争已经打响，比德尔深知美国的国力还不足以支持两线作战，于是也只能自认倒霉，带着愤懑离开了江户湾。不过这记耳光的仇，美国海军算是记下来。6年之后比德尔的继任者马休·佩里将用加倍的屈辱来回敬。

应该说从中英鸦片战争结束到佩里舰队抵达，江户幕府有整整十年的时间来调整其内外政策，但偏偏这十年里幕府内部纷争不断，各派势力勾心斗角。1841年在"天保大饥馑"中归隐，却长期以"大御所"（太上皇）身份长期干涉朝政的第11代将军德川家齐终于病逝了。给其子德川家庆留下的是一个满目疮痍的烂摊子。

由于经济结构的剧变，德川家齐执政时期日本列岛正经历着一个由传统农业的崩溃和工场手工业、商业资本繁荣的阵痛期。以田地年贡为主要收入来源的幕府、大名和武士都不可避免日益衰弱。因此德川家庆亲政伊始，便倚重"老中"水野忠邦开始了"天保改革"。所谓的"天保改革"实则无非是日本传统封建势力的一次自我改良而已。水野忠邦异想天开地认为只要控制农村人口进入城市，便可以缓解田赋年贡的减少。只要改变武士们购买商业产品的习惯，自给自足，同时免除其对大商贾的债务便能重振旗本们的家庭。只要政府限定物价，降低金属货币的质量便能减少财政赤字，而无情的现实最终告诉人们，这些违背经济规律的做法没有一个是能取得成功的。

当然由水野忠邦所推行的"天保改革"也并非一所是处，其勒令解散遍布日本列岛的"株仲间"（同业公会），推行自由贸易的做法客观上也起到了平抑物价，促进日本经济发展的作用。萨摩藩和长州藩也正是借着"天保改革"

◆ 日本人笔下的马休·佩里。

◆ 幕府保守派代表德川齐昭。

◆ 参加"追鸟狩"的武士。

的东风，以分期偿还（长州藩为37年，萨摩藩则为250年）的方式"赖"掉了巨额的债务。可以说正是水野忠邦所推行的改革，加上萨摩、长州两藩所秘密进行的走私贸易，令其一举走出了德川家康以来的财政阴影，一跃成为了财货雄足的"西南强藩"。

1843年九月颁发《上知令》可谓是水野忠邦激进改革的最好写照，为了增强幕府的势力，水野忠邦仅宣布将江户周围十里、大坂周围四里范围内的所有大名、旗本领地收为幕府直辖，此令一出顿时引起轩然大波。要知道这些领地大多为江户幕府的亲近重臣所有，谁愿意用自己的膏腴田产去换取不毛之地，在朝野上下群起而攻之的情况下，水野忠邦被迫辞职。接任其职务的是日本近代颇具争议的人物——阿部正弘。

阿部正弘接任老中一职时年仅25岁，他的崛起实在应该感谢已经作古了的"大御所"——德川家齐。德川家齐淫乱无度，是历任将军中拥有妻姜、子女最多的一位。面对多达39位的侧室，德川家齐自然无法做到雨露均沾，久而久之不甘寂寞的"大奥"中自然不免有人红杏出墙，而这位敢于"撬将军墙脚"的奸夫，正是身为"寺社奉行"的阿部正弘所管束的和尚日启。对于这一丑闻，阿部正弘本应肩负监管不力之责，不过他却先发制人，在德川家齐去世后，随即秘密处决了日启和尚。此举不但保全了将军家的颜面，更令阿部正弘进入了德川家庆的视野。1843年闰九月阿部正弘正式以"老中"的身份进入江户幕府的决策层，凭借着其因势利导，左右逢源的政治手腕，阿部正弘悄然崛起，成为了日本政坛炙手可热的新贵。

面对西方列强的步步紧逼，江户幕府内部逐渐分化出了"稳健派"和"激进派"。"稳健派的主要代表是水户藩主德川齐昭。水户藩自德川光国以来便是日本列岛朱子理学的大本营，常年受所谓"大义名分"的熏陶，德川齐昭在接掌藩主伊始便响应水野忠邦的"天保改革"，大刀阔斧地在水户藩内"检地"、"开学"，整顿军备。

德川齐昭在自己的"独立王国"内的种种做派本不至于影响幕府中枢，偏偏1844年其政敌攻击他在领内压制佛教，在"追鸟狩"中出动超过规定的军队，强迫他将藩主之位传给12岁的嫡长子德川庆笃。有趣的是"追鸟狩"本是江户幕府治下各藩演练兵法的重要仪式，在电视剧《八重之樱》中还特意还原了松平容保就藩会津之后，于大野原首次主持"追鸟狩"的盛况。

依照会津藩历代所遵从的"长沼流军学"的布阵韬略，全藩武士除了藩主指挥的中军外，分为十二组。每一组内有骑马武者，徒步武者，铁炮足轻等混编。又以四组为一"阵"，共分为三阵。每"阵"的指挥为阵将，由家老担任。以中军本阵约1000人，每阵约1600人，辎重队约400人计算，那会津藩每两年一度的"追鸟狩"总计需出动6200人的军势。不亚于一场大规模的军事演习。

　　"追鸟狩"的前一夜，大军需在大野原露宿一晚。在天光之时本阵吹动法螺，随即会将数十只雉鸡或鸭放出，然后率军抓回来，当作战场讨敌的练习。而最初抓到鸟的人，如战场上第一位取到敌人首级一样。可随即到藩主面前领赏。据说松平容保首次以藩主身份指挥全军之时威风凛凛的，在旁的近臣都感叹说："真的如土津公（保科正之）复活。"但事实上松平容保并非保科正之的后裔，反倒是水户藩初代藩主德川赖房的子孙。而之所以出现这样的局面，不得不从江户幕府的第11代将军德川家齐说起。

　　德川家齐当了整整50年将军，治国才能暂且不论，但繁殖能力却堪比穿越小说中的种马男主角，其庞大的后宫总共给他生了26个儿子、27个女儿。有这么多儿子，自然是用来鸠占鹊巢最好了。此时"御三家"中的纪州家与"御三卿"中的清水家、田安家，到了家齐的时代不约而同地绝了后，于是家齐的儿子们强势进驻，加上德川家齐本人出身的"御三卿"一桥家，眼看德川家齐的血脉已是三分天下有二。怀着得陇望蜀的心理，德川家齐又将自己的侄子德川齐朝过继给膝下无子的尾张藩藩主德川宗睦。

　　眼见"御三家"和"御三卿"中的六分之五均陷入德川家齐的子侄之手，做了近三百年副将军的水户藩可谓看在眼中急在心里。而恰在此时尾张德川家的分支高须藩出现了继承人空缺的情况，水户藩随即将第6代藩主德川治保的次子松平义建过继过去。老谋深算的德川家齐此时仍沉浸在鲸吞尾张藩的快感之中，完全没有想到水户藩的这一步闲棋冷子日后竟会令整个德川家的形势为之大变。

　　入主尾张藩的德川齐朝35岁便英年早逝，并未能留下一儿半女。德川家齐虽然随即安排了自己的儿子德川齐温补位。可惜德川齐温也只活了20岁便一命呜呼。德川家齐本还想将自己的"十二阿哥"德川齐庄推上尾张藩主的宝座，不料此举却遭到了尾张藩上下的竭力抵制。毕竟在尾张藩看来入主高须藩的松平义建已经开枝散叶，完全可以从其中挑选一人继承尾张德川家。而水户藩方面的德川齐昭也跟着大造舆论，说松平义建的次子秀之助天赋过人，"我儿子七郎麻吕不成器，以后只配给秀之助牵马"。

在尾张藩与将军家的重重矛盾之下。借助高须藩这块跳板，水户藩不仅成功地将自己的子孙送上了尾张藩主的宝座。更借助尾张、水户两藩的巨大影响力，先后将松平义建的三子武成、七子容保、八子定敬送上了滨田、会津、桑名藩主的位子，加上改名为德川庆胜的次子秀之助。"高须四兄弟"总计掌握了名义102.05万石，实际高达150万石的经济实力。

正是有了如此强大的后盾，"强制归隐"的德川齐昭不仅暗中操纵水户藩，还带着"无官一身轻"的闲暇开始干预其幕府的事务来，德川齐昭背后有"高须四兄弟"的助力，又兼和第12代将军德川家庆是连襟关系，其影响力自然不言而喻。但值得注意的是德川齐昭并非一味强调"祖宗之法"的守旧人士，他的主张是在延续日本传统文化"大义"的前提之下，逐步强兵富国，为此也提出了加快开发北海道和解除大船建造禁令的主张。

与"根红苗正"的德川齐昭相对的则是来自九州的萨摩藩主岛津齐彬。作为本应长期被排斥在中枢之外的"外样大名"，萨摩藩的地位在江户幕府末期却借助姻亲得到显著的提升，德川家齐的正室近卫寔子便出身岛津氏，从血缘关系上来说岛津齐彬要喊小名"笃姬"的近卫寔子一声"姑奶奶"。不知道

晚年重聚的"高须四兄弟"：左起依次为定敬、容保、武成、庆胜。

是否出于对这位长辈和女强人的尊敬，岛津齐彬将自己的养女也起名为"笃姬"，果然日后这位新一代的"笃姬"也不负父望，成为了主导江户幕府末年政治的风云人物。

有趣的是和德川齐昭一样，岛津齐彬在本藩施政也并不顺手。不过和德川齐昭是遭遇政敌打压不同，岛津齐彬的烦恼来自家族内部。岛津齐彬有一位命运多舛却精明能干的父亲——岛津齐兴，更有一位野心勃勃的异母兄弟——岛津久光。在两个同样富有政治才干的儿子之中，岛津齐兴更偏爱和自己一样推崇国学的幼子久光，因此早早地便将岛津齐彬赶出家门，岛津齐彬先是给种子岛家当养子，随后又去未来岳父家"倒插门"，如果没有外力的支持，岛津齐彬可能连藩主之位都无缘一坐，更谈不上按其政治理念改造日本了。

在关键时刻无形之中拉岛津齐彬一把的正是阿部正弘。借助"天保改革"的东风，萨摩藩靠赖账和走私，迅速积累250万两的黄金储备，此事被幕府探知之后，阿部正弘随即将时任藩主的岛津齐兴叫去诘问，好在主持藩镇改革的重臣"家老"的调所广乡在江户招待所（藩邸）内自杀身亡，才算暂时为萨摩藩化解了一场弥天大祸。

调所广乡之死随即引起了萨摩藩的空前内讧，岛津久光一系的人马纷纷指责岛津齐彬为了谋夺藩主之位而出卖情报，岛津久光的生母由罗更是到处煽风

❯ 日本漫画家笔下的"笃姬"形象。为了不破坏大家的想象，就不再贴出其真人的照片了。

点火，声称岛津齐彬意图发动武装政变害死他们母子。在岛津齐兴震怒及萨摩藩千夫所指的情况下，岛津齐彬一系的多位元老被勒令切腹。在这场史称"阿由罗之乱"的愁云惨雾之中，有两位少年正矢志为父辈复仇，他们就是齐彬派的藩士大久保利世和西乡吉兵卫之子——大久保利通和西乡隆盛。

就在齐彬系人马都认为大势已去之际，事态却出现了否极泰来的急转。坐镇江户阿部正弘亲自出面调解萨摩藩的内讧，最终在幕府的威压之下，岛津齐彬顺利地取其父而代之，成为了萨摩藩名义的新任领导人。鉴于岛津齐彬在整件事中始终扮演着表面受尽委屈实则名利双收的角色，后世的学者不乏怀着"阴谋论"的观点，认定岛津齐彬确有暗中勾连幕府。这一点固然无从考证，但是从事态发展来看却不得不承认阿部正弘在处理萨摩藩的问题上拉带结合，手段高超。萨摩藩暗中敛财固然令幕府眼红，但如果强行追究，最终却只能以内战收场，阿部正弘逼死调所广乡，不仅起到了敲山震虎的效果，更令岛津氏在内讧中失血严重，一时无力与幕府对抗。

事实证明尽管作为家督之争中失势的一方，岛津齐彬的施政才能远非其父、其弟可比。在其出任藩主之后，萨摩藩迅速掀起了一场"工业革命"。作为"西南强藩"岛津氏的西化可以追溯到齐彬的曾祖父岛津重豪，不过岛津重豪注重天文、医学和教育，岛津齐兴则热衷于购买西洋枪炮。真正把到西方强大之脉络的却是岛津齐彬。

尽管在会见阿部正弘时，岛津齐彬弹的还是"第一政通人和，第二强化军备"的老调，但在实际操作中岛津齐彬却力主"殖产兴业"。所谓"殖产"原指增殖财产，而在近代日本这个汉语单词却被赋予了工业化的意味。岛津齐彬深知西方之强大在于其工业基础，既然"西洋人是人，萨摩人也是人"。那么只要吸收了西方先进的工业技术，日本同样可跻身世界列强。

必须指出的是在"稳健派"和"激进派"之间，阿部正弘始终保持着中立的角色。恰如他鼓励引进和吸收兰学，却始终不愿接受西医一样。而其在外样雄藩及谱代重臣之间大搞平衡，更为其赢来了"瓢箪鲶"的绰号。所谓"瓢箪鲶"指的是近江大津绘中结合了葫芦和鲶鱼的一种艺术形式，意为"圆滑的解决任何事态，以无形而克制有形"。当然也有"毫无主见"的意味在其中。无论如何，在阿部正弘执政时期日本列岛依旧延续着往昔的平静，直到1853年农历六月的那个清晨。

乱世之争：
内忧外患之下江户幕府威权的崩塌

1845年美国借口墨西哥政府威胁"孤星共和国"[①]的独立和领土完整，将这个短命的国家并入自己的版图。美墨之间随即兵戎相见，最终自以为是的墨西哥人非但没有获得其与"孤星共和国"有争议的纽埃西斯河流域，反倒拱手送给了美国人230万平方公里的土地。美墨战争对美国而言有着非同寻常的意义，它不仅使美国解除了西部和南部的威胁，更一举在太平洋东岸站稳了脚跟。

为了将舰队部署在新征服的海岸线之上，更为了建立太平洋上的霸权，一支美国舰队由弗吉尼亚州的诺福克军港起航，坐镇旗舰"密西西比"号的正是新任美国东印度舰队司令——马休·佩里。和西方传统意义上的海军将领相比，佩里可以说是一位技术型军官，在踏上漫漫征途之前，他的主要工作是管理美国海军的布鲁克林造船厂，而之所以挑选他担任舰队司令，很大程度上也正是因为佩里是当时先进的"蒸汽战舰"专家，有能力带领美国海军的"宝贝疙瘩"新型蒸汽动力战舰完成此次环球航行。

由于美国在世界各地此时还没有足够的补给站，因此佩里舰队在出航之前特意对舰艇进行了一系列改装，将"密西西比"号的载煤量由450吨提高到600吨。一路避开大型补给港口直驱亚洲而来。此举倒不是出于试验舰艇性能的目的，或避开其他列强的耳目，而是因为英国政府规定只为英国船只提供燃煤。而佩里在出行之前也知会了日本的主要西方贸易伙伴——荷兰，以便让日本早有准备。

尽管在情报战中占据了先机，但江户幕府却无力拒敌于国门之外，只能怀着忐忑不安的心情坐等对方找上门来。1853年7月8日该来的终于来了。两艘在日本人眼中巨大无朋的蒸汽明轮战舰及两艘风帆护卫舰在浦贺出现了，顿时令江户陷入了一片空前的混乱之中，可笑的是德川幕府号称精锐的"旗本"此时集体沉默，倒是来自外藩的武士踊跃求战。而承平日久，入库的刀枪早已腐朽不堪，一时之间武士们在江户各地购买铠甲刀枪，以致此类商品当天便涨价三

注①

孤星共和国也称"得克萨斯共和国"，1836年宣布由墨西哥独立，1845年并入美国，成为其第28个州。

倍，而火药更是被一抢而空。而混杂在各藩武士嘈杂的洪流之中，一位来自土佐的藩士正冷眼旁观着幕府的狼狈，他就是正在江户三大道场之一的"玄武道场"研习"北辰一刀流"的坂本龙马。

对于兵临城下的佩里舰队，江户幕府还是以不变应万变，阿部正弘一边要求5000石以下的"旗本"，要每百石献银10两以充军资，如现在甲胄等物不全者，可穿消防短袍上阵。同时派出当年曾参与炮击"莫礼逊"号的中岛三郎助前去与佩里交涉，台词还是"请开往长崎"。这句已经忽悠了无数西方人的话显然在这里行不通了，佩里首先质疑了中岛三郎助的身份，随后坚决地表示美国总统的国书必须在江户递交，日本方面如果不允许美舰停泊，那么唯有武力解决。

没有料到美国人竟如此强势的阿部正弘一时也不敢擅自作主，而偏偏这时应该出来"征夷"的大将军德川家庆一病不起。阿部正弘无奈之下只能在任命主战派的德川齐昭为"海防挂"之余，向诸国大名甚至江户百姓征求意见。身为有实无名的首相竟然在敌国炮口之下大搞民意调查固然可笑，但是站在阿部正弘的角度却是避免成为历史罪人的唯一办法。

事实上佩里此时亦是强弩之末，美国政府虽然授命他与日本进行外交接触却并未准许他首先开炮，何况舰队之中四艘船均为战斗舰艇，在没有补给和陆军的情况下很难与对手长期对峙。因此在折冲樽俎之后，双方最终达成共识，美国方面可以登陆以便递交国书，但是由于德川家庆的健康原因，幕府将"稍后"给予回复。带着300名海军陆战队员在江户久里浜登陆之后，佩里志得意满地向幕府传达了美国政府的如下要求：日本需向在其近海航行的美国船只提供避风港及补给，日本应开放一个到多个港口作为贸易口岸和加煤站。

从美国的国书内容不难看出，对于美国而言保护其北太平洋捕鲸船的安全远胜于通商。这种今天看来本末倒置的提案背后是当时捕鲸船的高损毁率。作为人类历史上最为庞大的动物，鲸鱼在被围猎的过程中往往不会坐以待毙。就在佩里逗留于日本之际，一条70吨的雄性抹香鲸正频繁地攻击人类船只，保持着撞沉30艘人类船只纪录的它要到公元1859年才被瑞典人用17枝巨型鱼叉射死。而除了鲸鱼的反击，火灾、风暴更令夏威夷群岛等地的海底成为捕鲸船的墓场。

在日本武士的注视中勘探了江户湾的地形后，佩里撂下了一句"爷明年再

日本画家笔下的美国海军主要负责人。

今天的品川炮台遗址。

来"扬帆远去了。自以为送走了瘟神的幕府上下刚送了一口气，正在操办德川家庆的葬礼之时，1854年2月13日，江户的渔民突然报告说七艘"黑船"再度前来，德川幕府这才知道佩里舰队根本没有回国，而是始终在西太平洋游弋。在会合了本属自己舰队序列的蒸汽明轮战舰"波尔顿"号和风帆护卫舰"马其顿人"号、"温达里亚"号之后，佩里舰队的作战舰艇增至七艘，但是对接下来的军事行动意义重大的是补给舰"南安普敦"号和"列克星顿"号的到来，因为只有具备海上补给的能力，佩里舰队才能在海上保持对德川幕府持续的压力。

佩里之所以急吼吼地再征日本，除了在上海得到沙俄方面正在逼迫日本开国的消息外，更重要的是佩里从荷兰方面得到了日本正全力强化海防的消息。德川幕府委任国内著名的炮术专家江川英龙，斥资75万两黄金于江户湾品川外海移山填海，修筑11座海上炮台。同时又通过出岛的商馆向荷兰政府订购炮舰和新式步枪，俨然丝毫没有开国的打算。

阿部正弘万万没有想到佩里会如此之快地杀了个回马枪。11座炮台之中只有5座刚打好地基，荷兰人的炮艇也不知道哪漂着呢。无奈之下只好硬着头皮和佩里再开谈判。而双方刚一接触便就谈判地点扯起皮来，佩里坚持要进入江户面见新任将军德川家定。按说德川幕府自家康以来，"征夷大将军"会见"外国友人"也不乏先例。但是德川家定不仅缺乏历练，性格更内向懦弱，根本无法应付这样的大场面。至于德川家定患有先天脑残，幕府不想"国家机密"外泄之说，则大体可以理解为后人的调侃。

拒绝了佩里直入江户的要求之后，双方最终选定浦贺和江户之间的横滨作为会谈地点。而此时的横滨不过是一个荒芜的小渔村，这座今天日本的第二大城市，国际级贸易大港的崛起，正是伴随着1854年3月8日佩里的登陆开始的。佩里尽管来势汹汹，在横滨谈判之前曾发出"如不谈判，我立马调50艘船来，然后再从加利福尼亚调另外50艘船来，20天之内，组织100艘船的大舰队，立即开战"的武力威胁，但事实证明折冲樽俎并非这位技术性军官所长，作为幕府全权代表的大儒林復齐抓住佩里一味强调日本拘押美国遇难捕鲸船海员的口实，表示"通商获利和拯救船员的生命有什么联系？"佩里一时语塞，也只能要求日本先行开港，徐议通商事宜。

经过一番讨价还价，公元1854年3月31日《美日神奈川条约》正式签字画押。客观地说尽管同为不平等条约，日本既未赔款更没割地，只是开放了下田和函馆两处港口为美国捕鲸船补给和避风，除了有损"国威"之外，并无实际损失。而在会谈过程中佩里更尽显其"技术控"的本色，向日方赠送了含100米环形轨道的火车模型及当时世界最为先进的摩尔斯码电报机，而日本方面并没有如邻近的天朝那样视其为奇技淫巧，相反展开了系统的研究和仿制。而在日后中日两国这种对于新兴技术截然不同的态度将最终决定一场战争的胜败。

在电视剧《八重之樱》中，"黑船来袭"对于日本社会的巨大影响主要通过山本八重的哥哥山本觉马的视野展开。山本觉马和山本八重的父亲山本权八本是会津藩的"炮术师范"（教习铁炮之术的下级武士）。山本觉马9岁进入会津藩校日新馆学习，其后通过类似于交换生的"游学"制度，被派往江户。而在电视剧中这一段被改成了山本觉马受命参与品川炮台的建设工作，慕名投在江户兵学家佐久间象山的门下。

客观地说佐久间象山在当时的江户确实领导了一阵"开眼看世界"的热潮，但其治学的根基仍是儒家学说。正如其所说的"近年西洋所发明许多学术，总之皆实理，祇足以资吾圣学，而世之儒者，类皆凡夫庸人，不知穷理，视为别物"。因此提倡所谓"和魂洋才"式的改良也就在情理之中了。而至于品川炮台的建设工作，完全不是当时的山本觉马那样的下级武士所能参与的。而佩里舰队刚刚驶离，炮台便在一场突如其来的地震中被摧毁。五座炮台之中受损最严重的是会津藩士驻守第二炮台。地震引发的坍塌和火灾，造成了守军139人阵亡的惨剧。而并不靠近江户沿海地区的会津藩之所以如此积极参与品川炮台，表面上看是由于其曾参与过在北海道抵御沙俄的海防行动，而更深层次的原因则可能是松平容保替身为水户藩老大的德川齐昭卖命。

合约既然签署，佩里自然无心在日本常驻。尽管其临行前提出遣舰去江户鸣放礼炮的举动引起了一些小摩擦。但客观而言佩里此行对日本利大于弊。也难怪今天日本依旧有纪念其此次远征的"黑船祭"。好在日本之行极大地损害了佩里的健康，未等其回到国内便已不得不卸任修养，在耗费心力写就了《日本远征记》之后，1858年3月4日64岁的佩里因关节炎诱发的心脏病死于纽约。而在他的有生之年里，他已经目睹了纽约商人汤森·哈里斯以首任美国驻日公使的身份逼迫日本签署了向美国开放神奈川、长崎、箱馆、兵库、新潟五港和大坂、江户两市，允许美日民间自由贸易的《日美友好通商条约》。美国政府利用英、法深陷克里米亚战争和第二次鸦片战争无暇东顾之际，彻底打开日本

美国海军登陆横滨。

2004年的"黑船祭"仪式。

国门的愿望终于达成了。但佩里并没有想到哈里斯的这份合约并没有将日本推入美国殖民地的深渊，却令其在内部的震荡中完成了一场名为"明治维新"的欲火涅槃。

"黑船来袭"及《神奈川条约》的签署对德川幕府维系了两百多年的威信无疑是致命一击。但此时日本列岛长期雌伏的各路野心家们除了以"上喜撰四杯落肚，则不得做太平之梦矣"。语带双关①地揶揄一下当权派外并不敢贸然动作。毕竟"黑船来袭"只是被迫打开国门，德川幕府除了颜面有损之外，远未伤筋动骨，如果其各派势力团结一心的话，德川幕府依旧有压制全国的本钱，但偏偏"团结"二字在日本历史上是最难实现的。

犹如浮动火山一般的蒸汽战舰令第12代将军德川家庆撒手人寰，无疑吹响了幕府内部纷争的号角。德川家庆谈不上风流，但也育有包括11个儿子在内的27个后代，从中挑选继承人本不是难事。偏偏这些男丁之中免于夭折的唯有四子德川家定一人而已。而即便是这一根独苗，也因自幼体弱多病而难当大任，无奈之下德川家庆身前便有传位于已经过继入一桥家的德川齐昭之子德川庆喜的想法。不过向来以平衡权术著称的阿部正弘却反对这一提议，毕竟德川齐昭本身便颇有权势，如再成为将军之父，势必将打破幕府现有的权力的架构。

自己儿子眼看就要到手的将军宝座被阿部正弘搅了局，德川齐昭内心的愤怒自然是可想而知的。不过阿部正弘随即撮合德川家定迎娶了岛津齐彬养女"笃姬"，打算用政治联姻的手段孤立德川齐昭。岛津齐彬也是老狐狸，虽然早早地便安排接受举止礼法培训的笃姬前往江户，却依旧心存观望，借口1855年江户大地震等缘由一再推迟婚期。无奈之下，阿部正弘只能另寻政治盟友，引入纪州德川家与之抗衡。

纪州德川家虽然坐拥纪伊、伊势两国55.5万石的强大实力，又通过向大名放贷积累了雄厚的经济基础。但其上代藩主德川齐顺英年早逝，其子德川庆福继任之时年仅四岁。在这样的情况下，与纪州德川家关系密切的彦根藩藩主井伊直弼便成为了这股新生势力的代言人。阿部正弘与井伊直弼的首次接触是在处理"黑船来袭"的事件之中，井伊直弼虽然率部协防江户，但在阿部正弘问询对策时却提出"必须临机应变，积极交涉"，加上井伊直弼在进入江户之前便在本藩颇有"贤名"，阿部正弘对这位38岁的后起之秀自然刮目相看。

注①

"上喜撰四杯落肚，则不得做太平之梦矣"中的"上喜撰"本是江户时代一种上等绿茶的品名，其读音"じょうきせん"与蒸汽船"じょうきせん"相近。向来喜欢谐音暧昧的日本人在此不仅有表示四艘美国蒸汽战舰惊破太平迷梦之意，更有指责幕府老大们只会钻研茶道全无御敌之策的意思。

事实证明阿部正弘这条"瓢箪鲶"这次恰恰看走了眼，井伊直弼虽然确有过人之处，但其性格中却隐藏着太多从政者不应有的自负和专横。由于是庶出，井伊直弼自幼过着寄人篱下的生活，自感一生恐难出头，井伊直弼竟将自己的居所取名为"埋木屋"。不想其父兄接连病故，井伊直弼最终得以登上藩主之位，这位雄心勃勃的政客，随即以先祖遗言为名，将15万两黄金分给领内士民，"买"来了所谓的"贤名"。

德川家定执政之后，阿部正弘和德川齐昭的关系迅速恶化。德川齐昭以《神奈川条约》丧权辱国为名，逼迫阿部正弘的左右手松平乘全和松平忠固辞职。而心力交瘁的阿部正弘也不得不让出首席"老中"之位。但是令长期为阿部正弘所压制的德川齐昭和岛津齐彬并没有想到，随着阿部正弘的归隐和最终离世，他们即将面对的不是通往权力巅峰的坦途，而是黯然的谢幕。

客观的说德川齐昭和岛津齐彬虽然观点不同，但都力主以增强国力，以强硬的外交姿态"攘夷"，而作为阿部正弘的继承者，下总佐仓藩的藩主堀田正睦却力主向西方妥协。井伊直弼、堀田正睦之所以热衷于"开国"，不是因为其本身有什么高瞻远瞩的眼光，而是因为他们的封地恰位于江户东面的咽喉之地，不仅长期要替幕府担负海防支出，财政不堪重负，一旦日本与西方列强开战将首当其冲。

随着1856年7月，美国政府根据其单方面理解的"两国政府认为有需要时"，派出首任驻日公使汤森·哈里斯驻节下田。以德川齐昭为首的"攘夷派"和堀田正睦所代表的"开国派"随即展开了激烈的交锋。哈里斯是个曾在中国宁波厮混过的"东方通"和外交老油条，他刚一抵达下田便叫嚷着要去江户参见幕府将军德川家定，德川幕府避无可避只能允许他打着星条旗从伊豆半岛的南端一路前进。

德川家定据说虽然体弱多病却是一个肤白齿红的帅哥，不过哈里斯对他可没什么兴趣，抵达江户之后这位来自纽约的奸商随即开始威逼利诱日本与美国订立通商合约。面对哈里斯所谓西方舰队必将纷至沓来的威胁和自由贸易所将带来的关税收入，堀田正睦怦然心动，唯一令其犯难的是德川幕府内部不仅有德川齐昭等人的反对声浪，这样的外交条约要正式签署还需要得到日本列岛的名义主宰孝明天皇统仁的首肯。而京都的公卿们其恰恰与德川齐昭等"攘夷派"的观点保持空前的一致。

最终搅乱江户幕府的井伊直弼。

真正打开日本国门的汤森·哈里斯。

　　德川齐昭所代表的"水户学派"之所以在京都大有市场，表面上看是由于德川齐昭和"五摄家"之一的鹰司政通有密切的姻亲关系。但实则却是"水户学"中所提倡的"尊王"观点正挠到了天皇和公卿们长久以来不甘寂寞的痒处。既然"尊王"是为了"攘夷"，那么孝明天皇自然要不断在对外事务中彰显存在。早在佩里舰队前来叩关的八年之前，刚刚即位半年的孝明天皇便发出《意旨书》，要德川幕府"对洋寇不侮小寇，不畏大贼，施以良策，保神州之无暇"。而面对佩里舰队咄咄逼人的架势，孝明天皇虽然同意签署《神奈川条约》，但也言明"水陆军事未整之际，唯有此法"，俨然是"下不为例"。

　　果然哈里斯要求日本开港互市的消息传到京都，孝明天皇随即强烈反对，甚至表示："任阁老上京如何游说，固否决之……夫异人之辈不听者，其时攻之可矣，此为朕之决心。"孝明天皇这番话表面上是和不惜"毁钟铸炮"大炼钢铁的德川齐昭共同进退，但其"攻之可矣"的对象却显然不仅限于西方列强。在写给近臣的文书中，孝明天皇颇为得意地写道："据云诸大名以下人等，皆愿以朕马首是瞻。"显然已有摆脱幕府掣肘，开启皇政时代的自信。

　　当然此时公卿中的通达之士都清楚天皇仍不具备与幕府抗衡的实力，孝明天皇自己也说："若拒绝之意强硬，则有损堀田（正睦）之健康，且有害与大将军（德川家定）之关系，实为难之至。"显然孝明天皇反对与美国建立贸易关系也不过是摆摆样子，如果德川幕府能够在这个问题上充分尊重天皇系人马的意见，形势依旧有转圜的空间。但偏偏此时德川家定的健康状况不断恶化，本是外交事务的"开国"又夹杂进了将军继嗣的内部争斗,德川幕府逐步滑向了分崩离析的深渊。

站在德川齐昭的角度自然希望自己过继到一桥家的儿子德川庆喜可以入主江户。而作为其政治盟友岛津齐彬也在1854年12月18日让自己的养女笃姬与德川家定正式完婚。对德川家定的身体状况有全面了解的岛津齐彬当然知道要笃姬为德川家诞下子嗣,几乎是不可能的任务。他之所以牺牲养女的终身幸福,所图的是笃姬能够进入大奥,说服自己的婆婆——在继嗣问题上一言九鼎的"太后"迹部美津,争取其支持德川庆喜。但是笃姬从大奥传来的消息却令岛津齐彬感到绝望,迹部美津明确表示:"如果庆喜殿下当上将军的话,宁可选择去死。"

与迹部美津的支持相比,最终决定德川庆喜无缘将军宝座的还是对手德川庆福背后强大的实力,公元1857年阿部正弘死后,堀田正睦重新启用了德川齐昭的政敌松平忠固之后,又联手推举井伊直弼出任幕府"大老"。"大老"在德川幕府中本是一个临时职务,并不象"老中"那样参与日常政务的管理,只是在重大决策中担任将军的高级顾问。但是在德川家定无力理政,其最可能的继承人德川庆福年幼无知的情况,井伊直弼的"大老"之职可谓是大权独揽。

有趣的是由于"大老"位置特殊,因此德川幕府历史能够担任大老职务的人只限于被认为忠心耿耿的井伊、酒井、土井、堀田四家。而首任"大老"便是井伊家族元祖"赤鬼"井伊直政之子井伊直孝,撇去日后在位不过数月的酒井忠绩不论,德川幕府的"大老"也算是由井伊始,到井伊而终。井伊直弼的异军突起,不仅昭示着德川幕府的继嗣之争将有其所代表的德川庆福即将胜出,更预示着德川幕府新的当权者将与支持德川齐昭的孝明天皇彻底决裂。

1858年7月29日,经过18个月的马拉松会谈,德川幕府最终与美国政府签订了通商条约,而在此后的3个月里,德川幕府又与英、法、荷、俄签署了类似条约。由于这些条约都签署于安政五年,因此日本史学家将其统称为《安政条约》。如果仅是开放主要港口,允许自由贸易,《安政条约》对日本同样是有利无害,但在签署条约的过程中,井伊直弼、堀田正睦最终没有顶住对手的压力,不仅给予了西方列强在江户等地设立租界、施行领事裁判的特权,更进一步拱手让西方制定双边贸易的关税和汇率,可谓是彻底的"卖国"。

《安政条约》的签署不仅令以德川齐昭为首的"攘夷派"深表不满。孝明天皇更是以江户幕府没有获得自己的"敕令"许可就擅自行动发出了指责,认为幕府将军"以武士之名目治世，亦难御敌，征夷之官职其实难符"。准备颁布《戊午密敕》，要求江户方面迅速派遣"御三家"的重臣及大老上京对强行签约一事做出解释。从某些角度来看，孝明天皇此举颇有针对井伊直弼的意思，但井伊直弼如果真的和德川齐昭等"御三家"代表前往京都，必然将遭到群起围攻。

可惜孝明天皇的公文还未发出，井伊直弼便已先发制人。8月13日井伊直弼以德川齐昭父子伙同尾张德川家的德川庆胜、越前藩主松平庆永擅自进入江户城当面指责自由为由，将其悉数软禁。8月14日第13代幕府将军德川家定突然逝世，官方公布的死因是"脚气攻心"，但联系到此时江户城内波诡云谲的政治环境，日本国内纷纷揣测德川家定是死于井伊直弼或德川齐昭之手。

随着井伊直弼将自己扶持的13岁少年德川家茂推上将军继承人的位置，一场对以水户藩士为主的异己分子的大清洗在京都和江户同时展开，史称"安政大狱"。京都方面由井伊直弼的亲信，负责与朝廷联络的"老中"间部诠胜负责，首先突击了水户藩士鹈饲吉左卫门的居所，搜出了所谓"水户藩阴谋炮制"的《戊午密敕》。自以为得计的间部诠胜拿着这份密敕跑去觐见孝明天皇，一方面解释违敕签约一事，将过错全部推在堀田正睦的身上；另一方面则希望孝明天皇能够看清形势站在井伊直弼一边。

天皇家族在日本历史上曾多次上演丢卒保车、抛弃盟友的传统戏码，但面对间部诠胜的软硬兼施，孝明天皇却显得颇为硬气，他大方地承认了《戊午密敕》确实是自己的意思，在稍作修改之后还是于8月8日将其传檄而出。在这份《戊午密敕》之中，孝明天皇为德川齐昭公开喊冤："闻说水户、尾张两家被处分，且其余宗家皆为同一命令所罚，以上诸人何罪有哉。难以知之。"有了这番话垫底，后面的要求全国的大名共同"以忠诚之心得相正"参与此事，几乎就是公开的高喊倒幕了。

客观地说《戊午密敕》并没有传遍日本列岛，除了水户藩之后仅有萨摩、长州、土佐等向来与幕府分庭抗礼的十三雄藩接到了这一敕令。与德川齐昭长期共同进退的岛津齐彬率先打出了起兵上洛的旗号，以萨摩藩当时的军力和财力对抗当时内忧外患的德川幕府并非全无胜算。但岛津齐彬却在阅兵之时突然发病，于8月24日去世，世人随即将怀疑的目光投向了暗自欣喜的井伊直弼和接任萨摩藩主的岛津久光。

岛津齐彬的意外离世，不仅令同样势力雄厚的肥前藩主锅岛直正，长州藩主毛利敬亲等人不得不暂缓动作，观望形势。更无形中改变了两个理想主义者的命运。得知对自己有知遇之恩的藩主去世，被岛津齐彬派往京都执行秘密任务的西乡隆盛自感万念俱灰，打算回到萨摩便一死了之。好在此时萨摩藩与京都朝廷的联络人清水寺成就院的住持月照赶来劝阻，才算暂时打消了西乡轻生的念头。

　　但是回到萨摩的西乡隆盛很快便有了第二次自杀的举动，在井伊直弼的密令之下岛津久光委派西乡去诱捕好友月照和尚。不忍将挚友推上绝路的西乡隆盛最终选择和月照一起在九州岛锦江湾投海自尽。月照时年46岁而西乡隆盛则恰好30岁。是以日后中国维新变法的先锋梁启超写道："男儿三十无奇功，誓把区区七尺还天公。不幸则为僧月照，幸则为南洲翁。"

❯ 吉田松阴。

西乡隆盛落水之后最终为受命随行监视他的平野国臣所救，但获救之后的他却也对政治彻底死心。倒是岛津久光和平野国臣被这两个人"至死不渝"的友情所感动。岛津久光将西乡隆盛派往"山高幕府远"的奄美大岛，躲避"安政大狱"的同时多多历练。而平野国臣则毅然脱藩，以一介浪人的身份在京都起兵反抗幕府，最终战败被杀。

由井伊直弼所发动的"安政大狱"席卷江户、京都两地并蔓延全国，大批持有"尊王攘夷"观点的志士纷纷被捕，或被处斩或被勒令切腹。井伊直弼随即被安上了其远祖井伊直政的外号——"赤鬼"，与之相对，横行京都的间部诠胜则被称为"青鬼"。显然在各地"尊王"志士的眼中看不到井伊直弼此举是为了重塑幕府的威权，认为只要诛杀了这两个人便可天下太平。而首先被列为暗杀目标的自然是在京都的间部诠胜。

也许在京都的风声鹤唳之中想要刺杀间部诠胜的人不在少数，但历史上留下名字的却唯有"偷渡狂"吉田松阴一人而已。吉田松阴的本职工作是长州藩的军校老师，出于对西方先进军事理念的向往，吉田松阴不仅"脱藩亡命"游历了九州、江户和虾夷，更曾两度试图跟随前来督促日本开国的美、俄舰队离开自己的祖国。好在长州藩主毛利敬亲知道他不过是想"通宇内形势"、"探知其实情"，因此在其被遣送回藩之后也没为难他，象征性地关了一年之后便授意他以开办私塾的方式传授兵法，宣扬"尊王攘夷"的主张。

吉田松阴的"松下私塾"规模并不大，条件更显简陋，学生老师都是自带糙米边春边吃。但就在这不起眼的两间教室里走出了日后撬动东亚政治版图的木户孝允、高山晋作、伊藤博文、山县有朋等人。值得一提的是与吉田松阴同时代的日本还有一位桃李满天下的教育大家，他就是和吉田松阴亦师亦友的佐久间象山。但佐久间象山的学生之中除了吉田松阴之外，如坂本龙马等人大多长于理论韬略，而短于践行实施。究其根源果然有境遇不同的成分，但最根本的还是佐久间象山的治学思想之中还残留着大量东方儒学的观念，不如吉田松阴淡化传统道德只看结果来得更具实用价值，而吉田松阴的这一思想日后更为福泽谕吉所改进，成为了近代日本功利主义的滥觞。

"安政大狱"发动之时，德川幕府本没有将吉田松阴列为逮捕的目标，但是吉田松阴本对井伊直弼签署《安政条约》心怀不满，此刻更被纷乱的时局激发出了"我辈不出，如苍生何"的豪情来，他主动派弟子去联络长州藩的重臣周布政之助，希望长州藩能出兵上洛。周布政之助虽然和吉田松阴私交不错，但是站在长州藩的角度上考虑，他却只能劝告对方时机尚未成熟。

周布政之助对吉田松阴全盘托出了长州藩的计划，要终止井伊直弼的乱政，唯有联合西南各强藩的力量出兵京都，在拔除幕府控制朝廷的二条城之后，方能以天皇的名义收拾山河。应该说日后长州藩也的确是按照周布政之助的这一计划执行的，可惜的是吉田松阴只肯等到1858年的年底。无奈之下周布政之助只能以"松阴的学术不纯，动摇人心"为由将他再度关进监狱"保护"了起来。

吉田松阴到处传播"尊王攘夷"思想的举动已经引起了德川幕府的注意，在井伊直弼的压力之下，长州藩只能将吉田松阴引渡到了江户。后世将长州藩此举视为对吉田松阴的出卖，但凭心而论，毛利敬亲和周布政之助此时都不知道吉田松阴的江户之行将会是一条末路，因为此前德川幕府对于这样的民间异见人士大多不过是流放了事。

最终将吉田松阴推上断头台的是其本人的执着和愤懑，德川幕府原本只是指控吉田松阴与号称"恶谋四天王"的京都大儒梅田云滨暗通款曲。如果吉田松阴大方地承认下来，最多也无过是被流放或关押。毕竟梅田云滨本人也不过是被软禁在小仓藩主的家中严加看管而已。但吉田松阴却耻于和曾密谋袭击俄国通商船的梅田云滨并列，说："梅田一贯狡猾，与我毫无关系；而且我的性格光明正大，不做阴谋的事，我有自己的计划。"这一句"我有自己的计划"随即引出了吉田松阴准备在京都刺杀间部诠胜进而推翻井伊直弼的谋略全盘推出。为了震慑世人，更为了给长州藩一个教训，井伊直弼亲自过问此案，将原定的流放改为死刑。

吉田松阴在生命的最后时刻还在为日本的未来谋划，他在囚禁期间写下的《幽室文库》中描绘了日本"并吞五大洲"的短期目标："乘间垦虾夷，收琉球，取朝鲜，拉满洲，临印度，以张进取之势，以固退守之基。遂神功之所未遂，果丰国之所未果也。收满洲逼俄国，并朝鲜窥清国，取南洲袭印度。宜择三者之中易为者而先为之。此乃天下万世、代代相承之大业矣"。

后世的梁启超认为吉田松阴虽然没有成就什么伟业，但是"吉田诸先辈造其因而明治诸元勋收其果。无因则无果。故吉田辈当为功首也！"推崇其为明治维新第一人。但实际上没有心怀对挚友愧疚之情的周布政之助将吉田门下的弟子推举进入长州藩的高层，如木户孝允、高杉晋作、伊藤博文等人是否有未来的成就实在难说。与其说吉田松阴是明治维新的推动者，不如说他率先制定了日本未来对外扩张的宏图。当然由吉田松阴所勾勒出的未来对于日本这个底气不足、一味取巧的民族而言最终也不过如他走上刑场时所念的绝命诗那般，不过是一出"肉躯纵曝武藏野，白骨犹唱大和魂"的空前悲剧而已。

1859年10月27日年方三十的吉田松阴授首于千住小原刑场。他的死不仅是"安政大狱"的高潮，更成为了井伊直弼的催命符。当然吉田松阴本人尚未有暗杀幕府"大老"的计划，但他的死令众多曾期望本藩能够起兵上洛的志士看到了藩主们的瞻前顾后，决心以自己的力量扭转乾坤。而对井伊直弼仇恨最深的自然莫过于水户藩。

1860年3月22日水户藩的昔日的"郡奉行"金子教孝、"矢仓奉行"高桥爱诸等人在脱藩后抵达京都，在那里他们会合了来自萨摩藩的有村兼清。有村没有金子和高桥两人曾经显赫的地位，有的只是一腔的愤慨，毕竟他曾和西乡隆盛一样在京都秘密活动，准备迎接前任藩主岛津齐彬的大军上洛。但此时物是人非，他已经回不去了。双方在江户著名的商业区日本桥西侧的酒店"一料亭"聚会，最终决定利用两天之后井伊直弼进入江户城向幕府将军进献上巳节（农历三月三日）贺词之际对其展开伏击。

尽管井伊直弼对江户城内对手的密谋毫不知情，但是此时日本各地针对"安政大狱"的反弹已经令他的心腹们如坐针毡，受命监视水户藩动向的矢田藩主松平信和甚至亲自登门劝说井伊直弼辞去大老之位，以暂避一时。但此时的井伊直弼同样没有退路，回到自己的独立王国彦根藩固然可躲开行刺的"暗箭"，但放弃主政之权后却难挡各雄藩秋后算账的"明枪"。于是井伊直弼故作镇定地表示"人各有命"之余，也特意在上巳节登城之时带上了幕府法定上限的60人卫队。

事实上，作为一名曾长期雌伏于社会底层的武士，井伊直弼本身也是"练家子"，不仅枪术、弓术、柔术均有涉猎，在剑道方面更是开宗立派的人物。也许在井伊直弼看来，对方在戒备森严的江户城内即便悍然对自己展开行刺，所动用的人手也绝对无法超越自己的卫队，而纵然有个把刺客可冲破重围来到自己的轿前，也未必是自己的对手。

"上巳节"本是传统东方文化中开捕巡猎、踏青游湖的日子。但是1860年的江户此时却已经是天寒未明、积雪处处。井伊直弼从樱田门外的宅邸出发之

杀到井伊轿旁的有村次左卫门。

时更遭遇了一场不合时令的大雪，在井伊直弼坚持要登城的情况下，随行卫队只能换上了行动不便的蓑衣。折腾到上午9点左右，大队人马才从井伊府出发，而刚走出没多远就遇到了一个拦轿喊冤的男子。在"安政大狱"的大搜捕之下，这种情况想来并不罕见，因此井伊直弼的护卫并没有提高警惕，只是上前准备把告状者劝离了事。

就在告状者和护卫们拉拉扯扯之际，一个黑影猛地冲向井伊直弼的坐轿，在被扑倒之前，这个黑影迅速地向幕府"大老"的坐轿连开数枪。这响彻雪夜的枪声随即成为了潜伏于四周的18名暗杀者发动袭击的冲锋号，拦轿告状的森五六郎率先拔出刀来砍倒数人，面对从四面八方涌来的暗杀者，井伊府的轿夫顿时一哄而散。为了将轿子中生死不明的井伊直弼抢回府中，原本人手就捉襟见肘的护卫们不得不分出一部分来抬轿，形势更显不利。

在风雪之中，井伊直弼的坐轿显然成为乱斗漩涡的中心。在多名试图抬起轿子撤走的同僚先后倒在暗杀者的刀下之后，30岁的彦根藩武士河西良敬随即脱掉蓑衣，手持双刀护卫在坐轿一侧，连续砍翻了多名刺客。但正所谓"双拳难敌四手"，这位师承柳生双刀流的河西良敬最终倒在了来自萨摩的"北辰一刀流"高手有村兼清的刀下。当然尽管在后世的作品中，这场双刀对单刀的厮杀自然被赋予了高手对决的神话的色彩，但在当时的环境下也不过一场毫无技术含量的街头斗殴而已。

砍翻了最后一名轿前护卫之后，有村兼清挑开轿帘才发现井伊直弼早已腰间、腿部多处中弹，无法再施展其颇为自傲的"新心新流"拔刀术。怀着亢奋的复仇之心，有村兼清手起刀落，把持德川幕府两年之久的权臣井伊直弼随即黯然谢幕。对于政府首脑的遇刺，德川幕府当然第一时间封锁了消息。彦根藩的武士迅速将井伊直弼的首级寻回。随即对外宣称藩主只是遇刺负伤，性命无虞。而德川家茂也颇为配合地向其藩邸送去了朝鲜人参慰问品。此举一出，观望的各路人马纷纷效仿，一时间包括水户藩在内的各强藩使者在井伊府内进进出出，更有好事者频繁路过刺杀现场。

二十多天之后，德川幕府终于发现关于井伊直弼已死的流言早已传遍列岛。德川家茂只能含糊地宣布："井伊直弼急病发作而死。"随后彦根藩参与护卫的武士之中重伤者流放，轻伤、无伤者全部被勒令切腹，而最无辜的轿夫则被处以斩首之刑。但是德川幕府在这一事件中所失去的威信，却是无法靠这区区几十颗人头所能换回的。在未来的相当长一段时间里，这种针对政治人物血腥暗杀的阴影将始终笼罩在日本列岛的上空。

禁门之变：
西南强藩的崛起和两次长州征伐

在井伊直弼遇刺的"樱田门"事件5个月后，仍在软禁之中水户藩前藩主德川齐昭突然离世。德川幕府公布的死因是心肌梗塞，但朝野上下均认定此事与痛失藩主的彦根武士脱不开关系。面对以水户藩为首的各强藩对幕府的不满，刚刚元服亲政的德川家茂也没有解决之道，只能遵从继承井伊直弼遗志的"老中"安藤信正的意思，开始推行德川齐昭生前一直主张"公武合体"政策。

所谓"公武合体"指的是代表公卿势力的天皇和代表武士利益的幕府之间联合执政。其实自镰仓源氏以降，历届幕府也没有哪一个敢于公然抛开天皇"单干"的，因此大张旗鼓鼓吹"公武合体"无非是要通过强化天皇对幕府的支持以缓解各强藩对幕府政务干预的一种手段而已。

当年德川齐昭提出"公武合体"，无非是想通过天皇和公卿的支持，将自己儿子德川庆喜扶上将军之位的同时压制"开国派"，而此时安藤信正旧事重提，则是为了借天皇之手来压制各藩"尊王攘夷"的口号，既然你们口口声声要"尊王"，那么"攘夷"自然还是以"征夷大将军"为首了。

客观地说此时的京都朝廷和德川幕府都认识到无法独自面对开国以来的剧烈变革，抱团取暖是无二选择。但是在具体操作层面双方却各有盘算。在孝明天皇看来，把自己的妹妹和宫亲子嫁给德川家茂本不是什么大事，但前提是江户幕府必须承诺在十年之内完成"攘夷"，重回锁国状态。毕竟只要日本不沦为西方的殖民地，天皇万世一系的地位便无从动摇。而江户幕府则深知开国大势已经无法挽回，贸然与西方决裂，最终只能是德川家和列强拼个鱼死网破，而各地强藩坐收渔翁之利。因此在双方的反复交涉和相互扯皮之中，双方最终敲定先行完成德川家茂和和宫亲子的婚事，幕府则在稍晚一些时候下达攘夷的命令，动员全国的武士向西方开战。

正如所有敷衍和权宜之计最终都会由于其中种种的暧昧不明而节外生枝一样，"公武合体"运动从一开始双方所欠缺的诚意，最终令这场本可一举团结日本各阶层力量的大戏最终变成了列岛分裂的奏鸣曲。1861年十月三日，和宫亲子以内亲王的身份从京都出发，此时日本各地出现了幕府挟持公主为人质，不久便将废立天皇的谣言。为了避免有好事之徒袭击公主的出嫁队伍，江户幕府只能要求和宫亲子进入江户的沿途29个藩领宣布进入戒严状态。

而为了平息谣言，德川幕府还破天荒地准许京都朝廷调集长州、萨摩等强藩的藩主率军上洛。显然公、武双方都对彼此充满了怀疑，迫切需要第三方势力来为这一场政治交易作保。1861年12月11日常年在京都养尊处优的和宫亲子终于入住了幕府将军的"后宫"——大奥。在这里她首先要面对的不是"未婚夫"德川家茂，而是名义上的婆婆已经改称"天璋院"的"笃姬"岛津於一。自古婆媳关系便是水火不容的存在，在向以勾心斗角而闻名的后宫更是如此。和宫和"笃姬"还没掐上，双方麾下的婢女便先斗得不可开交了。于是"天璋院"倚老卖老欺负公主的消息被添油加醋在坊间流传开来，更引得一干本就对"和宫下嫁"心怀怨恨的志士们咬牙切齿。

不过就算再借这些志士一百个胆，他们也不敢冲入戒备森严的江户城去解救公主。只能拿担负着媒人角色的"老中"安藤信正出气，牵头的依旧是水户藩，不过这一次萨摩方面岛津久光正在谋划领兵上洛，水户藩只能另找长州藩合伙，联络了吉田松阴的弟子桂小五郎。仅就剑术而言，桂小五郎当不弱于有村次左卫门，但是作为吉田松阴的接班人，桂小五郎有着更为远大的志向，加至此时长州藩内部的纷争，桂小五郎最终选择了退出暗杀计划。客观地说水户藩在暗杀领域实在缺乏想象力，刺杀安藤信正的计划和当年对付井伊直弼的手法如出一辙。在江户坂下门外再度上演了拦轿喊冤、拔枪怒射，白刃突击之后，仅有7人的水户藩武士竟然还能砍伤安藤信正，世人也只能感叹："这德川幕府看来是完了啊！"

与义愤填膺的水户藩士相比，孝明天皇对于和宫亲子婚后生活的不适却表现得"情绪稳定"，甚至亲自托人带话，让妹妹和自己的婆婆搞好关系，不要折腾。毕竟此时岛津久光已经在鹿儿岛点齐军马即将前来京都，这个时候天皇可不想和萨摩藩把关系搞僵。1862年三月，岛津久光率领萨摩藩精锐部队1000多人动身向京都进发，临行之前已经升任为萨摩藩"步兵监督"的大久保利通向久光建议将投闲置散的西乡隆盛从奄美大岛召回。大久保利通的想法是西乡不仅有在京都活动的经验，更在"安政大狱"中成为了"尊王攘夷"派心目中的英雄，由西乡隆盛为大军前驱，可以为萨摩藩一路收罗人心，打通关节。

出乎大久保利通意料之外的是西乡隆盛一回到鹿儿岛，便急谏岛津久光，要其取消上洛之行。好在大久保利通居中转圜才没让局面陷入尴尬。不过西乡隆盛虽然作为萨摩军的先头部队一路经下关、入大坂、抵京都。沿途却没有太大的作为，毕竟此时心怀"尊王攘夷"思想的各藩志士早已将实施"安政大狱"的江户幕府列为打击的对象，萨摩藩此次"上洛"无非是促成"公武合体"，自然不对他们的胃口。西乡隆盛一路上忙于安抚各地躁动的情绪，哪有时间招揽人才。于是岛津久光一气之下，决定再度将西乡流放。而大久保利通除了出面安抚了西乡几句之后也表示无能为力。

赶走了西乡隆盛之后，萨摩藩的军队终于抵达了京都。此时岛津久光和大久保利通才发现自己已经坐在了火山口上。大批野心勃勃的"愣头青"以志士的名义追随萨摩藩进京，到处集会、串联。其中影响最大的自然莫过于来自萨摩藩的政治团体——"精忠组"。说起来大久保利通和西乡隆盛也曾经是"精忠组"的成员之一，但是比起这个组织里其他满怀理想、忠于岛津齐彬的热血青年来，大久保利通更为现实和圆滑。在岛津齐彬意外去世后，大久保看准岛津久光喜欢围棋，便苦修棋艺，很快成为了藩主的手谈良伴。而针对岛津久光痴迷古籍，大久保更收罗来了28卷本的《古史传》一本本地借给对方看，而每次借书大久保必然在其中夹杂自己和"精忠组"对时局的看法，最终换来了岛津久光对他的赏识和对"精忠组"的承认。

有了岛津久光和1000名萨摩精兵的撑腰，"精忠组"在京都自然成为了大大小小同类团体中的翘楚。势力急速膨胀之下，"精忠组"的领袖人物有马新七更是头脑发热，竟然联络土佐藩的武市瑞山、长州藩吉田松阴的高徒久坂玄瑞等人，准备先以暗杀的手段夺取土佐、长州两藩的实权，随后联合三大强藩之力在京都起兵，一举推翻德川幕府。这些人不仅罗列了长长的暗杀黑名单，甚至连新任幕府将军的人选都已经拟定好了，他就是孝明天皇的哥哥——青莲院宫亲王。

1862年5月6日，土佐藩的武市瑞山率先动手，暗杀了本藩大权在握的参政吉田东洋。有趣的是武市瑞山和吉田东洋生前关系还不错，两人曾就日本未来有过一番激烈辩论，不过武市瑞山这样的"愣头青"哪是学究古今的吉田东洋的对手，被对方引经据典驳得哑口无言。在大失面子的情况下，才萌生了杀机。而吉田东洋遇刺之后，土佐藩上下都畏惧武市瑞山杀伐决断的手段，原本远离政治斗争的土佐藩随即成为武市瑞山"一藩勤王"的工具。

消息传来，岛津久光的恐惧和担忧自然可想而知。他深知"精忠组"此时已经尾大不掉，等到武市瑞山带着土佐藩兵上洛，局势自然将更难收拾。而自己如果出面干预，也很可能成为有马新七的暗杀对象。盘算再三，岛津久光决定壮士断腕，委派大久保利通对"精忠组"展开打击。5月29日大久保利通亲自挑选的萨摩藩"九大剑客"，带着岛津久光勒令"精忠组"全体返回萨摩反省的命令，进入了有马新七等人聚集的旅店——"寺田屋"。有马新七正沉浸在自己指点江山的迷梦之中，哪里听得进劝。双方一句不合自然拔刀相向。但"精忠组"虽然人多势众却终究不是本藩剑道达人的对手，一场火并之后，有马新七等六人当场授首，包括西乡隆盛之弟西乡从道在内的其他成员则被引渡回藩。自此显赫一时的"精忠组"在昔日骨干大久保利通的打击之下，彻底消失在了日本历史的长河之中。

"寺田屋事件"对于萨摩藩而言不过是一场清理门户的内部整肃，不过在当时各藩都畏惧热血志士的情况下却无疑堪称表率。岛津久光随即成为了京都公卿心目中的新生代偶像。在大久保利通的谋划之下，萨摩藩随即向孝明天皇提出德川幕府的改革方案，即：平反安政大狱的同时清算井伊直弼派势力，任命被软禁的越前藩前藩主松平庆永为大老，德川庆喜以"将军后见"（即将军辅佐者）执掌幕府事务。岛津久光的提议看似是在为昔日的德川齐昭一派势力鸣不平，有替人作嫁衣的嫌疑，但实则却是有意让江户幕府继续陷入内部纷争无法自拔。

江户方面接到了孝明天皇的敕令之后，也是无可奈何。只能将安藤信正、间部诠胜等人解职，井伊直弼生前的心腹长野主膳和宇津木景福更惨遭斩首。昔日幕府的有力支持者彦根藩至此转向了德川家族的对立面。而德川家茂自然

❷ 西乡隆盛所建的寺田屋死者墓。

也不甘心将自己的竞争对手委以重任。他在会见了解除软禁的松平庆永和德川庆喜之后，只是授意他们可以参与幕府政务，对于职位安排始终不予明示。

在对德川幕府内部事务的干涉初见成效之后，孝明天皇又综合长州藩和公卿阶层的意见发出了所谓"三事策"的敕令。除了重申萨摩藩的要求之后，孝明天皇还要求德川家茂应该尽快上洛，同时以沿海五强藩为基础设立五大老。所谓的"公武合体"至此已经演化成了"幕藩共治"。面对亲自从京都赶来与自己交涉的岛津久光，德川家茂只能选择妥协，但是在任命德川庆喜为"将军后见"的同时，德川幕府还是小小地抵抗了一下，以松平庆永不是井伊、酒井、土井、堀田四大亲藩为由，改任其为"政事总监"。

虽然没有完全达到目的，但自关原兵败以来，岛津氏能将昔日强横一时的德川家族逼迫至此也该心满意足了。但是在当年的6月25日长州藩却借口德川幕府已经与天皇达成了"攘夷"的协定，自说自话地向在下关附近海面航行的美、法等国船只展开了炮击。长州藩此举名义上是遵从"征夷大将军"德川家茂的指示行事。但事实上在德川家茂抵达京都觐见孝明天皇本身就是迫于幕府激进派及各强藩的内外压力，对于彻底与西方决裂毫无信心。因此长州藩率先展开的"攘夷"活动无疑是将德川家茂置于了进退两难的境地之中。

在长州藩悍然炮击外国的20天之后。忠于德川幕府的唐津藩主小笠原长行率领精兵1500人于大坂一线登陆，向京都进发。显然此时幕府已经失去了对京都的控制，面对跃跃欲试的各强藩，德川家族内部的保守派渴望以武力为后盾，重建自身的权威。但是在孝明天皇的坚决反对之下，小笠原长行的部队最终驻足于了京都之外。德川幕府只能以"反恐"为名，通过招募亲幕府浪人，在京都组建了名为"新撰组"的民间武装。

所谓"新撰组"最初是为了应对德川家茂前往常有浪人刺杀幕府官员及亲幕府人士的京都而由一个名为清河八郎的武士所提出的。不过讽刺的是化名为清河八郎的齐藤正明本身就是一个倒幕人士，因此在京都新德寺召集了200名浪人之后，清河八郎便毫不避讳地提出："浪士组虽然是被幕府所征募，为了护卫上洛的将军而来到京都，但是我们终究是浪人，不能食幕府之禄。我们要做'尊皇攘夷'的急先锋。"在这样的情况下，清河八郎的"浪士组"最终被召回江户，其本人也被幕府所暗杀。后期活跃于京都的"新撰组"基本是由会津藩藩主松平容保一手组建起来的。

新撰组成员的复原蜡像。

松平容保戎装画像。

作为德川家的子孙，松平容保的政治立场自然是站在幕府这一边的。何况此时的他已经受命出任江户幕府新设的"京都守护"一职，维护京都的治安更是责无旁贷。但此举却遭到了会津藩内"家老"西乡赖母等人的竭力反对。在西乡赖母看来地处关东的会津藩出兵京都，不仅是劳师远征，更将成为倒幕派的众矢之的，将来可能陷会津藩于万劫不复的境地。松平容保虽然搬出保科正之"会津藩永远忠于德川幕府"的家训为挡箭牌，但仍不得不尽量减少出兵京都对会津藩财政的影响。于是相对便宜的浪人便成了会津藩守护京都的首选。

因此对于重新集结于京都郊外壬生村的浪人，松平容保首先进行了一番重新的选拔和甄别。"新撰组"之名也由此而来。在一番残酷的内斗之后，"新撰组"的成员基本团结在了农民出身的剑客近藤勇的麾下，以"诚"字为队旗。俨然已经成为了德川幕府和会津藩的私兵。而在刺杀了清河八郎之后，返回江户的"浪士组"也被改名为"新征组"，负责起了江户地区的治安工作。德川幕府这种以浪人对抗浪人的手段，固然不失高明但却彰显出了其在经历了连番内斗之后的虚弱。昔日主导日本列岛的武士阶层只能龟缩在浪人的身后，何尝不是一种讽刺。

在下关炮击外国战舰毕竟只是长州藩的一个姿态。在将德川幕府逼入墙角之后，长州藩以在京都活动的桂小五郎等人授意孝明天皇下达了"攘夷亲征"

的诏书，一时之间长州藩在京都风头无二。1863年9月30日，驻守京都的萨摩藩和会津藩武装突然接管了皇宫的禁卫工作。随后支持"公武合体"的中川宫朝彦亲王等公卿进入皇宫，宣布此前孝明天皇所谓"亲征攘夷"的诏书不过是受到了长州藩方面 "迫切上言"的压力而不得已作出的。在时间尚未成熟的情况下必须延期。随后大批与长州藩长期合作的激进派公卿被剥夺了官位，史称"文久政变"。

"文久政变"折射出同样野心勃勃的长州、萨摩两藩长期在利益上存在着冲突。"安政大狱"之后，长州藩的藩政一度掌握在相对温和的重臣长井雅乐等人的手中。在长井雅乐看来所谓的"攘夷"不过是血气方刚的暴力论；开国进取才是推进长州藩发展的国策。而根据日本列岛的现状想要抛开幕府自主行事是不可能的，所以还应当在幕府的框架下实现"公武合体"才能"国内和睦"。

应该说长井雅乐的看法与岛津久光基本上是一致的，但是为了取得"公武合体"的主导权，萨摩藩还是处处给长井雅乐设置障碍。利用长井雅乐游说京都一无所获的有利时机，其政敌周布政之助鼓动昔日吉田松阴门下的弟子久坂瑞玄、桂小五郎对其展开弹劾。为了鼓动仇恨，周布政之助甚至宣称当年将吉田松阴引渡给德川幕府的正是长井雅乐。但事实上长井雅乐在"安政大狱"后恰恰保护了因参与"坂下门外之变"而被捕的桂小五郎，理由是"只有桂一人能够抑制水户的过激派，与其杀之不如加以利用"。

政客之间本没有仇恨更谈不上感恩。久坂玄瑞为首的藩士认为长井雅乐的策略是屈服于幕府，违背了长州藩一贯以来"勤王"策略（其实是"倒幕"政策）。久坂玄瑞的策略是首先应当追究幕府自行开国和炮制"安政大狱"的罪责，随后以"草莽联合"的方式鼓动中下层武士和民众发动激进的改革。久坂玄瑞的政策最终打动了一心想一雪关原之战后被迫"改易"之耻的毛利氏。长州藩的"太子爷"毛利定广由江户进京之后，竟然主动指出长井雅乐提交天皇的建议书中有所谓"锁国在皇国旧法里不存在"一句是对朝廷的诽谤，至此在自己领导的亲自拆台下，长井雅乐只能黯然下野，在可能被暗杀的恐惧中切腹自尽。

带着孝明天皇受命"周旋国事"的诏书，毛利定广随后又来到了江户，不仅要求德川幕府赦免"安政大狱"以来的政治犯，甚至连萨摩藩"清理门户"的"寺田屋事件"中的死者也要予以厚葬。这种越俎代庖的行为自然激起了岛津久光的不满。在此后发生的暗杀"攘夷派"公卿姊小路公知的事件发生后，长州藩指责这是萨摩藩藩士田中新兵卫所为，萨摩藩被免去皇门警卫的职责，至此长州、萨摩两藩的可谓是彻底地决裂了。

"文久政变"之后，京都事实上重新落入了德川幕府和萨摩藩的控制之中，为了自保孝明天皇随即以"攘夷派""盲目行动失和于列国，妄兴倒幕之师并非自己意愿"为由将责任全部推向了长州藩，而为了向幕府示好，土佐藩藩主山内容堂逮捕了妄图"一藩勤王"的武市瑞山。随着37岁的武市瑞山固执地以古式的"三"字切腹法了结自己，长州藩在日本列岛几乎陷入了孤立无缘的境地。

面对萨摩藩与德川幕府联合的局面，长州藩几乎面临着自关原之战以来最为糟糕的局面，毕竟"关原之战"后毛利氏还有富裕的领地可供剥夺，此时却是再无退路而言。于是桂小五郎决定铤而走险，决定在三条小桥的池田屋召集在京都的"攘夷派"浪人，谋划行刺担任"京都守护"的松平容保，随后趁乱放火劫持天皇。但是作为召集人的桂小五郎在集会当天却意外地迟到了，就在长州、土佐、肥后等藩的"志士"焦急等待之时，"新撰组"的人马却突然杀到。

在一场激烈的械斗之后，池田屋内聚集的21名各藩浪人中7人被杀，余者全部负伤被俘。由于"新撰组"方面仅有4人冲入屋内，其中名为冲田总司的白河藩士一人便手刃长州藩四人重伤一人。一夜之间"壬生刽子手"、"壬生狼"的大名迅速自京都、大坂传遍了整个日本。而走到半途得知消息的桂小五郎立刻返回了藩邸，对于池田屋方面的求救使者也闭门不应，事后桂小五郎为自己开脱说："出于维新之前途着想，彼次行动之时实在不可应援，并非畏惧……"

"池田屋事件"的消息传到长州，本是对毛利氏激进势力的一次敲打。但是由于此前各地"攘夷派"志士纷纷起兵，由脱藩武士组成的"天诛组"在大和国的十津川打出幕府领内年贡减半的旗帜，一时应者云集。原筑前藩士的平野国臣本是受命前往镇压的，但在抵达前线的途中竟然也以"减免年贡"为口号召集了二千余农兵。这两支起义军虽然最终被镇压，但却也令长州藩萌生了德川幕府气数已尽的错觉。

1864年3月水户藩又出现了不满推迟"攘夷"而在筑波山举兵的"天狗党"，认定"倒幕"时机已然成熟的毛利敬亲决定以"向天皇陈诉藩主的冤罪"为名向京都进军。长州藩出动的兵力仅为2000人，本不足以长驱直入。但

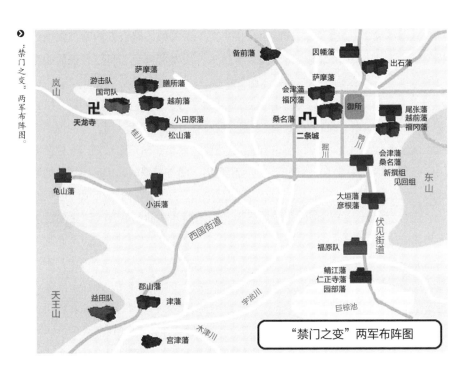

◆ "禁门之变"：两军布阵图。

"禁门之变"两军布阵图

◆ 天狗党之乱。

是京都仍有不甘为德川幕府所左右的公卿势力，纷纷参谒天皇，请求准许长州藩势力入京，并驱逐松平容保等人。等到身为幕府在京都总代理的德川庆喜好不容易从孝明天皇手中获得讨伐长州的敕令之时。长州藩的军队已经抵达了京都郊外。

讽刺的是曾以"寄骑五千、旗本八万"自夸的德川幕府，此时在京都竟然没有直属部队可供调遣，只能依赖诸藩驻军与长州藩对抗。而面对云集京都城外德川幕府麾下多大二十余藩的庞大军阵，久坂玄瑞毫无惧意，竟然还摆出了三路出兵、分进合击的态势。但即便如此，长州藩军队仍一度突破由筑前藩军队把守的中立卖门，攻入京都御所内。只是在寡不敌众的情况下，长州藩的人马才不得不撤出战场。长期以来以"后起之秀"身份活跃日本政坛的久坂玄瑞在公卿鹰司辅熙家中自杀。由于在战斗中据说曾以大炮轰击皇宫，长州藩随即被德川幕府指为"朝敌"。

战斗虽然在一日之内结束，但战火却蔓延至京都的大街小巷，燃烧至7月21日早晨方被扑灭。整个京都在这场"禁门之变"中几乎化为了废墟。正是由于造成了如此巨大的财产损失，并惊吓到了天皇的"御驾"。此战之后长州藩和幕府均竭力推卸自身的责任。长州藩方面互相推诿，甚至久坂玄瑞之死都被异化成为了阻止同僚寺岛忠三郎火烧京都而与之互刺身亡。而德川庆喜则宣称他本人很反对开战，曾三番四次对长州发出退兵劝告，很可惜长州人没有理会，其最终决定出兵是在引发"新撰组"成员冲入其府邸死谏之后才做出的"艰难决定"。

客观的说德川庆喜此番回忆并非粉饰，但其始终引而不发，却并非是因为"珍惜和平"，而是基于对局势的理性分析。此时在京都周边的战场之上，幕府方虽然占据兵力上的优势，但参战诸藩各怀鬼胎，不仅萨摩、土佐等"外样大名"之兵不堪信赖，即便是尾张、纪州、井伊家所执政彦根藩人马也可能"出工不出力"。德川庆喜唯一可用的唯有"高须四兄弟"中松平容保、松平定敬两人领导的会津藩和桑名藩所部人马，加上准军事武装"新撰组"堪堪与长州藩打个平手。与其出动出击，不如集中兵力死守御所。因此电视剧《八重之樱》中神化会津藩在"禁门之变"中力挽狂澜的场景并不存在。

有趣的是本应与长州藩呼应的"天狗党"最终不过是进行了一场武装请愿而已。但是他们心目中的"少主"德川庆喜却对这些长途跋涉的水户藩士缺乏好感。最终"天狗党"的骨干近400人在敦贺海岸被处死。但德川庆喜并不知道他此举虽然毁灭了水户藩的"攘夷派"，却同时也令自己的本藩从此在幕末的政治舞台上销声匿迹，甚至最终导致了他的暗淡结局。

"禁门之变"的长州藩不仅失去了诸多忠臣良将，更陷入了四面楚歌的境地。除了让士兵在鞋底写上"萨贼会奸"（萨为萨摩，会为会津）的字样的精神胜利法之外，毛利氏一时也想不出更好的办法。甚至向来以奇才自诩的桂小五郎也以躲避幕府追捕为由，迟迟不肯归藩。所谓"屋漏偏逢连夜雨"，就在长州藩在京都兵败的同时，下关方向又传来了英、美、法、荷四国联合舰队登陆的消息。事实上自从以"攘夷"为名在下关肆意炮击外国船只以来，长州藩便与西方列强龃龉不断。以久坂玄瑞为首的所谓的"光明寺党"，先是开炮袭击了通过下关海峡驶往长崎的美国商船"彭布罗克"号。或许是觉得炮击民用船只不足以体现"武士道"精神，很快"光明寺党"开始找起了西方军舰的晦气。第一倒霉的是荷兰军舰"梅迪萨"号。不过荷兰人此时国势衰弱也无力还手。不过当得意洋洋的长州藩武士将炮口对准美国战舰"怀俄明"号，他们终于知道了自找倒霉的含义。

1863年7月16日，美国海军对长州藩炮台和军舰进行了报复性的猛烈攻击，击沉三艘长州军舰，并封锁了下关海峡，沿岸的武士家属以及部分百姓纷纷逃往山中，海峡地区出现冷落的情景。受到了美国人的鼓舞，向来喜欢落井下石的法国人也派出东印度舰队的旗舰"塞米拉米斯"号和"唐克雷德"号对下关和长门之间的前田炮台前面发动攻击。250名法国陆战队员甚至悍然登陆，占领了前田、坛浦等处炮台，开始劫掠沿途的村庄。

就在惹事的"光明寺党"装聋作哑之际，与久坂玄瑞并称为"松门双璧"的高杉晋作挺身而出。1863年7月18日，为了加强下关一线的防御。长州藩起用正在"被迫隐居"的高杉晋作。针对长州藩此时正忙于京都争雄的局面，高杉晋作撇去门户之见，在招募下层武士的同时，也开始吸纳长期与军旅无缘的农民、商人和手工业者。这支所有的服装、武器操练均效仿西方的新型军队被高杉晋作命名为"奇兵队"。

和所有新生事物一样，长州藩的"奇兵队"在成立之初也可谓是受尽了白眼。1863年9月，"奇兵队"与向以精锐自居的"撰锋队"在教法寺发生火并。身为"奇兵队总监"的高杉晋作被迫承担"管教不严"的责任，黯然去职。但"奇兵队"在火并中能够直冲"撰锋队"的驻地，也令变相挑起矛盾的长州藩"太子爷"毛利定广对其另眼相看，因此在事件发生后不仅没有将其解散，反而委任高杉晋作的同学山县狂介出任"军监"。此举等同于承认了"奇兵队"是长州藩的正规军。

山县狂介虽然以"一介武夫"自诩，但却也知道"不和于国，不可以出军；不和于军，不可以出阵"的道理，因此接手"奇兵队"之后，山县不仅严格拘束部下，杜绝了类似事件的再度发生。在长州藩进军京都的军事行动之中，"奇兵队"已然达到了4000人的规模，与"撰锋队"等部一起参与了"禁门之变"的恶斗。

许多日本小说都将发生在1864年9月的"炮击下关"事件吹嘘为"奇兵队"的首次大捷。但事实上面对英、美、法、荷四国联合舰队所拥有的20艘军舰和5019名士兵，长州藩可谓是一败涂地。"奇兵队"虽然驻守沿海炮台死战，但在"军监"山县狂介亦右腕和腹部中弹负伤的情况下，最终也只能败下阵来。最终还是由高杉晋作化名出访，与英国海军中将库柏签署了解除禁海，赔偿军费300万美元的《下关条约》。

"炮击下关"尽管令长州藩遭受了一定的损失，但却远未伤筋动骨。西方列强的坚船巨炮反倒令这个西南强藩改变了此前盲目的"攘夷"方针，转向了与萨摩藩相同的"开国"论调。"禁门之变"和"炮击下关"的接踵而至，令长州藩一时陷入了内外孤立的不利境地，本是德川幕府一举荡平自"关原之战"以来便始终心怀不满的毛利氏的绝佳机会。但是身为"征夷大将军"的德川家茂既没有凭借德川氏的力量独立荡平长州的信心，更缺乏亲自率兵出征的勇气。

为了彰显自己的权威，德川家茂向本州西部、四国、九州的21藩都下达了出兵的命令。这步臭棋顿时令许多心存观望的强藩对幕府产生了抵触的情绪。毕竟长州藩的领地有限，各藩出兵之后毕竟能够轻松取胜也很难收回成本。加上得知德川幕府有重新强化已经名存实亡的"参觐交代"制度，一时间各藩纷纷以财力不敷为由拖延出兵的期限。

在勉强凑集了15万兵力之后，幕府军对长州藩已经形成压倒性的优势。但此时在主帅人选上德川家茂却再次犯起愁来。应该说身处京都前线的德川庆喜和松平容保均已用自己的实际行动证明了其军事才能，但其政治立场和功高震主的忧虑却令德川家茂最终将总领大军的"朱印状"交给尾张德川家的家督德川庆胜。但这位德川庆胜同样在"安政大狱"中曾被迫隐居，对井伊直弼所推举的德川家茂并无好感可言，在"征讨长州"的问题上更缺乏积极性。

1864年的12月，德川庆胜在大坂举行军事会议。这次会议本是敲定对长州的总攻时间。但是出任征讨军参谋的萨摩藩士西乡隆盛却突然提议以政治手段解决问题。本就无心参战的各藩大名纷纷附和，德川庆胜赞许他的主张，命令他为全权代表并赐给他佩刀作为表证，让他出使长州。而面对幕府的讨伐大军，长州藩本就陷入了分裂之中，主张抗战到底的高杉晋作也被迫出走。因此西乡隆盛抵达长州之后，毛利氏立即爽快地答应了追究益田右卫门介等三位家老进攻京都的责任，拆毁重镇山口城及遣返逃到长州的三条实美等公卿的条件。

在长州藩自毁长城的情况下，德川家茂只要有其祖家康一半的腹黑便足以将对手打入万劫不复的境地。但在上下离心的情况下，德川幕府纠集的大军却

❱ 征讨长州时的幕府军。

最终止步于长州藩外。在安然度过了危机之后，长州藩内虽然一度出现了保守派当道，试图解散"奇兵队"，追捕"攘夷派"的局面，但是随着高杉晋作秘密悄悄潜回下关，长州藩内的激进势力迅速死灰复燃。1865年1月14日，高杉晋作在下关功山寺举兵。一时之间诸多很多富农豪商不无响应。高杉晋作之所以能够获得如此之多的支持，很大程度上长州藩民间流传着德川幕府要求毛利氏交纳巨额赔款的消息，担心利益受损的大户纷纷组建"力士队"、"义勇队"等民间武装自保。1月28日高杉晋作留学英国的昔日同学伊藤博文率领"力士队"攻占下关伊崎会所，夺取了大量军费和武器弹药。2月1日，高杉晋作发表"讨奸檄"，开始向藩府萩城进军。审时度势的毛利敬亲父子随即派人与高杉晋作联系，表示愿意合作，至此长州"攘夷派"再度掌握了藩政。

面对长州藩再次打出的"倒幕"大旗，德川幕府自然不能坐视不理。这一次德川家茂似乎感到有亲自出马的必要，于是仿效先祖当年的关原出阵的情形，德川家茂带领幕兵以及诸大名和藩士，威风凛凛的向长州进兵。但是德川家康从江户到关原仅仅用了2个月的事件。但德川家茂的"第二次征讨长州"仅仅是抵达京都便花费了半年的光景。

德川家茂之所以行程如此迟缓倒并非是因为沿途游山玩水，而是忙于在大坂协调各方势力。而由于孝明天皇方面对德川幕府再次向长州征伐的理由感觉很不满意，因此准许用兵的敕令迟迟没有抵达。最后无奈之下德川幕府只能采取昔日制裁丰臣氏的老办法。德川家茂以询问的名义召集毛利氏的重臣，在对方迟迟不至的情况下，宣布"长州藩早有谋反之心，更不可宽恕，只得早日征讨为上"。

"第二次长州征伐"不仅理由薄弱，不足以发兵再征，另外巨大的军费开支更使幕府的财政困难重重。而利用日本国内政局不稳之际，英、美、法、荷四国有提出要求德川幕府开放兵库港、降低关税等要求。而就在德川幕府焦头烂额之际，长州藩却通过一番合纵连横，重新掌握了主动权。

由于事先便预料到德川幕府一定不会对"攘夷派"重掌长州善罢甘休。高杉晋作一方面任用精通西洋军事的大村益次郎为军事专政，秘密采购大批西式武器准备，同时利用与土佐藩士坂本龙马的私交，向萨摩藩伸出了橄榄枝。坂本龙马是土佐藩"攘夷派"领袖武市瑞山生前的挚友。眼见在德川幕府的高压之下，不仅土佐"一藩勤王"的梦想归于破产，长州、萨摩两藩亦有被各个击

破的风险。坂本龙马自然积极地奔走于萩城和鹿儿岛之间。

最终能促成"萨长同盟"很大程度上还与此时英国政府的对日政策有关。德川幕府不仅长期垄断了日本列岛的外交事宜，不允许各藩和西方独立展开贸易，自然伤害到了英国的利益。而随着法国采取支持德川幕府的态度，英国更急于在日本寻找自己的代理人。在这样的情况下。1866年的正月西乡隆盛与在潜伏在京都的桂小五郎达成了秘密的"萨长倒萨同盟"。在德川幕府的"第二次长州征伐"中，萨摩藩不仅不予出兵，更通过长崎为长州藩向英国订购了7000支新式步枪。

1866年6月7日，处于四面受敌的不利环境之下的长州藩终于在周防的大岛方向迎来了德川幕府的首轮进攻。在"富士山丸"、"大江丸"号两艘军舰的掩护之下，以忠于德川幕府的松山藩为主力，3000名幕府军在大岛强行登陆。但是仅有少数西式步枪队的幕府军很快便在"奇兵队"的反击面前败下阵来，由于幕府舰队在高杉晋作所乘坐的"丙寅丸"号小火轮偷袭下仓皇撤走，登陆的幕府军竟然悉数被困在岛上，任人宰割。

初战获胜的长州军随即于6月13日在小濑川防线展开反击。同样以武士为主力的彦根藩、高田藩的军队在长州藩的西式陆军面前迅速崩溃，德川幕府虽然投入幕府直属部队和纪州藩的增援，但也堪堪的是稳定住了战线而已。在两线获胜的情况下了长州藩随即转入外线作战，大村益次郎指挥的长州军通过了中立场的津和野藩的领地进攻了"高须四兄弟"之一松平武聪领导下的滨田藩，6月18日滨田城便宣告易手。

据说坂本龙马曾受桂小五郎之邀前往观战。尽管他本人在笔记中仅是轻描淡写地说："长州军绝不布设密集队形，而是分散冲锋，使得中弹的人很少。"但事实上在整场战争中德川幕府所谓骁勇善战的武士几乎已经沦为被屠杀的羔羊，例如以枪术见长的滨田藩士岸近江本便在眨眼间就被打成了筛子。而企图凭藉大麻山、云雀山、鸢巢山等天险阻遏长州军继续挺进的幕府军更在对手的大炮轰击面前作鸟兽散。

德川幕府最后的王牌是由小笠原长行指挥的九州诸藩，毕竟萨摩藩虽然拒绝出兵，但是锅岛直正麾下的佐贺藩战力亦不可小觑。但是号称"肥前妖怪"的锅岛直正却同样采取作壁上观的姿态。就在小笠原长行与长州藩展开多次苦战之际，大坂方面传来"征夷大将军"德川家茂去世的消息。江户德川幕府选择了秘不发表，但得知消息的小笠原长行还是自作主张地逃离了战场，此后虽然被孤立的小仓藩与长州藩的战斗还在继续，但德川幕府的"第二次长州征讨"已经宣告了失败。

大厦倾倒：
"戊辰战争"和德川幕府的覆灭

由于德川家茂与下嫁的和宫亲子还未来得及产生爱情的结晶，因此幕府将军之位自然而然地便落到了"将军后进"的德川庆喜的头上。但是讽刺的是此时的德川庆喜却似乎对政治失去了兴趣，拒不接受将军之位，直到孝明天皇亲下诏旨命令才勉强宣布即位。德川庆喜此举固然有拿腔作势的成分，但此时的德川幕府却的确已然成为了一座即将消融的冰山。

此前为筹集"第二次征伐长州"的军费大伤脑筋，财政空虚的德川幕府曾不得不勒令大阪的巨商交纳御用金2525000两。但是这笔巨款在战争的消耗面前仍是九牛一毛。由于德川幕府大批采购军粮，各藩也大量囤积粮食，各地的商人趁机炒作粮食，最终致使日本米价飞涨。

原本德川幕府与长州藩之间的征战对普通百姓的生活影响不大，但是随着物价的攀升，江户、大阪等地的百姓纷纷开始抢掠米店攻击富商。1866年6月20日兵库县发生了农民捣毁米店和商店的暴动以来，这股风潮很快便波及日本各大城市。民众纷纷将责任怪到德川幕府的头上，认为是"将军无道才导致天下大乱"。德川庆喜本希望咬牙将"征讨长州"进行到底，但在这样内外交困的情况下，也只能要求孝明天皇颁布的"停战令"，好给幕府军以喘息之际。而长州藩方面也迫切需要修养生息，因此坦然做出幕府军撤退之际不予追击的许诺。

德川庆喜深知"第二次长州征伐"已经令德川幕府的虚弱昭然若揭，要想稳住局面，首先便是要进行由上而下的全面改革。在英国表面宣布局外中立，暗中扶持雄藩崛起的情况下，法国人便成了德川幕府最为重要的外援。此时的法国恰处于拿破仑三世执政时期，曾多年在非洲殖民地工作的法国驻日公使罗修斯秉承上司意思，摆脱了以往追随英国的做法，积极展开了对日外交。尽管法国政府愿意向德川幕府提供总额为500万美元的贷款，但是由于其为德川幕府所设计的改革方案仍以中央集权为基准，摩拳擦掌的长州、萨摩等西南强藩显然不会给德川庆喜足够的时间。

1867年1月30日，年仅36岁的孝明天皇突然神秘死亡，据说孝明天皇发病之初被诊断为痘疮，并有好转的迹象。但是随后病情突然恶化，而就在此前孝明天皇曾严词拒绝了公卿提出的不利于德川幕府的一系列提案。因此有人怀疑是孝明天皇昔日的御用侍从岩仓具视暗中下毒，为"倒幕"拔除了这块最大的绊脚石。

岩仓具视因为和宫下嫁的事情被幕府申斥，后来被迫辞去职务在家闲居，期间与萨摩长州都有联系，立场转为倒幕。孝明天皇死后，在宫廷内部"公武合体"派的势力自然消退，众多曾因"倒幕"而下野的公卿获得赦免并重新开始公开活动，岩仓具视此后更是官运亨通。孝明天皇的嫡子睦仁虽然随即即位为明治天皇，但年仅16岁的睦仁此时无非是一个橡皮图章，真正执掌朝廷大权的是有栖川宫亲王、三条实美、中山忠能等公卿，这些人原本都和萨长两藩勾结，被幕府压制，现在全被赦免掌握了朝廷，对于幕府十分不利。不过长州藩还是"朝敌"的身份，为了摆脱这一不利的标签，长州联络萨摩藩上书朝廷举行"四侯会议"讨论长州藩赦免和兵库港开港的问题。兵库港开港一事是历史遗留问题，根据《日美和亲条约》规定，一定要如期开港，但是孝明天皇不准，西方列强现在又以战争威胁，所以事关紧急。

所谓"四侯会议"本来是萨摩藩的大久保利通提出的，其本意自然利用诸侯会议的机会要求赦免长州藩不敬之罪，同时追究幕府不经天皇同意就私自开放

死因成谜的孝明天皇。

大政奉还图。

兵库港的罪责，罢免幕府的权力，将其降为普通大名，是为"和平倒幕"。而此时在樱山疗养的高杉晋作因肺结核于1867年5月17日逝世于下关新地，遗命葬在奇兵队驻地吉田，时年不足28岁。他的遗言是"让这无趣的世界变得有趣吧！"

　　1867年6月萨摩藩主岛津久光联合越前藩、土佐藩、宇和岛藩主带兵上京举行"四侯会议"。诸侯和幕府之间为了先开港还是先赦免长州藩罪责的问题相持不下，德川庆喜也带兵上京进行威胁。四侯内部的土佐藩、越前藩倾向于支持幕府，结果会议不了了之。和平倒幕的想法是实现不了了。

　　于是长州萨摩两藩的执政私下密谋准备武装倒幕。土佐藩主山内容堂一心想要幕府将军自己交出权力，避免内战。土佐藩乡士坂本龙马和山内容堂的亲信后藤想二郎在船中密谋，利用天皇权威逼迫幕府自己交出权力，改革国家整体。此即著名的"船中八策"。山内容堂和长州萨摩诸藩主上奏天皇要求幕府交出权力，归政于天皇，同时改革国家整体，国家权力由所有藩镇公议经天皇批准执行。德川庆喜考虑到德川家是全日本的最大藩镇，即使没有幕府虚名，就算是议会公议也是德川家实力最强。于是同意撤销幕府王政复古。

　　1867年11月10日，德川庆喜将幕府权力奉还天皇，降为普通大名。但是仍然保有全国最大的领地和兵力。诸侯和公卿不满德川家依旧拥有最大势力，准备给德川家最后的致命一击。他们以天皇的名义解除了会津藩和桑名藩这两个幕府亲藩保卫京都的权力，改由萨、长两藩守卫京都。同时在没有德川庆喜参与的情况下举行御前会议商议要求德川庆喜纳土辞官，交出领地。在会议上，亲幕府的土佐藩主山内容堂要求请德川庆喜与会，不能让少数公卿把持朝政云云，结果却招来了岩仓具视痛斥。西乡隆盛得知情况后更威胁将山内容堂及随从以不从诏命为由干掉。在死亡威胁的情况下，诸侯一致要求德川庆喜交出全部领地和领民，这就是要彻底灭亡德川家。

与此前长州藩始终矗立于"倒幕"前沿的局面略有不同，这一次真正主动权掌握在萨摩藩的手中，在决意用武力"倒幕"之后，大久保利通宣布针采取了"整备兵力争取声援"的策略，向京都增派一个大队的兵力。还滞留在京都的岛津久光则召见了潜伏在萨摩藩邸的长州藩士山县狂介，要求长州藩做好参战的准备。闻知消息的德川庆喜再也不抱有任何幻想了，开始整顿军队，俨然要和"倒幕"派一决雌雄。

1868年1月4日，"高须四兄弟"中的越前藩主松平庆永和尾张藩主德川庆胜来到德川庆喜在京都的官邸二条城，向他转达了会议结果要求德川家纳土辞官。德川庆喜拒不接受，他调动幕府军队准备进城讨逆，当天晚上长州藩军队率先开进京都把守各门。德川庆喜认为京都形势不利于1月7日退回大阪，准备集结军队有所行动。德川家的各亲藩大名对"纳土辞官"的诏命反应激烈纷纷要求武力抗拒，德川庆喜遂下定决心，向朝廷进呈"讨萨表"指斥萨摩藩为奸佞小人，准备带兵上京清君侧。

德川庆喜之所以有如此自信，主要源于幕府军自"征伐长州"之后的改革。在聘请了法国的教官开始了法式陆军训练后，德川幕府组建了近万人的新式陆军。值得一提的是，法国教官第一次将欧洲的军事体操引入了日本。当时被称为"练体法"的军事体操的作用在于锻炼士兵们的体魄，使他们的身体状况可以适应训练和作战的需要。但是幕府军的军官始终由世袭的武士担任，使得幕府的军事改革仍未脱出封建制度的窠臼，始终落后于萨、长两藩。

公元1868年1月26日德川庆喜指挥幕府军和会津等藩兵1.5万人从大阪沿淀川北上，兵分两路向京都进发。到达淀城，翌日兵分二路，桑名藩兵为先锋向京都西南方的鸟羽推进，主力则东出伏见城，由陆军奉行竹中重固指挥，率有幕府军及会津等藩兵，兵力约八千人，自诩武勇的"新撰组"也加入了这一路的幕府军之中。

接获幕府挥军北上的消息后，京都新政府派遣2000名萨摩藩兵防守鸟羽，

1800名长州藩兵和300名土佐藩兵防守伏见，另有400名萨摩藩兵作为预备队守卫设在东寺的指挥部，由西乡隆盛统一指挥。政府军兵力仅为幕府军三分之一，但士气、装备、训练均占优势。倒幕军在鸟羽布置有一个半月形阵地，从东边的中岛到鸭川西岸的小枝，守军有萨摩兵二千及一部分长州兵。幕府军要求守军让路并下令强行通过，萨摩守军首先开炮，第一发炮弹就击中幕军纵列顶部的一个炮兵队，随即又是雨点般的枪击，幕府军顿时大乱。后来幕府军好不容易才组织还击，京都的宪兵警察组织"见回组"还进行了白刃冲锋，但这些精于刀剑的武士立即被枪弹击退。入夜，幕府军无法抵御讨幕派的夜袭，遂连夜逃回淀城。

伏见在鸟羽之东，是京都南约六公里，西滨贺茂川，东靠桃山。奉行所在它的东南角，由土墙和巨屋所圈围，在当时的火力条件下，算得上是一个牢固的堡垒。同鸟羽方面一样，倒幕军也有一个半月形阵地，占据了桃山制高点，从三面包围着伏见奉行所。守军有长州兵1800人、萨摩兵一部和土佐藩的300人。幕府军多次冲击倒幕派的阵地，曾一度占领桃山，后都被打退。入夜，倒幕派照样进行夜袭，黎明时分幕府军被迫退回淀城。

幕府军连遭重创令原先效忠幕府的各藩纷纷倒戈。幕府军败退后曾欲固守淀城，淀城藩是德川幕府的"谱代大名"，就在三天前还是幕府军的前线指挥部，但此时却断然拒绝幕府军入城，并开城欢迎倒幕官军，甚至"御三家"之一的纪州藩也借"勤王"之名保持中立。德川家至此可谓"众叛亲离"！

德川幕府在鸟羽、伏见之战中的一败涂地，固然有与对手存在战法、武器上差距的原因，更有此前德川庆喜一味妥协、退让，交出"征夷大将军"职权的失策。但更为深层的政治原因还在于此时的德川家内部早已陷入离心离德的窘境。表面上看德川家仍坐拥500万石以上的庞大资产。但实际却只有水户藩及其分支"高须四兄弟"在前方奋战。无论经济实力还是武装部队均不足以压制"倒幕"大军。有趣的是，在电视剧《八重之樱》中，将幕府军在鸟羽、伏见之战的溃败，归咎于"倒幕"武装打出了天皇的旗号，甚至将山本八重的弟弟山本三郎之死也神化为不愿相信忠于天皇、忠于幕府的会津藩竟然会成为"朝廷的敌人"，拼死冲击前往夺旗才壮烈牺牲。

德川庆喜逃回江户后，幕府内分裂成"恭顺派"和"主战派"。德川庆喜最后接受了"恭顺派"的主张，解雇了支持"主战派"争取法国援助进行决战

◆ 天皇的军旗——锦之御旗。

◆ 鸟羽伏见之战，其中清晰可见双方均以采用西式战法。

◆ 上野之战。

本能寺合战之图

主张的法国军事教官歇多万。任命日本近代海军的创始人，主张"绝对恭顺"的胜海舟为陆军总裁，主持幕府事务。但"恭顺派"并不是准备无条件投降。他们不过是要以温和的手段来最大限度地保住幕府的利益。尽管幕府陆军的主力已经在鸟羽、伏见战役中被消灭，但胜海舟执政后即派出"甲州镇抚队"和"信州镇抚队"前往阻止"倒幕军"东进。

3月1日，幕府的"甲州镇抚队"和"倒幕军"的甲州支队同日向甲府进发，但"倒幕军"抢先一天进入甲府。随后分三路击溃了幕府军，控制了甲州。同时，在豪商相乐总三组织的民间武装"赤报队"的帮助下"倒幕军"3月6日越过天险锥冰峠（qiǎ），3月10日黎明突袭幕府的信州镇抚队，1800人的幕府军逃往东北方的会津藩，至此"倒幕军"占领北部关东平原，与南边的甲州支队相呼应，形成了对江户的钳形攻势，幕府军的防线被彻底击垮。

甲州、信州镇抚的失败，彻底打破了幕府主战派的一切幻想。3月14日，幕府的恭顺派终于和官军达成江户"无血开城"的协议，规定幕府交出军舰和一切武器，德川庆喜去水户"谨慎"，让田安龟之助继承德川家，仍给静冈土地70万石。至此，统治日本两百六十余年的德川幕府名实俱亡。4月21日，东征大总督炽仁亲王进入江户，把旧将军府改为大总督府。不久，这座将军的居城，将成为日本的新首都。不甘心失败的反动武士组织了一支拥有两千人的名为

"彰义队"的反新政府武装，拥立轮王寺宫以上野宽永寺为据点，串通德川幕府残余势力继续同明治政府为敌。5月15日，在上野之战中，彰义队被大村益次郎指挥的明治政府军包围击溃。倒幕派的反攻取得了完全胜利。

死斗求活：
会津藩拼死抗击背后的政治博弈

德川幕府虽然宣告覆灭，但内战还没有结束。被列为"朝敌"的会津藩主松平容保自回会津以后，整备军火，改革兵制，准备和明治政府军决一死战，会津一时成为反明治政府势力的中心。江户开城以后，原幕府步兵奉行大鸟圭介就带领精兵2000从江户逃往会津藩。同时，东北（陆奥，出羽、越后）地方诸藩也并不希望把奥羽地方卷入战火中。

客观地说，松平容保此时如效仿德川庆喜宣布降服，其本人所遭遇的处分也不过是幽禁于江户而已。但其麾下家臣及会津藩士特别是退守会津的"新撰组"成员，却大多在京都欠下了"倒幕"人士的累累血债，未必能全身而退。加上奥羽诸藩大多并未经历过"鸟羽、伏见之战"。对"倒幕"派的军事优势没有直观的了解。仍迷信于东北地区复杂的地势及骁勇的民风。对不经一战便宣告降服的理性声音自然是听不进去的。何况即便开战，也不过是地处东北咽喉的会津藩首当其冲。因此在内外压力之下，松平容保只能选择死战到底。

4月11日，仙台藩主伊达庆邦，米泽藩主上杉齐宪向奥羽镇抚总督九条道孝提出对会津宽大处理的请求，但是遭到了拒绝。于是5月6日，以会津、庄内两藩为中心的东北各藩成立了"奥羽越列藩同盟"，发出"讨萨檄文"，扬言要清君侧和扫除"伪官军"。战火终于燃遍了整个日本东北地区。

大村益次郎在上野之战后，取代西乡隆盛担成了官军的最高指挥。他对付奥羽越同盟的战略思想是："首先除去枝叶（指各藩），茎干（指会津）自然干枯。"以仙台藩暗杀了新政府的镇抚使世良修藏为导火索，明治政府军兵分三路开始向本州东北部开始进军。其中伊地知正治亲自带领中路从中央攻打白河城作为诱饵，而兵力较多的左右两路分别由野津正雄和川村纯义带领从两面包围旧幕府军。中路部队挂起多面军旗伪装成大批的军队，并炮轰旧幕府军主要阵地稻荷山以吸引旧幕府军的注意力。

白河位于古奥羽街道的北线起点，是通往奥羽各地的重要关门。奥羽越同盟建立后虽然对明治政府占领的白河组织了七次进攻，即所谓白河七战，但结果却全部以失败而告终。自此期间"奥羽越列藩同盟"的孱弱彰显无余，使用老式枪支的旧幕府军战斗力低下。倒是一些游侠、赌徒、农民组成的"冲击队"，多次对白河城发动夜袭，令明治政府军心有余悸，将这些一袭黑衣装扮的敢死队称为"鸦组"。

在战场以外，明治政府和"奥羽越列藩同盟"也在扩张自身的同盟范畴。长冈是越后北部强藩，民风质朴强悍。藩主牧野忠信是德川家康十七将之一的牧野康成之后。他曾在藩内改革兵制，设置军校，装备大批西洋军械。长冈藩军事总督河井继之助早在归藩前就把江户藩邸内的古董和什器全部变卖，以所得款项从外国商人处重金购入了两门最新式的"加特林"机关枪，这种威力强劲的武器当时在日本总共只有三门。7月初长冈曾与官军谈判要求武装中立被拒绝，只能加入"奥羽越同盟"和明治政府军作战。

长冈藩虽然一度会合了会津、桑名两藩的部队击溃政府军中来自上田、尾张的藩兵，收复战略要点榎峠。随后又再接再厉，大破素称精锐的萨摩、长州诸队，收复朝日山。据说政府军一度狼狈到了极点，竟令铁石心肠的山县狂介凄然泪下，以至事过三十年仍不能自已。但是随着两军开始沿信浓川对峙。政府军炮火和兵力上优势逐渐突显，山县狂介突出奇兵，率军强渡河水暴涨的信浓川，直捣长冈城。长冈藩判断失误，主力被绊牢在榎峠、朝日山一线，本城防御薄弱，河井继之助被迫以少量兵力迎击。尽管河井继之助亲操"加特林"机关枪上阵，但在寡不敌众的情况下仍左肩负伤被迫离开前线。失去统一指挥的长冈诸队军心大乱，政府军乘势掩杀，一举夺取了长冈城。

政府军攻克长冈之后，随即大肆烧杀掠夺，事后统计长冈城下町屋舍被焚毁达2500余间，兵学所、藩校崇德馆、社寺等重要设施也荡然无存。"数十年来所积之军用金二十万两，大炮四十门，武器弹药无算，尽被'贼军'（明治政府军）掠走"。但是长冈军毕竟元气尚存，激荡着"夺还本藩二百五十年居城"的豪情，长冈武士抱定必死的决心，在密集的炮火掩护下，横涉大沼泽八町冲发起了急袭。沉湎于温柔乡中的政府军猝不及防，四散奔逃，城中的会津征讨越后口参谋西园寺公望、前原一诚侥幸生还。

此时始终保持局外中立姿态的佐贺藩则加入了明治政府军的行列。藩主锅岛直大不仅动员藩内的船只，还自费租赁了西方货轮，运送大批藩兵登陆关东地区以支援政府军。随着各地强藩陆续倒向明治政府，借助柏崎、新潟等港口，政府军的援兵不断地开赴长冈战场。随着7月29日明治政府军再度夺取长冈，"奥羽越列藩同盟"灭亡的号角正式吹响。属于列藩同盟的越后诸藩相继向新政府投降。

8月23日，坂垣退助的中路军抵达会津若松城下，政府军开始酝酿会津攻坚战。当时军中有两种战略：一是继若松城续沿用"除支弱干"的办法，先征服米泽，仙台；一是先攻会津，理由是如果米泽仙台久攻不下则战事势必拖延到冬季，这对以萨摩、长州等南方兵为主的明治政府军很不利。于是明治政府军决定采用"会津攻城，仙米攻心"的战略。

9月初，虽然围攻会津藩的明治政府军已达到3万人。但会津藩方面亦有7000—10000人的战力。其中除了会津藩士3000人之外，还有从江户转战而来的旧幕府军步兵队、传习队、冲锋近3000人，奥羽列藩同盟军1000人以上。而除了悍不畏死的"新撰组"及其他浪人组织之外，会津藩方面还将主城若松城内的男丁编组为以中国故事里的四方神明命名的民兵组织，即所谓的"朱雀队"（18—35岁）、"青龙队"（36—49岁）、"玄武队"（50岁以上）和"白虎队"（16—17岁）。城内的武士女眷也被组成"娘子军"，其中骁勇者如山本八重者冲锋陷阵，柔软者则照顾伤患、搬运弹药。一时间整个会津藩呈现全民皆兵、同仇敌忾的状态。加上当地复杂的地形，会津藩方面如果能够顺利地将战事拖到冬季，对明治政府军而言将更为艰难。

但是会津虽然兵力雄厚，但面对两线夹击的明治政府军却仍难免顾此失彼。其中东部战线更由于有多个峡口要防守，兵力更趋分散。再加上联军之中各方人马互不统属，造成了指挥调度上的困难。而偏偏就在这样的情况下，明治政府军如有神助一般绕开会津藩重兵布防的中山峡，从只部署700—800名兵力（主要以旧幕府传习队为主）的母成峡突破会津藩防线，直趋若松城下。

包括山本八重及其父山本权八在内的会津藩士虽依托若松城墙拼死抵抗，但最终旧式的日本城堡难以抵挡明治政府军所装备的英制阿姆斯特朗榴弹炮。而在外线作战的会津藩各部从远处看到若松城起火，均误以为后方已失陷。纷纷丧失战斗意志。其中19名由16、17岁会津藩士的子弟们组成的"白虎队"成

会津藩臆想中的娘子军破敌图。

被无限美化后的白虎队少年。

浮世绘中的松平容保出降。

员更在饭盛山集体剖腹自杀。即便如此，从9月14日明治政府军发动总攻击起到同月22日，松平容保才宣布开城投降，仍可见其意志之顽强。而这番拼死抵抗，对于松平容保而言也并非全无效果。最终他本人不仅保全了首级，其嫡子松平容大更被允许保留华族的身份。

但是在明治政府军获胜后，长州藩将会津藩的战死者判为"贼党"而不允许下葬，尸体因长时间放置遭到风吹日晒，或被鸟兽啄食而惨不忍睹。在整场戊辰战争中，以会津战后对死者遗体的凌辱最为残忍，甚至有人因埋葬了死者而被入狱关押数日。半年之后，因考虑到疫病的流行才允许埋葬死者。而幸存的会津藩武士也被迁移到被称为"白河以北一山百文"（意即一文不值的落后之地）的斗南藩（今属青森县）居住。等待他们的无疑是极端穷苦的生活。

山本八重虽然因为是一介女流而免于处分，但却也不得不面临家破人亡的凄苦人生。因为就在若松城陷落前后，其第一任丈夫川崎尚之助向山本八重提出离婚。川崎尚之助本是但马出石藩（今属于兵库县）的藩医之子。早年醉心于"兰学"的川崎尚之助因为知道会津藩的日新馆成立了兰学所，他前往拜访该兰学所教席的山本觉马，此后便寄居于山本家中。正所谓"近水楼台先得月"，1865年在家人的撮合之下，山本八重与川崎尚之助喜结连理。

但一场突如其来的战争，却最终令两人不得不劳燕双飞。有趣的是后世对于其婚姻破裂的原因，有两种截然不同的说法。有人说山本八重不愿来自他藩的川崎尚之助卷入会津的战争之中，而主动提出解除婚约。而另一派的观点则宣称是川崎尚之助不希望山本八重以武士之妻的身份而遭遇明治政府的处分。但无论如何，这种"大难临头各自飞"的情况在明治维新的大潮之中并不罕见。

就在山本八重苦苦挣扎于生活的艰辛之际，一封来自京都的信却彻底改变了她的生活。原来长期被山本家视为已死的长子山本觉马仍在人间。早在"禁门之变"中，任会津藩炮队队长的山本觉马便突患眼疾，遂开始过着不辨黑白的日子。鸟羽、伏见之战后，滞留京都的山本觉马更成为了萨摩藩的战俘。但就是在这段暗无天日的生活之后，山本觉马突然时来远转，成为了萨摩藩高层的座上宾。

日本官方的解释是身为囚徒的他撰写许多有关政治、经济、教育、卫生、衣食住行、贸易诸般等为主题的"管见"文章。最终以其"眼盲心不盲"的才干，得到西乡隆盛的高度赞誉，不久便被释放，更延聘为京都的施政顾问。日本最初的小学、科学研究所、劝业大博览会举措均出自山本觉马的构想。但从常理来推断，山本觉马被俘之时正值"戊辰战争"的高潮期，即便其诸多见解颇有见地，也未必能打动忙于军事的西乡隆盛等人。山本觉马真正得以平步青云的原因，或许正是帮助明治政府军瓦解了会津藩的防线，毕竟对于来自西南的萨摩、长州诸藩将佐而言，会津藩的兵要地志、战备弱点均需要一个"引路人"来指点。而在山本觉马的举荐之下，来到京都的山本八重担任了京都女红厂的见习教导，并由此开辟了她人生的第二段经历。

尾声：戊辰之年

公元1868年，按照古老的东方历法是为以龙为属相的"戊辰"之年。而在佛教密宗的定义之中，"戊辰"一词又有着"三千繁华，弹指刹那"的定义，似乎冥冥之中便已然注定了这一"干支纪年"注定与改朝换代、成败兴衰联系在了一起。这一年的1月5日，太平天国最后一位"正统王侯"赖文光于扬州瓦窑铺兵败被俘。作为昔日深得洪秀全信赖的"外戚"[1]，赖文光在满清政府军的

注①
一般认为赖文光为洪秀全发妻赖莲英的堂兄弟。

大营之中写下了千余字的自述，虽然篇幅不长，但其中"古之君子，国败家亡，君辱臣死，大义昭然；今余军心散，实天败于予，又何惜哉？"的英雄豪气却远胜于下笔万言的"忠王"李秀成。

6个月之后，另一支捻军主力张宗禹部覆灭于山东徒骇河畔。至此，历时17年，波及华夏十八省、六百余座城市的"太平天国—捻军"起义，最终归于失败。而在太平洋的彼岸，1868年12月25日，美国总统安德鲁·约翰逊签署法令，宣布无条件特赦南北战争中的所有"叛国者"。至此南北战争结束以来，美国军队对南方各州长达3年的"军管状态"宣告结束。

这些改变或许与日本明治维新相比，谈不上翻天覆地。在人类历史的演进之中，落后淘汰于进步，崛起埋葬衰落本是常态。但在世人眼中本应属于旧势力的代表，逆历史潮流而动的松平容保、山本八重等人的形象，缘何在战后的日本逐渐被抬高，甚至还将其与其麾下臣民以卵击石般的抵抗演绎成"会津魂"，我们或许只能从日本近代史特别是其第二次世界大战的历程寻找答案。著名作家司马辽太郎曾经说过："想起会津，就感到日本这个民族还不是太无可救药。"而笔者却认为，正是有会津这样的先例，才让历代日本统治者觉得无论他们如何冥顽不灵，也始终会有人替他们吃药。

今天的会津藩若松城。

事件＼葵花已然凋谢 樱花依稀盛开

命运之人
悲悯冲绳

萨军入侵琉球到冲绳外交疑云

作者／陈杰

2012年1月，日本TBS电视台的开年之作是本木雅弘、松隆子等人主演的电视剧《命运之人》，这也是山崎丰子的这一部著作第一次被电视剧化。

故事的主角是事业如日中天的新闻记者弓成亮太，他可是《每朝新闻》社政治部的台柱子，能自由地出入日本权力的核心圈——霞关。利用自己非同寻常的政界人脉，他往往能打探到一般记者打探不到的政治内幕，为雇佣自己的报社获取头条新闻。意想不到的是，这种特殊"待遇"却使这位明星记者卷入政治漩涡中——弓成亮太用隐秘手段从外务省（相当于外交部）事务官三木昭子手中拿到了一份"极密"电文，获知了外交谈判的一项重大内幕，而这一内幕却让弓成亮太如坐针毡。出于记者的直觉，他认为这是一个足以撼动佐桥首相政权的巨大黑幕，但为了保护消息来源，他却不能在《每朝新闻》上以文章为武器直捣黄龙。所以他将心一横，把文件交给了反对党的横沟议员。没想到横沟议员在质询中高举文件，将消息来源直接公诸于世，也将弓成亮太和三木昭子推上了风口浪尖。弓成亮太面临着人生走向毁灭的境遇。

《命运之人》是日本著名作家山崎丰子的遗作，也是她生前最后一部被搬上荧幕的作品。日本女作家山崎丰子（1924—2013年）于1924年在大阪出生，1944年从旧制京都女子专门学校（今京都女子大学）国文专业毕业。进入每日新闻社后师从著名作家井上靖，在担任记者之余从事写作工作。1958年创作小说《花暖帘》（花のれん），一举获得第39届直木奖，从此退职专以写作为业。山崎早年的作品多以其出生地大阪当地的风俗为题材，如1959年连载的《少爷》（ぼんち，"ぼんち"为关西俗语，含"器大活儿好的少爷"的意思）就是这类题材，小说讲述的是一个商贾富二代放荡的人生故事，广受好评。但从20世纪60年代开始，山崎开始转向揭示社会黑暗面的题材，如1963年开始连载的以医疗黑幕为主题的《白色巨塔》，这部小说也就是后来由唐泽寿明等人出演的著名电视剧的原著小说。此后，山崎又创作了《华丽一族》和战争三部曲（《不毛地带》、《两个祖国》、《大地之子》）。山崎的作品往往以现实中的人物和事件为原型，如《华丽一族》故事背景的原型为神户银行（现在的三井住友银行）；而《不毛地带》中从西伯利亚归来后驰骋商界的壹岐正，则由著名的大本营参谋濑岛龙三的故事加工而成。

《命运之人》在《文艺春秋》2005年1月号到2009年2月号上连载，是山崎丰子晚年的杰出作品。小说基于一个真实的历史事件——西山事件改编。日本《每日新闻》社记者西山太吉通过"非常手段"获得了政府机密文件，发现由佐藤荣作内阁主导的冲绳回归谈判背后有内幕：日本政府将会为冲绳美军基地部分撤除后的"复原"工作代付"复原费"400万。这一内幕被当时的在野党议员在国会质询后，西山太吉及外务省泄密的相关人员遭到了起诉或处分，使冲绳回归的秘密事件及关于公众知情权的讨论成为了当时的一个热门话题。

　　小说还涉及冲绳美军基地所引发的种种社会问题，作者想要触发人们对仅占日本领土0.6%却有着全日本75%美军基地的冲绳其未来的思索：冲绳究竟何以成为日美关系中的一个敏感问题？又何以成为日本政府最麻烦的一块烫手山芋？回顾冲绳血泪交织的近现代史，我们才能揭示谜底。

缘起：从岛津入侵到琉球开国

清末著名的爱国诗人黄遵宪写有诸多的爱国叙事诗，从中法战争到中日甲午战争，黄遵宪的诗记录了一个民族屈辱时代的历史。而黄遵宪在光绪三年（1877年）随清政府第一任驻日公使何如璋前往日本赴任，在日从事外交工作长达四年，他广交朋友，四处走访，可谓是当时最"知日"的中国人之一。他的《日本杂事诗》，是当时中日关系和日本明治时代历史的一个缩影，他在朝鲜问题、琉球问题等方面都有独到精辟的见解，是清末时代难得的一位具有国际眼光的外交奇才。

在黄遵宪的叙事诗中，有一首长达三十多句的长篇诗，名为《琉球歌》。在光绪三年（1877年）12月，作为驻日公使随从人员的黄遵宪抵达日本神户港，在神户逗留期间，黄遵宪见到了一位"不速之客"——琉球国使节马兼才（与那原良杰），这位对琉球未来国运抱着深深担忧的志士在夜深之时闯进了清国公使的坐船中，他白发苍苍，衣裳褴褛，看到清国公使就伏地痛哭，拿出琉球国王的密敕，请求清国公使拯救琉球的亡国之危。这个震撼的画面给予黄遵宪极大的冲击，在日期间，他多次和日本人交涉，为维护琉球不被日本侵吞不遗余力，在对琉球问题有了深刻认识后，他写下了这首《琉球歌》。

琉球，位于中国和日本之间，从中国东南沿海出发，顺风而东，经过钓鱼岛，越过古代称之为"黑水沟"的冲绳海槽，看到久米山时就进入了琉球境内。黄遵宪的《琉球歌》中说："大明天子云端里，自天草诏飞黄纸，印绶遥从赤土颁，衣冠幸不珠崖弃。"在明朝建国之初的洪武五年（1372年），明太

❯ 琉球国王之印。

❯ 第二尚氏王朝初代国王尚円王。

祖朱元璋"命行人杨载以即位建元诏告其国，其中山王察度遣弟泰期等随载入朝，贡方物。帝喜，赐《大统历》及文绮、纱罗有差"。中山即当时琉球三国——中山、山南、山北中最强的一国，到明朝宣德五年（1430年），中山王上奏其统一琉球。明朝嘉奖其功，赐姓"尚"氏，是为第一尚氏王朝。到明成化七年（1471年），琉球大臣金丸政变推翻第一尚氏王朝，明宪宗仍册封为王，开创了第二尚氏王朝。

在东亚地缘政治体系中，琉球国号为"万国津梁"，其国和中国明清两朝保持着良好的朝贡关系，即黄遵宪诗中所说的"英荡双持龙虎节，绣衣直指凤麟洲。从此苞茅勤入贡，艳说扶桑茧如瓷"。凡琉球国王更替，必定接受明清中央政府使节的册封，而琉球历年以硫磺、马匹等物上贡，换取明朝政府下赐的生丝、绸缎等，这种官方的朝贡贸易对琉球来说获利甚丰，因为明朝采取"厚往薄来"的态度，回赐往往倍于贡献。而琉球为朝贡，其造船技术日益精进，朝贡船和贸易船航行于东海上，朝鲜、日本皆赖此为贸易中转站。因此，在琉球首里城的正殿门，悬挂着一口"万国津梁钟"，铭文上自豪地宣称：

琉球国者，南海胜地而钟三韩之秀，以大明为辅车，以日域为唇齿，在此二中间涌出之蓬莱岛也。以舟楫为万国之津梁，异产至宝，充满十方刹，地灵人物，远扇和夏之仁风。

琉球的辉煌时代在1609年被野蛮打断，这一年是日本的庆长十四年，三月七日，在琉球奄美大岛近海出现了挂着"丸之十字"旗帜的入侵船只，这是来自日本九州南部岛津氏的侵琉军队。是时，日本刚刚经历了决定天下命运的关原之战，德川家康击败了石田三成，建立了江户幕府，庆长七年（1602年），德川家康承认岛津氏"所领安堵"，使得岛津氏由一家战国大名变为江户幕府幕藩体制下的藩。这次入侵，岛津氏得到了江户幕府的默许甚至支持。

日本对琉球乃至台湾的觊觎由来已久，早在丰臣秀吉统一日本后，日本一方面发起了侵略朝鲜的文禄·庆长之役，另一方面为活跃经济，颁发朱印状给一些商人和大名，鼓励开拓海外贸易。台湾、琉球两地由于是砂糖产地，所以也成为许多日本朱印船趋之若鹜的海外贸易点，商人纳屋助左卫门就曾从事台湾贸易，获利丰厚。野心勃勃的丰臣秀吉并不满足于此，他试图以琉球为跳板，进一步把台湾（日本人当时称"高山国"）、吕宋纳入统治。就在1593年，丰臣秀吉派遣商人原田孙七郎在前往吕宋途经台湾时，致书要求"高山

◆ 琉球朝贡船。

◆ 琉球王国首都首里城正殿（1938年摄影）。

◆ 万国津梁钟。

国"入贡。另外，臣服于秀吉的一位大名龟井兹矩积极鼓吹征服琉球，他曾向丰臣秀吉请求为"琉球守"，丰臣秀吉估计是半开玩笑半认真地赏赐了他一把扇子，上面写了三行字：

羽柴筑前守

六月八日，秀吉

龟井琉球守

"羽柴筑前守"为丰臣秀吉的苗字和官职，而"龟井琉球守"就是个虚无缥缈的空头支票了，因为当时琉球并不是日本领土，丰臣秀吉也不打算让龟井兹矩去琉球"上任"，日本在全力侵略中国明朝的其中一个藩属——朝鲜的同时再开辟新战线侵略明朝另一个藩属，对日本的国力、财力、人力、物力来说是无法支撑的，因此，龟井最终被派到了朝鲜战场，这把扇子也被朝鲜李舜臣的水军所缴获，成为日本试图侵略琉球的铁证。

不仅如此，日本自丰臣秀吉统治时期以来，多次干预琉球内政，并进行外交挑衅。比如在丰臣秀吉侵朝时，臣服于丰臣政权的岛津家曾在天正十九年（1591年）十月向琉球发出了征调令，要求他们征发可供七千人的十月之粮，送到名护屋日军大本营中。这个命令理所当然地被琉球所无视。而在庆长八年（1603年），德川家康下令岛津家送还前一年漂流到日本的琉球民，并借机提出要琉球派使节到江户致谢并"聘问"。聘问这个礼节在琉球看来只适用于大明朝，所以又一次果断拒绝了。这就是黄遵宪诗中所说的"黑面小猴（指绰号为"猴子"的丰臣秀吉）投袂起，谓是区区应余畀。数典横征供百年，兼弱突然加一矢"。

庆长十四年（1609年）的岛津侵琉即是丰臣秀吉和德川家康外交政策的一环，除此之外，岛津家还有不可为人道的私心。在丰臣政权和江户幕府体系下，岛津家的财政负担极其沉重，从丰臣政权时期的征小田原、征朝鲜，到其后的关原役、大坂之阵以及江户幕府摊派的种种工役，岛津家都必须出钱出人。江户幕府还进行了再检地，发现岛津家有隐田11.8万石，这大片土地必须征税，令岛津家的财政亮起红灯。所以征服琉球一能垄断其贸易利益，二能通过割让奄美大岛达到"失之于幕府，取之于琉球"的目的，三则德川家康许诺一旦征琉，可以免除岛津家分担的骏府城修筑工程的份额，一举三得，利润无数。

这一次岛津侵琉，对于琉球而言是一场飞来横祸。琉球王国素来采取中央集权政策，收缴民间武器，加上孤悬海中的琉球罕见外敌，多年不战，武备废弛，在岛津军登陆以后，琉球居民基本只能以木棒、菜刀、柴刀、竹竿等用具抗敌，根本不是刚刚经历过战国混战洗礼的岛津军的对手。况且岛津家是日本最早装备铁炮的大名之一，对铁炮的使用有丰富的经验，武器装备的优势更是令岛津大军所向披靡。在整个征琉球的过程中，岛津家遇到的最大的抵抗是在德之岛东岸的龟津，由当地被称为"掟兄弟"的佐武良兼和思吴良兼兄弟抗击岛津大军登陆，但也很快被岛津的铁炮所击溃。三月二十六日，岛津军在琉球

琉球宫廷音乐御座乐。

本岛运天港登陆，抱着"在天下太平前最后一场战争中捞足本钱"心理的岛津武士们一路烧杀抢掠，向琉球国首都首里城呼啸而去，首里城周边化为一片火海。四月二日，琉球送出了摄政具志上王子尚宏和三司官作为人质。三日，琉球国王尚宁王离开首里城，岛津军在随后接收了首里城，将琉球王国历年收集的珍宝搜刮一空。

这是琉球历史上凄惨而屈辱的一幕，战后，尚宁王和王族、三司官等百余人被迫前往日本。庆长十五年（1610年）八月六日，尚宁王一行人被押送至德川家康居住的骏府，德川家康决定允许琉球王"还本国以继祖考之祀"，同时，江户幕府派员前往琉球检地，默认了奄美诸岛成为岛津直辖领地。庆长十六年（1611年）九月十九日，岛津家向琉球提出了"掟十五条"，以此来保证岛津家独占琉球对外贸易，同时要求琉球尚宁王出具誓约，确定了琉球为萨摩之"附庸"。"一国从兹臣二王，两姑未觉难为妇。"

琉球遭到岛津侵略是琉球历史上的转折点，琉球所丢失的奄美诸岛被岛津家胁迫种植单一作物——甘蔗，通过垄断糖的专卖权牟取利益。而琉球的对外贸易被岛津家的御用商人所把持，由萨摩藩出资进行对中国和朝鲜的傀儡贸易，使得琉球"万国津梁"的地位不复存在。不仅如此，琉球民还必须承受琉球王室和萨摩藩的双重盘剥。

中国明朝政府对岛津侵琉并没有做出军事上的反应，因为明朝政府认为跨海远征得不偿失，但明朝政府对这一事件以自己的方式进行了"处罚"：万历皇帝对万历三十八年（1610年）的琉球贸易交涉做了上谕，要求"该国与倭国前后事情，尔当再行奏报，以凭裁处"，要求琉球"候十年之后，物力稍充，然后复修贡职未晚"。德川幕府默许岛津出兵的其中一个理由就是希望借攻打明朝的藩属国来引起明朝的注意，一旦明朝提出交涉，德川幕府可以借机提出恢复自丰臣秀吉侵朝以来一直中断的日中勘合贸易。但似乎万历皇帝看透了日本的心思，直接下了一个十年之约封死了日本人的和谈路，导致德川幕府异想天开的计划破产。

琉球就如此在德川幕府体系下过了两百余年"一仆二主"的日子，直到明治维新时代，琉球的命运再度发生了戏剧性的变化。首先是随着鸦片战争而来的西方殖民者，这群乘坐着蒸汽船和大帆船横行海上的"西夷"成为东亚政治体制的一个外来破坏力。原本东亚政治体制存在两个圈子：中国为核心的朝贡册封体制和日本的幕藩体制，而"一仆二主"的琉球是这两个体制之间一个"交集"，但在西方殖民者的冲击下，两大体制皆摇摇欲坠，使得琉球的命运也充满了未知的变数。

一个典型的例子是发生在1840年8月的"印第安·奥克"号事件。1840年6月，英国为打开中国国门，发动了鸦片战争。是年8月14日，英国参与舟山群岛作战的一艘运输船"印第安·奥克"号因海上台风袭击，漂流到冲绳岛的北谷海岸，上面载着67名船员。这就给琉球王国政府一个难题——如何处置这艘漂流而来的英国军用船只？

这在之前，根本不成为问题：琉球是东亚朝贡册封体系的一员，英国和琉球的宗主国——中国正处在战争状态，开战的消息早就传到了琉球（甚至日本江户幕府关于鸦片战争的消息来源之一就是琉球国），琉球国从这个角度出发无论如何都不能接待英国方面的军用船只，即便不扣留，至少也应驱逐。从江户幕府的法律来说，当时幕府针对外国船只的政策是"异国船打拂令"，靠近沿海的异国船只，一律驱逐之。琉球国作为幕府体系下萨摩藩的附庸，也应该执行幕府的命令，把"印第安·奥克"号驱逐出境。

然则，琉球国却出乎意料地对"印第安·奥克"号采取积极救助，不仅建造了两栋长屋作为宿舍安置船员，提供充足给养，帮助卸载船只上安装的炮和其他武器，还建造了一艘新的帆船，帮助船员安全返回舟山。这当然是背叛宗主国的行为，也是严重违反"异国船打拂令"的行为。但琉球方面已经了解到了鸦片战争的进程，对英国人的军事力量也有所知晓，他们采取这一措施的出发点是希望不成为鸦片战争波及的对象，从而保护自己的国家安全，因此，不惜做出了背叛宗主国的行为。此后，在1842年鸦片战争结束前，还有相当数量的英国船只曾停泊琉球近海，他们也都从琉球获得了食水补给，而琉球对于这

琉球冲绳岛海岸（摄影：章超）。

样的举措，显然是不敢上报给清朝朝廷的。

更令人惊讶的是，在这一事件中，连萨摩藩都默许了琉球的行为，萨摩在琉球的派遣机构"在番奉行所"全程参与了琉球和英国人的谈判，并默认甚至认可了琉球人的处理方法，等于萨摩藩本身也破坏了幕府的"异国船打拂令"的规定，对幕藩体制来说，这是"大堤上的一个蚁洞"。

有此先河以后，西方殖民者的船只就纷至沓来，虽然在鸦片战争前，已经有一些西方船只来到琉球进行勘测、探险或寻求贸易，但在鸦片战争之后，西方船到来得更为频繁，琉球面临的压力也越来越大。特别是1844年，英国船"萨马兰"号和法国船"阿尔库梅努"号相继出现在琉球那霸港，向琉球提出了贸易、和好、传教等要求，英法的要求虽然被琉球所婉拒，但琉球已经感受到了英法殖民者在鸦片战争胜利后所带来的咄咄逼人的气焰。

有鉴于此，萨摩藩在此后由藩主岛津齐彬的智囊五代秀尧起草了一份名为《琉球秘策》的文献。五代秀尧有一个有名的儿子：五代友厚，他是明治时期著名的实业家，今天的大阪证券交易所的建立者。这位明治经济革新旗手的父亲当然也不是等闲之辈，在这篇《琉球秘策》中，五代秀尧纵论天下局势，为萨摩藩的琉球政策提出了诸多意见。

在五代秀尧看来，琉球的对外政策无非是"绝"、"和"、"战"三策，一旦发生战争，孱弱的琉球必定不是船坚炮利的洋人的对手，势必要将萨摩藩乃至整个日本卷入其中，所以"战"是下下之策。因此，五代秀尧主张以"绝"为上，也就是琉球借口"国土狭小，财物困乏"等理由，回绝列强的贸易要求。如果再不行，则建议琉球以清国藩属的身份请求清国皇帝下诏书禁止和西洋通商。如果仍不行，则再让琉球以萨摩保护国的身份请求日本许可，把琉球贸易通否的决断权转嫁给幕府。

而一旦清国皇帝同意琉球与西洋经商，日本又该如何呢？五代秀尧分析说：如果是这样，萨摩藩就有可能失去对琉球的控制主导权，因此不妨由萨摩藩许可琉球开国，他同时分析了一旦琉球开国，可能会被西方列强趁机侵吞权益，进而威胁到日本的锁国政策乃至主权完整，因此他建议把琉球作为幕藩体制以外的一个"特例"来处理。

萨摩藩和幕府就在这份秘策的基础上进行了商讨，最终在1846年11月派人前往琉球，指令可以以运天港作为贸易港口，由萨摩藩投入资金开展对法贸易，但相对于萨摩藩的"财迷心窍"，琉球倒是极为消极，但琉球也惧怕英法两国越过琉球政府，直接和清朝达成琉球开国的协议，因此在"阿尔库梅努"号来航后，琉球政府上书福建布政使衙门，希望通过清朝政府杜绝法国的通商要求。道光皇帝则下令正和英、法等国交涉的耆英等人"曲加劝导"，要求英法"不得扰我属国"。

在这样复杂的中、日、琉三角关系的纠葛中，英、法等列强摸清了琉球的"一仆二主"的地位，并开始借此渔利，隐含将琉球变为殖民地的意图。要知道，琉球虽然"贫瘠"，但是有那霸港这样的优良港口，可以作为太平洋上重要的避风港、装煤站和补给站，也可以作为将来胁迫日本开国的跳板。

1853年，美国海军佩里舰队肩负着打开日本国门的任务而来，在越过大西洋，绕过非洲南端的好望角后，佩里舰队在1853年4月抵达中国香港，在上海短暂停泊后，就于5月下旬到达琉球，停泊冲绳岛，并对冲绳岛和小笠原群岛进行了测量与调查。1853年7月（日本嘉永六年六月），佩里舰队出现在江户湾（今东京湾）的浦贺，开始以炮舰政策和日本人交涉开国。

在交涉中，佩里提出的日本开港包括下田、箱馆和那霸三港，其中，那霸为琉球港口，日本幕府和萨摩藩岛津齐彬商议后，决定不改变琉球和萨摩之间的"隐蔽关系"的现状，不公开对外承认琉球为萨摩属国。于是，在1854年的《日美和亲条约》中，那霸港就被摘去了，仅开放下田、箱馆。而在同年7月11日，由琉球官员作为谈判主体，萨摩藩全程监督，琉球和美国"自主"签署了《琉美修好条约》。1855年10月15日，法国也胁迫琉球签署了《琉法条约》，至此，琉球正式向西方列强打开了国门。

"穷"则变："琉球处分"的博弈

1854年的《琉美修好条约》很恰当地反映出了琉球的情况——其文本内容基本是沿袭《日美和亲条约》，但在文本形式上却采用了汉文和英文对照，并同时以清历和西历标注时间的方式，甚好地说明琉球的一种自谓——"清国为父，日本为母"。

这种现象在明治维新后发生了巨变，即黄遵宪所谓："一旦维新时事异，二百余藩齐改制。覆巢岂有完卵心，顾器略存投鼠忌。"

而在维新前夜的琉球，经济危机的达摩克利斯之剑正高悬于顶，其起因在于1861年下达的一项"文替令"。

所谓"文替"就是货币兑换令。在琉球，官方的货币是"鸠目钱"，这是一种质量低劣的钱，因此在市面上很少流通，只有在上国天使，也就是清国使臣到来的时候，琉球官方才会从库房里取出鸠目钱来应对。而在平时的市面交易，琉球人用的全是日本的宽永钱。宽永钱有铜钱和铁钱之分，在琉球市场，两者和鸠目钱的兑换比例是：一枚铜钱＝一枚铁钱＝50枚鸠目钱。由于鸠目钱不通行，所以市场上的标价都是"五十文"作为基本单位，意思就是一枚铜钱或一枚铁钱。

这次的货币兑换令是琉球的实际控制者萨摩藩在使坏。文久元年（1861年），日本的局势进入到一个紧张的状态，就在前一年，江户发生了樱田门外之变，幕府大老井伊直弼被杀。此后，朝廷决定把和宫亲子内亲王嫁给幕府将军德川家茂，实现"公武合体"，民间"攘夷"的呼声甚嚣尘上。萨摩藩也意识到天下将有变故，因此在暗中积蓄财力，应对变化。在此前，萨摩藩已经决定恢复已经停收了8年的琉球贡糖，然后又决定收集铜，铸造通行于琉球境内的"琉球通宝"。

所以，为了收集铸钱所使用的铜，1861年的文替令规定，将铜钱和铁钱的兑换比例改为1：2，一枚铜钱换两枚铁钱，理由就是铜都收走了，铜钱在市面上稀少，所以价值上涨。在此后，琉球王国在萨摩藩的要求下，一再下达文替令，铁钱继续贬值，到1865年2月，已经降到1：4，8月甚至降到1：6，到明治

▶萨摩藩铸造的琉球通宝当百。

▶日本天保通宝钱，为琉球通宝的铸造范本，也曾通行琉球。

元年（1868年），铜钱兑铁钱已经跌到了1：24甚至1：32。这个时候，市面上已经没有人用铁钱了——还不如拿回家熔了做铁锅呢。

这种频繁的人为的不顾市场规律的金融调整，带来的后果往往是极其恶劣的。一方面，萨摩藩并非老实地按幕府的规定"铸造琉球通宝，只限于在琉球境内流通"，而是利用这个命令趁机铸造了一大笔假铜钱，通行于市，所以琉球市场上的铜钱根本没有因为文替而减少。另一方面，在佩里来航以后，日本金银外流，本身就已经引起了能影响到琉球的通货膨胀，何况萨摩藩和琉球王国一起，借助文替来盘剥琉球百姓。琉球将"诸商品定价表"以铁钱价格标记，这就使得百姓在用物品上缴代替劳役的"夫役钱"时，往往因为铁钱定价的缘故比以前多受好几倍的剥削。而琉球政府和萨摩藩在购买黑糖等物资时，可以借助铁钱定价，强行以原本价格的二分之一、四分之一、六分之一、二十四分之一乃至三十二分之一购买，再转手牟利。

这种公然敛财的行为固然是因为萨摩要筹办实业，应对维新，另一方面也和琉球王国自己的财政危机有关。琉球王尚泰在1864年派遣使节向清朝政府求封，册封使在1866年8月抵达那霸，这一次盛大的册封是琉球历史上最后一次册封，接待册封使的巨大耗费也让琉球政府背上了沉重的债务，而之前琉球王国早已陷入财政窘迫，维新前的琉球，可以说已经到了经济破产的边缘也不为过。

明治二年（1869年），日本的倒幕战争落下了帷幕，统一了全国的明治政府政权基础更为巩固，因此，明治政府有了更多的底气对抗分崩离析的藩体制。长州的木户孝允首先征求了毛利敬亲的同意，并联络萨摩的大久保利通和土佐的板垣退助等人，他们达成了一致共识。萨摩、长州、土佐、肥前四强藩率先上了"奉还版籍"的建白书，要求将本藩的土地和人口奉还给天皇和朝廷。四大强藩挑头，其他各藩只能纷纷跟进，全国二百三十多个藩先后上了奉还版籍的建白书，表示愿意奉还，朝廷在仔细考虑以后，最终在该年六月十七日（1869年7月25日）决定批准所有藩的建议，接受版籍奉还，并责令未上书奉还的其余各藩也同时奉还。接着，在明治四年七月十四日（1871年8月29日），天皇召集了在东京的56个藩的藩知事（原本的藩主大名），宣布了废藩置县的诏书，"今当废藩置县，去冗就简，除此有名无实之弊，则无政令多歧之患，汝群臣宜体朕意"。在藩的众多藩知事也被召回东京。原本琉球的"主人"萨摩藩摇身一变，变成了明治政府新体制下的鹿儿岛县。

为挽救琉球王国的财政危机，明治五年（1872年）正月，鹿儿岛县派遣奈良原幸五郎（即奈良原繁）和伊地知壮之丞（即伊地知贞馨）前往琉球，督促琉球也进行改革，并重申琉球属于鹿儿岛县。该年10月15日，琉球派往东京的"庆贺使"接到了一份诏书，琉球王国成为了琉球藩，而国王尚泰成为了琉球藩的藩主。琉球王国仍然拒绝原本废藩置县时明治政府代为偿还各藩债务的处置，坚持由琉球藩名义贷款20万日元偿还本藩债务，希望借此仍保留一定的独立性。

然则日本吞并琉球之势已然形成，日本政府在设立琉球藩以后的第一件事，就是废止了琉球藩的外交权，并撤销原本萨摩藩设置的在藩奉行所，由伊地知贞馨担任外务省派驻琉球的代表。琉球由鹿儿岛管辖转为中央政府直辖，成为废除琉球藩设县的第一步。

接着，日本就开始寻找借口，恰巧这一期间，发生了一起重大事件。明治四年（1871年）十月，一艘从宫古岛开往琉球王国首都首里的船只在海上遭遇了一阵忽如其来的暴风雨，风浪过后，船只漂流到了台湾南部的八瑶湾，在此登陆的水手误入了当地原住民的聚居地，当地的原住民误以为是入侵者，群起而攻之，杀死54人，有12名幸免于难的水手逃脱，跑到台湾府寻求庇护，最终被送回了琉球。而1871年9月13日，日本和中国在天津签署了《日清修好条规》

西乡从道。

琉球藩印。

以及通商条约，正式建立了外交关系，这个条约是在曾国藩、李鸿章等洋务派的极力主张下签署的，规定中日双方互派大使，互相承认有限制的领事裁判权，许多学者认为相对而言这是一个平等的条约，而中日双方在签署条约时也各怀心思，日本签订这一条约的意图是和处理对朝关系有关。日本通过订约可以使"皇国处于与中国比肩平等"的地位，就可以让朝鲜退居"下位"，也使中国在未来日本侵朝时缚手缚脚。清朝的意图是借助此条约制约日本，希望至少能保证日本"勿使西人倚为外府"，在这一点上清朝倒是看得很清楚，日本外交的幕后确实有洋人在暗中活动。美国驻日公使德朗、美国人李仙德等推波助澜，随后发生了台湾事件，让日本和清朝政府通过这一条约建立起来的信任关系荡然无存。

　　1873年，日本外务大臣副岛种臣前来中国换约，并和中国总理衙门官员接触交涉，这时，两年前的琉球民被杀事件和前一年发生的日本小田渔民被台湾原住民杀死事件都被提出来作为交涉案，这时候清政府总理衙门处理对外事务的毛昶熙说了句昏聩的话："台湾，东番也，在我国为化外之民，其伐与不伐，亦惟贵国所命，贵国其自裁之。"日本方面得到这句话简直是如获至宝，一句话，等于给了日本两个口实——"台湾无主论"和"琉球日属论"，一方面，日本借口琉球民众被台湾民众所杀前来谈判，清朝政府完全可以据理力争：台湾是中国管辖下的领土，而琉球是向中国朝贡的藩属国，作为琉球与台湾之间的事务，清朝政府有权自行处置，本与日本方面无关；另一方面，所谓"化外之民"也直接把台湾给丢到了日本嘴里。日本就在明治七年（1874年）4月设立了一个"蕃地事务局"，任命大隈重信为局长，以西乡从道为台湾事务总督，出兵约三千六百余人，正式征台。5月6日，以萨摩武士为主体的日军在西乡从道的率领下，在台湾登陆，终于引发了一场国际事件。

　　征台之役以日本被拖入台湾山地游击战泥潭而告终，害怕西方干预并且尚顾忌中国实力的日本不得不采取谈判解决。在谈判中，日本方面就不断把"台湾蕃地无主论"和"琉球日属论"翻出来谈，最终在英国驻华公使威妥玛的调停下，中日签署《北京专条》，在《北京专条》中，出现了"台湾生番妄图加害日本国民"的表述，可以说，日本在外交上单方面改变琉球"两属"地位的目的已经达到。

　　在此基础上，日本开始了紧锣密鼓地吞并琉球的工作，首先是把琉球的管辖权从外务省移至内务省，并指令熊本镇台兵进驻琉球，这一步已经令琉球失去了外交和军事自主权。紧接着，内务大丞松田道之在1875年7月10日抵达琉球，下令琉球停止向清国进贡并求册封，使用明治年号，实行藩政改革，藩王尚泰必须前往东京。松田还威胁说：如果琉球继续保持当前的"两属"状态，一旦英、法等列强和清国发生战争，就有可能被列强割让为殖民地，如将来中日开战，夹在其中的琉球也会陷入两难境地，因此不如尽快融入日本。琉球王国对此要求进行了艰难的交涉，同时，在日琉球人也发起了救国运动，这就有了1877年驻日公使何如璋和黄遵宪见到了马兼才的一幕。

然则清朝政府在关于琉球问题的交涉上过于消极，李鸿章也认为琉球一旦发生变故，清朝很难从军事上加以支援，且日本军事力量暂且在清朝之下，尚不会因琉球问题发起事端，因此清朝政府没有必要做"得不偿失"的事情，只需要通过不断谈判，让日本感受到清朝在这个问题上的"存在感"而有所顾忌。

日本方面则更肆无忌惮，1878年12月，日本再度派遣松田道之前往琉球，实施"废琉置县"，1879年3月，松田率领400人的军队和160人的警察杀气腾腾来到琉球，下令接管首里城。4月4日，日本宣布废琉置县，琉球成为日本的冲绳县。

清朝政府并不承认这一变化，5月10日，清政府行文照会日本驻华公使宍户玑，要求日本收回废琉置县的决定，总理衙门开始就琉球问题与日本展开谈判。恰在此时，美国前总统格兰特一行前来亚洲，格兰特在6月于北京、天津分别会见了中国外交的掌舵者恭亲王奕䜣和李鸿章，8月又在日本会见了明治天皇，在这过程中，一个以格兰特为调停方分割琉球的方案形成了。

当然，对东亚局势和琉球情况并不熟悉的格兰特不可能提出详细的解决方案，所谓分割琉球是由当时的美国驻日公使宾汉和中国驻日公使何如璋联合部分幕僚进行商讨而产生的。最初的方案就是"三分法"，即：把琉球南部的宫古岛、八重山割让给中国，把北部的奄美诸岛割让给日本，而在中部的冲绳岛恢复琉球王国。在其后，日本和中国根据格兰特的调停进行了谈判，主要是在李鸿章和日本大藏省官僚竹添进一郎之间进行。双方争论的焦点仍然是琉球究竟归属谁以及日本"废琉置县"是否合理的问题。在争论中，竹添进一郎仍然坚持一套强盗逻辑，即所谓"琉球如果继续处于日清两属状态，就有可能被西方列强趁虚而入占为殖民地，因此日本的废琉置县之举是'预防'性措施"。而在谈判中，又

松田道之。

美国总统格兰特（Ulysses S. Grant）。

夹杂了所谓"日清提携"的交流，日本在当时提出和中国合作对抗俄国等列强，实现亚洲合作，而正在新疆伊犁面对俄国侵略压力的清政府洋务派也对此颇为赞同，所以在琉球分割案的谈判中，就打上了中日合作的烙印。

　　1880年3月，竹添受明治政府命令再度来华谈判，这一次，他拿出了一个完全不同的新方案，日本建议改琉球三分为二分案，即宫古岛和八重山归属中国，其余归属日本，同时要求修订《日清修好条规》，写入"最惠国条款"，也就是中国同意日本人在中国内地"利益均沾"，这一提案也就是要把相对平等的《日清修好条规》改为不平等条约，理所当然遭到了李鸿章的反对，但总理衙门并没有现成的腹案与日本谈判，在这方面，中国倒显得有点准备不足。于是，总理衙门坚持琉球三分案为格兰特的意思，要求以此为基础谈判；相对地，明治政府倒是摸清了美国人的底细，他们知道三分案并非格兰特提出的，所以在正式谈判时，日本人在情报方面已经占据了上风。

　　除此之外，清政府还有一个意图就是：不论琉球是两分还是三分，都希望让琉球王国复国。所以在8月至10月的正式谈判中，清政府还提出了引渡琉球王国末代国王尚泰的要求，日本方面拒绝了这一要求。占据上风的日本最终使谈判在二分案基础上展开，并且借助所谓的联日抗俄的问题施加压力。清政府一开始还坚决反对修约，到10月21日，中日双方终于在日本提案的基础上达成了协议，并准备10日后签约。

　　这个时候，另一个变数也出现了，那就是在中国境内活动的琉球复国运动成员，其主要成员向德宏一直在谈判过程中给李鸿章施加影响，激烈反对分割琉球一事。在签约前夕，为实现琉球复国，李鸿章在要求日本引渡尚泰失败后试探了让向德宏接任未来琉球王国国王之位的可能性，得到了向德宏的"断断不能遵行"的反对意见，清政府内部又有陈宝琛等人也主张延期签约，加上琉球复国运动成员林世功在11月以自杀相谏，力阻签约，清政府和日本的这次琉球分割谈判就此不了了之。

日本1874年的台湾出兵和这一次1880年的琉球分割谈判，加深了中日两国之间的不信任感。究其根源，是明治以后日本对外扩张的国策不可避免地和中国的边境安全及国家利益发生了冲突，这也是1894年两国最终走向甲午战争的深层原因。

　　而琉球之后的命运，在1895年《马关条约》签署后，由于中国已经失去了台湾，对遥系海上的琉球也失去了保护作用，明治政府在10余年前实行的"废琉置县"至此已经成为既成事实，琉球完全成为日本管辖下的冲绳县。

　　北辰太远天不闻，东海虽枯国难复。

战后余波：《旧金山和约》与安保问题

　　1945年，太平洋战争到了最后阶段，美军在太平洋上的进攻如火如荼。4月，美军第十军开始在日本的门户冲绳本岛登陆，驻扎冲绳的日本第32军在牛岛满的指挥下激烈抵抗，第二次世界大战太平洋战场上最后一次大规模激烈战役由此打响，这场战役进行至6月23日，牛岛满等日军指挥官自杀身亡，岛上的有组织抵抗基本结束。在战役的最后阶段，众多的冲绳民众被负隅顽抗的日军胁迫自杀，在冲绳岛的"嘎玛"[①]中、悬崖边、密林里，到处都是被害的冤魂。冲绳战役之惨烈让人难以想象。根据1950年冲绳县援护课的初步统计，有18.8136万名日本人死于该战役，其中参加战斗或协助日本军队的平民以及一般民众死亡达9.4万人。在1995年，为纪念冲绳战役50周年，在冲绳战迹国定公园里树起了一个"和平之础"，上面密密麻麻刻满了二十多万个名字（2009年6月为止达24.856万人），包括战役中死亡的双方的军人、平民。

　　冲绳战后不久，8月15日，日本天皇广播了停战诏书，日本正式接受波茨坦公告无条件投降。9月2日，在东京湾的美国战舰"密苏里"号上签署了无条件投降书，第二次世界大战至此结束。

　　战后初期的冲绳是一片劫后余生的废土，美军在冲绳全岛建起了12个大收容所，收容从山野和嘎玛中逃脱出来的民众。许多收容所只是简单地用铁丝网圈了一块地，民众在期间搭帐篷或窝棚勉强居住，粮食不足，疟疾等流行病爆发，一旦出了铁丝网范围，就有可能遭到射杀，妇女则可能被美军士兵强奸。另外，还有16万的冲绳居民被迫迁移到了日本本岛，成为难民。

　　在这个凄惨的时期，美军开始在冲绳建设基地，大面积的土地被圈起来作为军用地。麦克阿瑟等GHQ（General Headquarters的简写，即驻日盟军总司令部）高层代表军方，认为必须在政治上和行政上把若干外围区域从日本分离出去，在这一政策指导下，出于美苏冷战的需要，北纬30度以南的西南诸岛屿，包括奄美诸岛在内都被从日本分离出去。麦克阿瑟甚至在1947年6月27日的记者会上申明："冲绳人不是日本人……在冲绳部署的美国空军，对日本有重大意

注①
　　冲绳语称呼"洞穴"为"嘎玛"，后来就成为冲绳战役中用作避难所、战壕、医院等用途的洞穴的代名词。

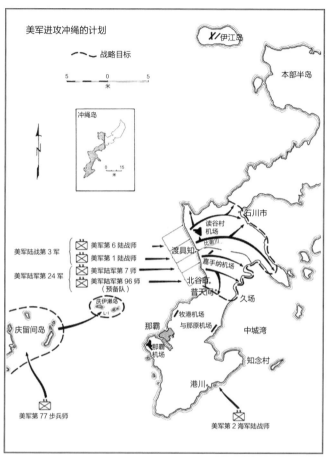

美军冲绳进攻计划图。

美军进攻冲绳的计划

- - - 战略目标

冲绳岛

伊江岛

本部半岛

石川市

读谷村机场

比谢川

渡具知

嘉手纳机场

北谷町

普天间

久场

庆伊濑岛

庆留间岛

美军陆战第3军
美军第6陆战师
美军第1陆战师

美军陆军第24军
美军陆军第7师
美军陆军第96师（预备队）

那霸

那霸机场

牧港机场与那原机场

中城湾

知念村

港川

美军第77步兵师

美军第2海军陆战师

美军OY—1观测机在冲绳上空侦察，其下是一片焦土的那霸市区。

冲绳"自杀悬崖"。冲绳战末期，有许多日军和被胁迫的冲绳居民从此处跳下（摄影：章超）。

义，非常明显会成为日本安全的保障。"

在美军占领并实施军事统治的前提下，冲绳开始恢复战后秩序。从1945年10月开始，美军将收容的冲绳居民转向地方迁移居住，同时，美军把原本收容所中召集组成的"冲绳咨询会"改组为"冲绳民政府"，作为美军政令的实行传达机构。其后，美军在宫古岛、八重山等处都设立了民政府，以各群岛为单位实行军事统治。

对于冲绳的部分人来说，一开始是把美军看作是"解放军"的，认为美军是把冲绳民众从日军奴役中解放出来的军队，因此在美军占领初期，冲绳及邻近群岛出现的政党，几乎都倾向于冲绳独立。1948年6月建立的由原日共成员仲宗根源和、堺利彦、佐野学等领导的冲绳民主同盟，其成员多持独立主义，而其后在7月建立的冲绳人民党也主张"对冲绳全民族的解放"和"冲绳民族的主权确立"。奄美大岛成立的奄美共产党也把奄美人民共和国的成立作为纲领。这些政党在提出独立主张的同时，更提出了一系列让冲绳民主化的主张，试图改变美军军事占领导致的高压现状，所以在此后就遭到了美军的镇压。

而普通冲绳民众也因为历史和现实的原因，和本土日本人产生了隔阂，一个集中表现就是冲绳民众将日本人和冲绳人区分称呼——他们刻意将日本人称呼为"吉盘古"（Japangu）而区分冲绳本地人。而对于美军，冲绳人也没有什么好感，偶尔他们会觉得美军有表现出不同于以往日军的温情，但绝大多数时刻，冲绳民众对美军的统治充满抱怨——全冲绳的物资被严格配给，给冲绳人的工资低得吓人，配给物资的不足令冲绳民众只能求助于黑市的压榨。美军的纪律松弛还给冲绳人带来无数灾难，有《时代》周刊记者统计，仅仅在1949年的6个月内，美军就有29起杀人案件、18起强奸案件、16起盗窃案件、33起伤害案件。对于美军趾高气扬态度不满的冲绳民众是无论如何无法呼应部分冲绳政党提出的所谓"解放军"观点的。

就在这一系列冲突中，日本迎来了1951年《旧金山和约》的签署。这一和约是美日双方沟通协调的结果。1948年3月，美国国务院政策规划研究室主任乔治·凯南来到日本，和麦克阿瑟进行了会谈，这位首次提出"对苏遏制"的战略智囊和麦克阿瑟达成了一致，要逐渐缩小美国的占领力量。但麦克阿瑟反对过早地重新武装日本，他认为现在武装日本，不但会遭到曾被日本侵略的亚洲各国的反对，也会有损于曾推行日本非军事化的GHQ的信用。何况日本正在着力经济复兴，很难有余力承担重新武装，即使武装起来，也不会是苏联强大军事力量的对手，所以，他建议美国在冲绳保留一定的军事存在。凯南回国以后，向美国政府提出报告书，建议缩小并逐渐停止在日本的对军国主义势力的"整肃"、减少占领军、美军留驻冲绳、加强日本的警察力量、缔结非惩罚性和约等一系列建议，被美国国家安全委员会所接受，形成了NSC13-2号决定。在此基础上，美国国务卿顾问杜勒斯来往于美日之间，和日本首相吉田茂进行磋商，最终达成了日本先单方面和西方国家进行媾和的协议，同时在媾和条约签署后，尽快结束美军占领日本的状态。1951年9月4日，有美、英、法等52个国家参加了在美国旧金山举行的对日媾和条约签字会议。印度、缅甸和南斯拉夫接受邀请但未参加，社会主义阵营中，只有苏联、波兰和捷克斯洛伐克参加了会议。9月8日，有49个国家在《旧金山和约》上签了字，苏联、波兰和捷克斯洛伐克拒绝签署。

在这个历史性的《旧金山和约》的第3条，规定了如下条款：

日本对于美国向联合国提出将北纬29° 以南之西南诸岛（包括琉球群岛和大东群岛）、孀妇岩岛以南之南方诸岛（包括小笠原群岛、西之岛和硫磺列岛）及冲之鸟岛、南鸟岛置于联合国托管制度下，而以美国为唯一管理当局之任何提议，将予以同意。在提出此种建议，并对此种建议采取肯定措施以前，美国将有权对此等岛屿之领土及其居民，包括其领海，行使一切及任何行政、立法与司法权力。

对于这一条内容的解读，可以从《旧金山和约》的条款来看，在之前的第2条中，日本申明了承认朝鲜独立，放弃台湾、澎湖列岛、千岛群岛、南库页岛、国际联盟委任统治的南太平洋诸岛、南沙、西沙群岛等处的权利和领土要求，而此条规定的琉球诸岛屿和小笠原群岛等地并不在"放弃"之列，意味着日本对此保留着潜在的主权，而美国则暂时获得了这些岛屿的实际统治利益。

在《旧金山和约》签订之后，日本立刻和美国订立了另一个条约——《日美安全保障条约》，在同一天签字。该条约规定了日本给予美国在境内的驻军权，规定美军有维持远东安全，防止他国对日的直接侵略和他国教唆下的日本内乱的职责，第三国军队未经美国允许不得通过、驻留于日本，美国"期望"日本发展独立的自卫能力。

《旧金山和约》和《日美安保条约》的订立使得冲绳成为美国在亚洲遏制

《旧金山条约》签署。

日本首相吉田茂签署《日美安保条约》。

战略上的重要一环。1953年12月，美国首先归还了对美国来说战略价值不大的
奄美大岛给日本，但同时又强调只要美国认为必要，就将无限期占有冲绳，美
国副总统尼克松、美国国务卿杜勒斯在访问日本时，都强调了必须增强日本的

防御力量，而其中一个环节就是美国将继续行使对琉球诸岛的权力，保证冲绳基地的存在。

在这一原则下，美军开始在冲绳以暴力手段开展军用地接收工作。早在1945年冲绳被占领后，美军趁大批冲绳民众在收容所中，各地区土地产权不确定的机会，圈占了大片土地并无偿使用。在其后的1952年11月，美军发布了一个第91号法令，下令土地所有者与冲绳行政主席签署契约，并由行政主席代理和美军签署契约，规定租借地权时间为20年，使用费用仅为1950年7月1日评估地价的6%，这个强盗式的条款当然推行不下去，只有2%的土地所有者签署了协议。1953年，美军再度发布命令，支付给行政主席106万美元，规定不管契约是否签署，由于美军使用土地已经成为既成事实，要求将这106万强行支付给土地所有者充当地租。不仅如此，美军在同年4月再发布109号法令，以军事力量为后盾，强行征收新的土地，一年以后，美军再次以地价的6%的价格要求一次性付清地租。

这种霸道的行径引起了冲绳民众的强烈不满，冲绳立法院在1954年表决通过《关于军用地处理的请愿》，反对一次性支付，要求对使用中土地进行完整和适当的赔偿，使用费用必须合理计算并按年支付，赔偿原地主损失，反对新的征收。冲绳行政府、立法院、市镇村长会和土地联合会联合向美民政府发起交涉，引起了美国众议院的关注。美国众议院军事委员会派出了普莱斯为首的代表团前往冲绳，普莱斯的"调查"否定了请愿书提出的四条要求，冲绳的基地问题注定会成为将来冲绳政治经济发展的一个绕不过去的症结。

在美军的统治下，冲绳复归运动应运而生了。最早提出冲绳复归请求的是仲吉良光，他在战前曾担任过首里市市长，他在1946年9月在冲绳咨询会上提出了复归日本的陈情书，其后，他到了东京，发动居住在日本本土的冲绳人和奄美人参与冲绳复归运动。但复归的话题显然还未成为当时的主流，在当时，连日本本土领导群众运动的日本共产党都主张冲绳独立论。

到1951年，局势开始发生变化，一方面，冲绳北面的奄美大岛形成了复归运动，大部分居民赞同复归日本，形成了席卷全岛的群众运动。另一方面，冲绳美军的统治也引起了冲绳众多民众的不满，而《旧金山和约》的签署又使日美关系发生了变化。因此，在1951年2月，冲绳人民党、社会大众党、社会党和共和党四个大政党举行讨论，其中，社会大众党和人民党主张复归日本，3月18日，两党分别召开会议通过推进复归的决议并于次日在冲绳群岛议会通过。4

月，组成了琉球复归日本促进期成会和促进复归日本青年同志会，开始开展冲绳复归署名运动。

　　冲绳复归运动就此萌芽了，然则此时的冲绳复归运动是和日本战后初期的民主运动结合在一起的。1952年，冲绳人民党和社会民主党合并为琉球人民党大岛地方委员会，其内部的实际领导者是日本共产党，在1953年成立了日本共产党琉球特别地方委员会，同时，日共在1948年就由中央委员会通过，主张"使原本属于日本的岛屿复归日本"，部分改变了以往冲绳独立论的主张。在美国占领当局看来，在冷战背景下居于对中苏遏制前沿的冲绳自然不能有如此"危险"的迹象存在，因此在1952年8月，美国占领当局的第一民政副长官毕特拉（Robert S. Beightler）直接发表演说，把矛头对准了琉球人民党，同时授意由美国任命的第一任行政主席比嘉秀平组建新党，这就是亲美的琉球民主党。这一政党与人民党、社会大众党成为选举中的对手，美国人还在选举中处处帮忙，帮助民主党获取胜选，而琉球人民党及其领导的冲绳复归运动则被镇压。琉球人民党在50年代发起的冲绳复归运动，是和争取劳动者权益、争取民主权益，反对冲绳殖民地化的群众运动紧密结合的。美国占领当局与1954年7月下令将奄美出身的人民党中央委员会林义巳和畠义基两人驱逐出境，其后，在8月又将拒绝出境的畠义基逮捕，10月，又逮捕了人民党总书记长濑长龟次郎，并将之判处两年徒刑。美国占领当局的镇压，使得日共背景下的人民党逐渐从冲绳复归运动中边缘化。这也是1949—1951年期间美国在日本推行针对日本共产党为代表的左翼势力的"レッドパージ"（英语"red purge"，"红色清洗"的音译）在冲绳的延伸。

　　在这样的背景下，1956年，由美军暴力强征军用地为发轫，以美国众议院军事委员会派出了普莱斯代表团的调查为导火线而引起的冲绳反美斗争爆发了。6月20日，在普莱斯否定四原则的公告被发布到冲绳后，全冲绳有16—40万民众参加了市镇村居民大会，并组成请愿团前往东京，抗议美军暴力强征。同时，在日本本土，冲绳问题也引起了很大反响，日本的新闻媒体以极大篇幅介绍了"抗争的冲绳"，7月18日，保卫冲绳土地协议会成立，选举了屋良朝苗为会长，协议会以"保卫祖国和民族斗争"为纲领，将反对美军侵占土地和冲绳复归运动紧密结合，主张彻底倚靠大众力量进行斗争，标志着冲绳复归运动走向了新的阶段。

命运之人：佐藤荣作的冲绳谈判

1961年2月，冲绳迎来了美国派遣的一位新的统治者，保罗·卡拉威（Paul Wyatt Caraway）中将担任美国驻冲绳首席行政长官，这位铁腕长官带来了一阵"卡拉威旋风"。他在任期间（1961年2月16日—1964年7月31日），开始以铁腕手段镇压冲绳的"复归"运动，并且声称"冲绳的自治是不可能的，除非是神话！" ①

"卡拉威旋风"的背景是冲绳复归运动的高涨。在1960年4月28日，冲绳成立了冲绳县祖国复归协议会，此时，在日本本土，为反对岸信介内阁改订《日美安保条约》而发起的"安保斗争"正如火如荼，冲绳则是日美安保体系上的重要环节，特别是1957年6月，岸信介访问美国，和美国总统艾森豪威尔进行了会谈，提出了"尽快撤离在日美国地面部队"，而撤离美国驻日地面部队并不意味着全部撤回美国本土，而是向亚洲前沿部署，其中，冲绳就是一个重点区

保罗·卡拉威。

注①

保罗·卡拉威，1905年出生于美国阿肯色州，其双亲皆为参议院议员，特别是其母哈蒂·卡拉威（Hattie Caraway）为美国首位被选为参议院议员的女性。卡拉威1929年毕业于西点军校，1933年毕业于乔治城大学并取得律师资格。1935—1937年，他在美国驻中国天津的陆军第15步兵团服役，回国后于1938—1942年间在西点任教，主讲法律。在太平洋战争期间，他于1942—1944年间在美国战争部服务，后受委派成为魏德迈将军的幕僚前往中国重庆协助中国抗战。战后，他又参与了朝鲜战争，并在驻日美军中任职，1961—1964年间担任冲绳首席行政长官。

域。相对地，日本本土将更多地配置作为地面部队支援力量的美国海空军，这就给冲绳人一种把美军和美军基地转嫁到冲绳这个弹丸之地的感觉。因此，在1960年6月，艾森豪威尔总统访问冲绳时，示威人群发起了要求复归和反对强征土地的抗议运动。另外，1961年6月，全冲绳劳动组合联合（全冲劳联）组成，冲绳的大部分劳动者开始建立劳动统一战线，反抗美国统治下的劳工压迫，反对美国在冲绳举行导弹演习，并发起要求冲绳复归的的和平游行，更让美国人头疼的是全冲劳联成立后第二天诞生的一个新组织——全军劳联，这是在美军周边工作岗位上工作的冲绳劳动者组成的组织，后来这个组织去掉了"联"成为更有凝聚力的"全军劳"，且成为冲绳最大的劳动组合，由于它和美军相关工作紧密联系，所以只要它打个喷嚏，驻冲美军就得感冒。

更让美国人恐慌的是1962年2月1日，琉球立法院通过了向联合国各成员国发出冲绳复归呼吁的决议，史称"二一决议"。这一决议的背景是在1960年12月，联合国大会上通过了《给予殖民地国家和人民独立宣言》。冲绳发出这一呼吁，意指美国将冲绳作为殖民地进行统治。而冲绳复归运动的鼻祖仲吉良光成为对此最为热心的人，在他的努力下，亚非人民团结组织甚至通过了把4月28日定为"冲绳日"的决议。

卡拉威旋风应对的是冲绳民众首先争取"自治"的呼声，冲绳的政治体制从1957年开始改为首席行政长官负责制，在之前，是由美国总统的行政命令进行管理，交由美国在冲绳的民政副长官执行。1957年6月5日，在日本首相岸信介访美前，美国把民政副长官改成了首席行政长官（High Commissioner），冲绳籍人士担任的行政主席则由美国人派遣的首席行政长官任命，而卡拉威时期的冲绳行政主席虽然由肯尼迪总统声明可以由琉球立法院提名，但必须经过首席行政长官许可，而美国往往会任命立法院第一大党的人选为行政主席。相对地，美国人总是尽量使冲绳自民党（1959年10月成立）这样的亲美保守政党成为第一大党，以此来使冲绳的施政符合美国的利益。而此时，冲绳的革新势力对这样的形式给予了更多的质疑，要求行政主席选举产生，并将之与反对美军基地的运动结合起来，这就是卡拉威威胁的"冲绳自治神话论"的背景。

同时，冲绳的民众和革新势力还担心美军对冲绳基地的利用问题，在肯尼迪总统执政期间，美国开始深深介入越南战争，美国的军事力量开始利用冲绳基地向越南发动战争。特别是1964年7月开始，美国的B-52战略轰炸机开始从冲绳基地直接起飞轰炸越南，这触动了日本人绷紧的神经。一方面，日本在战后在GHQ的指导下制定了《和平宪法》，如果使用日本国土进行战争，显然有违反《和平宪法》的嫌疑，而且，美国在远东不断利用冲绳基地发起攻击，也有可能在未来将冲绳乃至日本卷入到战火中。对于正在争取冲绳复归的日本来说，美国的这一行为是不可不考虑的。而另一方面，B-52作为一种战略轰炸机，可以携带核武器。而日本是世界上唯一一个曾遭受过核武器攻击的国家，在核武器方面有着极其敏感的反应。在此后的1966年1月17日，一架正在接受KC-135空中加油的B-52轰炸机与加油机相撞，在西班牙帕洛玛（Palomares）地区坠毁，这是B-52发生的第一起"断箭"事故，后来美军在距离大陆架五英里处的海底找到了机上搭载的丢失的核弹。而1968年1月22日，又一架B-52在北极圈附近格陵兰岛迫降不成功，掉进冰海中，飞机上携带了四枚核弹。这样的事故更让日本人和冲绳人担忧驻扎在冲绳的B-52的安全可靠性。在越南战争期间，与美国国内反战运动积极相呼应的冲绳反战运动，就与复归运动、反对美军基地运动、反对核武器运动结合起来，形成了新的运动模式。

佐藤荣作的冲绳谈判就在这样的背景下开始了。

佐藤荣作是战后成长起来的实务官僚，在战后初期，活跃于日本政坛的保

◐ 正在投弹的美军B-52轰炸机（20世纪60年代拍摄）。

守政客们可以大致分为两大派——"党人派"和"官僚派"，大野伴睦、河野一郎、三木武夫这样的，战前只做过众议院议员，战后也是从事党务进而进入政坛，就被称为"党人派"。而另一派如岸信介、池田勇人等，在战前就是实务官僚出身，所以在政务方面有丰富的经验。在日本的长期执政党自由民主党于1955年组成时（称"保守合同"），党人派大多是自民党第一任党首鸠山一郎的支持者，而官僚派则是之前受GHQ大力支持而长期执政的吉田茂首相的支持者。党人派相比官僚派，大多没有实务经验，所长者唯党内斗争耳，但随着实务派渐渐将党内斗争的套路摸清，他们就占据了上风。在其后的日本政坛，成为首相的大多是战前的一些实务官僚：岸信介、池田勇人、佐藤荣作。

佐藤荣作在战前曾入铁道省任职，1944年担任大阪铁道局长，战后初期他从运输省铁道总局长官的职务起步，做到运输省次官，此后就果断从运输省退职转入政党，被吉田茂首相赏识成为第二次吉田内阁的官房长官。自此后一路平步青云，担任吉田茂内阁的邮政大臣、电气通信大臣、建设大臣，然而在1954年，时任自由党干事长的佐藤荣作却被逮捕了，因为在前一年，山下汽船、日立造船、三井造船、三菱造船等企业组成的船主协会和造船工业协会筹集到了5000万，分别送到了当时的自由党、改进党、分党派自由党三党正在审议该法案的政客手里，佐藤也是其中之一，但他的幸运之处就在于：不久以后，日本加入联合国，实行大赦，有受贿嫌疑的佐藤荣作轻松脱罪，重入政坛。

佐藤荣作的哥哥是在日本臭名昭著的政客岸信介，岸信介在太平洋战争期间曾任东条英机内阁的商工大臣、国务大臣兼军需次官。因此在战后的东京审判中被列名战犯，判决无期徒刑。在被麦克阿瑟特赦以后，岸信介迅速回到政坛，在1957年至1960年期间担任首相，正是他主导了《日美安保条约》的改定，并引发了战后最大规模的抗议斗争——安保斗争。在1960年5月，岸信介通

佐藤荣作。

岸信介与佐藤荣作。

安保斗争：1960年6月15日从日比谷公园向国会议事堂前进的抗议游行队伍。

过众议院强行表决通过了新安保条约，到6月，条约通过满30天时，参议院不需要做任何表决即可自动通过。这一行动引发了大规模的抗议。在6月19日条约通过日，3万多名工人和学生齐集外务省抗议，国铁发动大罢工，交通全部瘫痪，随后，在新安保条约生效后，无法收拾局面的岸内阁宣布垮台。这一夜，佐藤荣作是陪着他哥哥度过的，因此对安保斗争有着极其深刻的记忆。

佐藤荣作在1964年11月因前任首相池田勇人的"裁夺"获得了党总裁和首相的职位，他在外交问题上的第一个麻烦就是所谓自卫队"三矢研究"的问题。1965年2月10日，社会党议员冈田春夫在参议院预算委员会上突然发难，询问政府有关自卫队"三矢研究"存在与否的问题。所谓"三矢研究"全称叫《昭和38年度总合防卫图上研究》，由于是陆海空三方自卫队协同作战，所以套用历史上著名的毛利元就"三矢之誓"的故事称为"三矢研究"。这一计划是防卫厅在私底下秘密进行的一项军棋推演，假想在不久后某一天，第二次朝鲜战争爆发，自卫队和美军联合作战，对苏联、北朝鲜和中国进行反攻的计划。这一计划还包括在战时为将国家转入总动员体制的一系列政治、法律等方面的转变规划，冈田春夫强烈质疑该计划中的核武器反击的部分，且认为该计划的政治和法律部分有违反宪法第66条"文民"统治原则的嫌疑，要求防卫厅公布全部计划，佐藤荣作一口否认有该计划存在，另一方面却借口泄露机密把防卫政务次官处分了，这件事情影响到了佐藤内阁的评价，足见核武器相关问题和防卫问题是当时的一大禁忌。

现在，佐藤荣作的另一个麻烦来了——1970年日美安保条约又即将面临十年期满的再审议，这一次，佐藤荣作会遭遇其哥哥岸信介那样的围攻么？

佐藤荣作的办法就是转移注意力，一旦他的政府做出一项世人瞩目的政绩，那人们自然就会把视线从安保条约上移开了。而他选择的政绩就是冲绳的复归。

当时日本政府对冲绳的政策是通过日美协作的模式，实现冲绳复归的"循序渐进"，随着时间的推移，这一政策越来越不受欢迎。佐藤在甫上任的1965年1月，就与美国总统约翰逊进行了会谈，首次提出了希望实现冲绳的早日复归。8月，佐藤访问了冲绳，冲绳复归协在佐藤访冲期间召开了"向首相要求复归祖国县民大会"，并向首相下榻的饭店递交请愿书，最终佐藤却没有出面会见冲绳的民众，而是躲避到了美陆军司令部内。尽管如此，在此后，日本内阁通过协商确定，1966年年度预算中扩大对冲绳援助，比1965年援助额翻一番，意味着日本政府开始进一步重视冲绳问题并开始对冲绳复归付诸实施。

一个麻烦的问题就是冲绳的核武器问题。部署着B-52的冲绳基地是美国核武库的前沿阵地之一。佐藤荣作在1967年12月11日在众议院预算委员会回答社会党委员长成田知巳关于小笠原群岛"复归"问题的质询时，提出了后来成为日本"国是"的"无核三原则"，即：日本"不持有不生产，不引进核武器"（该原则的提出使佐藤获得1974年诺贝尔和平奖），小笠原群岛根据1968年4月5日日美双方缔结的协议于同年6月26日返还给日本后，就宣布适用这一原则。而冲绳美军基地中也有核武器，美国考虑到防范苏联的需要，且中国在1964年进行了第一次核试验，美国认为在靠近亚洲大陆的冲绳维持一定的核存在是有必要的。更何况冲绳复归还涉及美军基地的使用问题，如果任由美军使用基地进行如越南战争这样的战争行为，那么就有将日本卷入战争的危险，也违反日本《和平宪法》的基本原则，如果美军使用基地需要日本许可，又使美军的行动面临掣肘。

在这样的情况下，所谓的"挟核归还论"就出炉了。日本政府根本不敢保证和美国能谈出什么结果，所以一开始就暧昧地声称：如果冲绳也适用无核三原则的话，复归也许会推迟。先给大众打了一剂"预防针"。这话说得还不够彻底，到底日本政府允不允许核武器存在呢？1967年2月1日，外务次官下田武三赤裸裸地说了句真话："保证自由使用冲绳基地，是返还（冲绳）施政权的前提条件。"这位"懂事"的外交官随后就被美国国务院赞许，然后就上任日本驻美大使了。

实际上，对于冲绳基地的原样保持，日美两国都没什么意见。美国此时已经被拖进了越南战争泥潭，撤出是迟早的事，一旦美国从东南亚收缩，意味着冲绳基地的重要性会更加提升。所以美国一方面主张冲绳基地的维持和增强驻日美军的力量，另一方面则以冲绳复归为条件，要求日本代替美国对东南亚进行经济援助。后一条件也正中日本下怀，日本也有挟经济实力进军东南亚的想法，同时，冲绳基地的存在对日本来说，也是未来加强军事力量并突破《和平宪法》的一枚基石。

这一表述却在冲绳引起了强烈的反响，1967年11月，冲绳复归协集合10万民众举行要求无条件复归的县民总誓师大会，紧接着，在佐藤当月访美归来后，冲绳民众又召开了抗议日美两国政府的大会，通过了要求佐藤内阁辞职的决议，到1968年，各地都开展了要求撤走基地，撤走B-52的抗议斗争。而1968年1月31日，美国总统约翰逊宣布批准冲绳行政主席进行选举，在11月10日，冲绳首次行政主席选举举行，革新势力推举的主张"本土复归"的冲绳社会大众党候选人屋良朝苗以237566票对206011票击败了日本政府竭力支持的冲绳自民党候选人成为主席，此次投票率为90.58%，充分说明了冲绳的民意。

日本政府此时不能不正视复归问题了，特别是到了1969年，安保条约审核迫在眉睫，冲绳问题必须抓紧时间拿出进度表。于是，佐藤政府和美国尼克松政府开始了正式的谈判。

佐藤荣作提出的时间表是1972年完成冲绳复归，在谈判前，他表述了日本政府的态度：去核、与本土一致。他回答众议院质询时表示"没有冲绳居民的理解，美军基地的效用就发挥不了，只要有核武器，就不能得到冲绳的理解，所以我想说服美国明白这个意思"。他指示驻美大使下田武三说："不管谈妥不谈妥，不'撤走核武器，与本土同样化'，就不行。"所谓与本土同样化，意思就是冲绳的美军基地的使用，和本土美军基地一样，必须在日美安保的框架下限制，改变当前自由使用的状态，美军装备、配置的变更和作战行动都必须经过日美协商。

日美之间冲绳问题的谈判是通过秘密外交的形式进行的，美国新任总统尼克松似乎很热衷于这种绕过国务院的方式处理敏感外交问题，后来他处理对华关系正常化时也使用了这样一种形式。对于佐藤来说，暗中进行谈判也有诸多好处，可以绕过在野势力的耳目。日本通过化名"吉田"的京都产业大学教授若泉敬作为双方交涉的中介与尼克松的亲信——美国国家安全事务助理基辛格

佐藤荣作。

佐藤荣作与尼克松。

谈判。为了保密，在电话中一律使用暗语，称基辛格为"琼斯博士"，称佐藤荣作和尼克松为"我（你）的朋友"。

在冲绳谈判中，尼克松还把其他问题卷入到谈判中，在当时，日本廉价的纺织品席卷美国市场，所谓的"一美元衬衫"占据了大部分美国市场份额。而美国的贸易保护主义是时抬头。尼克松在竞选总统的时候，向美国南方受到日本进口纺织品打击的制造商承诺要解决日本纺织品输入问题，美国商务部就把纤维谈判和冲绳谈判捆绑起来。1969年5月，美国商务部长斯坦兹访日，要求日本对纺织品出口进行限制或降低美国对日投资的壁垒，遭到日本外务省的拒绝。1970年6月22—24日，佐藤内阁通产大臣宫泽喜一赴美与斯坦兹会谈，最终决定了把纤维谈判纳入到冲绳问题中。对商务问题一窍不通的基辛格抱怨白宫无端把"政治问题"强塞进外交谈判中。

经过多回合的谈判，1969年11月21日晚上，佐藤荣作在华盛顿宣布和尼克松的磋商达成协议，冲绳将在1972年以完全没有储存核武器的形式归还日本，日美安保协定和相关协议如适用于本土一样适用于冲绳。

借此东风，佐藤解散国会举行大选，执政的自民党在12月27日的投票中获得压倒性胜利，取得288席，占59.3%。1970年，自民党以国会休会让安保条约自动延期的形式从容度过了"安保关"，由于社会党、共产党等在野党派互相分歧，这次的安保条约延期并没有掀起如1960年那样的大风浪。1971年11月24日，众议院通过了关于冲绳非核化和驻日美军冲绳基地缩小的决议。1972年5月15日，冲绳归还协定生效，美国正式把冲绳的治权移交给日本。

这个决议真能让人满意么？在冲绳归还时，担任归还后的第一任冲绳县知事屋良朝苗在感谢佐藤内阁做出的努力的同时，警告说："我们无法容忍以冲绳基地为中枢的安保机制，安保机制的长期存在，有可能引起修改宪法。"他同时强调只要美军基地一天还在冲绳，冲绳仍会深受其害。而在冲绳回归前后，冲绳本地的抗议之声仍然不绝，在佐藤和尼克松发表声明后两周，驻冲绳美军决定解雇5%的美军基地的非军人雇员，这个数字是70000人，这引发了全军劳发起的大规模罢工，美军针锋相对以强硬手段应对，罢工因为冲绳其他劳动组合支持度不足而停止。其后在1970年6月，冲绳又因为美军基地的毒气弹撤出问题和美军士兵犯罪问题而燃起了怒火，冲绳胡差市内发生了暴动，美国汽车和嘉手纳基地的部分建筑被烧。这些事件充分说明了冲绳陷入了复归前的迷惘，也凸显了冲绳复归协议的"先天不足"。

　　而本土舆论与民众对冲绳复归的看法也影响了复归。在1970年冲绳民众反对美军解雇，反对非法毒气弹运输进而抗议复归协议的时候，日本本土的舆论曾短暂关注，但很快，新闻热点让位于大阪世博会，本土和冲绳的隔阂仍在，众多的冲绳民众仍然认为本土还不能完全理解冲绳的境地。

　　这，也是《命运之人》电视剧中，弓成亮太到了冲绳以后才深深理解的事情，纵然他是一个以冲绳复归问题作为主要写作内容的政治记者。

冲绳背后的"黑雾"：西山事件

　　1994年，在佐藤荣作和尼克松这两个当事人都已经过世的情况下，冲绳归还谈判的关键人物若泉敬出版了《务请相信别无他策》（他策ナカリシヲ信ゼムト欲ス）一书，揭露在冲绳归还条约签字后，佐藤荣作和尼克松在密室里签订了另一个秘密协定，约定在"有事"时允许美国再度把核武器携入冲绳。这一密约的揭露冲击日本人在核武器问题上脆弱的神经。这个密约的真实存在很快被证实，2007年，日本大学教授信夫隆司在美国解密的外交文书中发现了当时基辛格在1969年11月19—21日美日首脑会谈时关于"核密约"的备忘录。基辛格自己在回忆录里也证实了这一点："在美日安全条约中有一项条款，即遇到紧急状况时可以进行事前磋商，如果在公报中引出这一条款来，双方都可以满足自己的需要。佐藤可以保持他的政府反对核武器的立场；尼克松可以说，这项条款给了我们甚至在真正发生紧急事态前就提出在冲绳存放核武器的权利。"

　　关于冲绳复归协议里的撤出核武器的问题，在实际操作中采取的是撤出确认其存在的核武器，至于美军基地里不对外公开承认的核武器，如果不能确认其存在，就不在条约的约束范围内。所以这一协议表面上符合"无核三原则"，实际上是一个官样文章。

　　日美之间战后的谈判中，塞进密约几乎是种传统，所有不方便为外人道的，或者"耻度"略大的事情，都用密约的形式体现。比如在2008年，一位日本研究学者在美国国家档案和记录管理局发现了一份解密的文件，揭示1953年，日本和美国签订过一份密约：涉及驻日美军的案件，日本在平时放弃"重要案件"的裁判权、"日本有事"时放弃所有裁判权，在此后5年中，13000多起关于驻日美军的案件中有97%日本放弃了裁判权。这样的事情当然要暗地里做了。冲绳谈判中的密约也是如此，除了核武器问题外，日美两国还在冲绳协定中塞进了其他密约。

1972年3月27日，在众议院预算委员会上，社会党议员横路孝弘（电视剧《命运之人》中社会党议员横沟宏的原型，由市川龟治郎饰演）与楢崎弥之助拿着一份文件向政府发难，要求解释文件上载明的秘密协定。该协定规定冲绳归还后美军将部分军用土地归还日本并将之"复原"，日本则要支付给美国人400万美元的"复原费"。这样一笔庞大的支出其实还是冰山一角，后来人们才知道这是福田赳夫在1968—1971年担任大藏大臣期间和美国财政部长戴维·肯尼迪（David Matthew Kennedy）在冲绳谈判时签的一个秘密协定，内容是日本为"答谢"美国的战后援助并补偿美国移交冲绳军事设施的"损失"支付给美国3000万美元，这400万只是其中一小部分，甚至3000万都是全部资金的一部分。问题就在于国会对那么大一笔支出全然不知情。

那么，两位在野党的议员是怎么拿到这样一份机密文件的呢？

两位高举文件慷慨质疑的议员不会想到的是：他们已经泄露了信息来源。这样的机密文件在日本外务省基本没几个人可以接触到，只要一查传阅记录，马上就可以知道文件是从哪个部门泄露出去的。外务省一方面坚决否认密约的存在，一方面雷厉风行地开始查起了"内奸"，很快，查到了外务省经济担当外务审议官安川壮（《命运之人》中外务审议官安西杰的原型）那里，文件的最后阅读人就是安川壮，但泄密的却并非安川审议官，而是他手下的事务官莲见喜久子（电视剧中三木昭子的原型，由真木阳子饰演）。

而拿到机密文件的是《每日新闻》政治部记者西山太吉（电视剧中《每朝新闻》记者弓成亮太的原型）。《每日新闻》社是日本的老牌新闻媒体，其前身是《东京日日新闻》，成立于1872年，是明治维新以后东京最早的新闻报纸，也是明治时代有名的"御用新闻"。1911年，《大阪每日新闻》将这家报纸收买，成为全国性的有影响力的新闻媒体，1943年《大阪每日新闻》和《东京日日新闻》统称为《每日新闻》。作为老牌新闻媒体，《每日新闻》政治部在日本权力核心区域东京霞关有着非同一般的人脉，作为政治部台柱的西山太吉更是一个能自由出入外务省的人物，他能接触到事务官莲见喜久子，因此他

请求后者的协助携带出机密文件，而莲见喜久子和西山已经发生了肉体关系，为维持这样的关系，1971年5月22日以后，莲见喜久子先后十余次从外务省携出机密文件交给西山太吉，其中就包括冲绳复归的密约。

这一事实的暴露让西山太吉和《每日新闻》都站到了风口浪尖，西山太吉拿到文件以后，本应该在报纸上曝光，然则这种有传阅记录的文件，很容易就查到泄露源，进而暴露消息提供人，这是新闻行业从业人员的大忌。所以，眼看冲绳协议即将通过，西山就孤注一掷，将文件交给了社会党议员，希望通过他们在众议院的质询来引起社会关注，但没料到却因此暴露了信息源。

佐藤内阁的应对之策是一方面竭力否认密约的存在，另一方面以泄露国家机密为名，逮捕相关当事人。1972年4月4日，东京地方检察厅特别搜查部以违反《国家公务员法》嫌疑逮捕了西山太吉和莲见喜久子。

《每日新闻》因为西山太吉的被捕而发起了抗议，众多新闻媒体也给予支持，连篇累牍地抨击政府干预新闻自由和言论自由，并且主张公民有知情权，把西山太吉打造成了因为争取公民知情权而遭到迫害的斗士。然则在东京地检特搜部发布起诉书发布以后，社会舆论为之一变，在起诉书中揭示了西山太吉获取机密文件的手段，同时还通过周刊杂志以八卦周边的形式加以渲染，声称西山太吉一开始是趁着酒劲通过半强行手段逼迫女事务官与之发生肉体关系，然后再结成长期关系以后通过这一途径获取机密文件。新闻媒介的注意力马上就从关注政府密约和公众知情权方面转向了新闻伦理的讨论，何况西山太吉和莲见喜久子都分别是已婚人士，莲见喜久子的丈夫无业，依靠自己的工作赡养全家，获得了更多的同情，舆情开始对西山太吉口诛笔伐，认为其以不正当的手段获取新闻，有违新闻道德。

在一审的法庭上，两个被告采取的策略完全不同，莲见喜久子方面对于检方的控罪完全不反对，采取认罪合作的态度，因此，包括社会党议员市川房枝在内的部分社会人士主张对莲见喜久子加以宽宥。而西山一方则努力把争论焦点集中到公民知情权和政府告知义务的辩论上，而回避对于私人问题方面的控诉纠缠。至于检方邀请的外务省证人，对于西山方面提出的密约相关问题，一概答之以"不记得了"、"事涉国家机密"，西山方对密约的控诉基本没有起到结果。一审的判决结果是：莲见喜久子判处惩役六个月，缓刑一年，而西山太吉无罪。

这一判决虽然是采纳了所谓新闻报道自由的主张，并认为西山作为非国家公务员，不能适用《国家公务员法》。但在舆论普遍同情莲见喜久子的大氛围下，相对来说却对西山不利。特别是一审以后，女事务官的婚姻宣告破裂，使得舆论更一致把炮口对准了西山，认为女事务官是西山太吉"抢头条"的牺牲品。在这样的情况下，密约本身的有无已经没有人关心了。

检察方以"新闻报道自由必须有所制约"的理由提出了抗诉，同时主张《国家公务员法》的守秘义务也适用非国家公务员。在二审中，检方的理由被采纳，西山太吉被判决有罪，处惩役四个月，缓刑一年。

1978年5月31日，最高裁判所对本案下达了终审判决，对《国家公务员法》中秘密的定义以及泄密行为的判定做了解释，同时认定：西山太吉"以获取秘密文书为目的，出于利用的意图与女性公务员保持肉体关系，并以此作为取材手段。同案女被告人因上述关系，形成依赖而难以拒绝的心理状态，将秘密文书带出，此取材行为蹂躏取材对象的人格，已脱离正当的新闻取材范围"。最高裁判所强调："新闻报道机构在取材时，对他人的权利、自由有不当侵害的，不应视作特权。"

最高裁判所的判决仍然引起了争议。不管怎么样，对于该事件的当事人来说，已经是毁灭性的打击，西山太吉在二审被宣判有罪后就被迫退出新闻界，回到老家继承家传的水果公司。而盛极一时的《每日新闻》社则在事件发生后

❶ 社会党议员市川房枝对莲见喜久子进行了支持。在西山事件中，她从女性权利角度对

❷ 最高裁判所对西山事件的判决书。

主　文

本件上告を棄却する。

理　由

【上告趣意に対する判断】

弁護人伊達秋雄、同高木一、同大野正男、同岡山川洋一郎、同西垣道夫の上告趣意第一点は、憲法二一条違反をいうが、実質は単なる法令違反、事実誤認の主張であり、同第二点は、単なる法令違反の主張であり、同第三点は、憲法二一条違反をいう点もあるが、実質はすべて単なる法令違反、事実誤認の主張であって、いずれも刑訴法四〇五条の上告理由にあたらない。

（職権による判断）

一　国家公務員法一〇九条一二号、一〇〇条一項にいう秘密とは、非公知の事実であつて、実質的にもそれを秘密として保護するに値すると認められるものをいい（最高裁昭和四八年（あ）第二七一六号同五二年一二月一九日第二小法廷決定）、その判定は司法判断に限るものである。

原判決が認定したところによれば、本件一〇三四号電信文案には、昭和四六年五月二八日に愛知外務大臣とマイヤー駐日米国大使との間でなされた、いわゆる沖縄返還協定に関する会談の概要が記載され、その内容は非公知の事実であるというのである。そして、条約や協定の締結を目的とする外交交渉の過程で行われる会談の具体的内容については、当事者が公開しないという国際的外交慣行が存在するのであり、これが漏示されると相手国ばかりでなく第三国の不信を招き、当該外交交

业绩一落千丈，1977年11月，通过重组进行再建。

时光流逝，到了2000年，琉球大学教授我部政明和《朝日新闻》一起前往美国，在解密的美国国家档案和记录管理局外交档案中发现了冲绳谈判的密约：除了西山披露的400万美元以外，日本其实在冲绳复归中一共提供给美国1.8亿美元的资金。2005年，西山太吉已经成为一个74岁的垂垂老人，而日本外务省仍然坚持密约不存在。这一年4月25日，西山太吉以密约实际存在为由，把日本政府告上了法庭，要求国家赔偿。2007年，东京地方裁判所以国家赔偿已经过了20年的追诉期为由，驳回了西山太吉的诉讼要求，只字不提密约的有无问题。随后在2008年2月和8月，东京高等裁判所和最高裁判所分别作出了维持一审的判决的决定，驳回了西山的上诉请求。

执著的西山在2008年8月再度向外务省和财务省请求公开该文件，被告知以该文件"不存在"。西山再度将外务省告上法庭，从2010年4月到2014年7月，从东京地裁到最高裁都分别作出了判决：国家在认为必要时有权力将特定时间或特定事件的文件选择不公开，驳回了西山的诉讼要求。

西山事件还催生了日本国家机密保护法律的产生，在西山事件期间，佐藤荣作就表示有制定《机密保护法》的必要性。直到1985年，执政的自民党部分议员提出了《间谍防止法案》，规定禁止对国家机密进行探求和搜集，并规定最高可判决死刑。该法案由于被担心扩大解释使用危及新闻自由和知情权并未获得通过。2013年10月25日，安倍内阁提出了《特定秘密保护法》，同年12月6日获得通过，2014年12月正式施行。而该法案在日本国内并不怎么受欢迎，《朝日新闻》在法案通过次日发起调查，有24%的人赞成，但有51%的人反对；日本电视台在同月发起的调查，支持占23.1%，反对占56.8%，与西山事件密切相关的《每日新闻》的读者，有29%的人赞成，反对达到了59%。有趣的是，安倍内阁还恰恰把西山事件作为制定并通过该法的理由，2013年10月22日，安倍内阁的国务大臣森雅子在答记者问时，当被问到"该法的处置对象"时，举了西山事件作为"不当新闻取材"的范例。

西山事件是一个特定历史背景因为特定事件而发生的一起案件，今天的我们很难对整个事件加以评述，因为事件中涉及的问题实在是太多了：新闻伦理问题、民众知情权问题、国家机密保护问题，这些问题彼此冲突，让任何一个人都无法公正地作出评判，该事件涉及的法学、政治学和新闻学等方面的争议，至今仍在被激烈讨论。

不过值得一提的是，在自民党下台的2009年，新上台的民主党鸠山由纪夫内阁要求调查密约问题。在2010年3月，外务省设立的调查委员会正式承认密约的存在，并且在外务大臣冈田克也的指示下公开。2015年3月29日，原外务省美洲局局长吉野文六（《命运之人》中吉田孙六局长的原型）去世。在去世前，这位曾经力证密约不存在的当事人承认了冲绳谈判中存在密约，算是为西山事件画上了一个不完整的句号。

普天间之殇：冲绳基地的难解之环

复归后的冲绳不平静。由于冲绳的复归伴随着美军在亚太政策的调整，随着越南战争后美国在东南亚的"收缩"，冲绳成为美国日益重视的一块"遏制"前沿。美军基地虽然在复归后有所减少，但显得更为集中，加上复归后自卫队的进驻，使得弹丸之地冲绳充斥着军事基地的噪杂。占日本国土0.6%的冲绳有着75%的驻日美军基地，基地引发的环境污染、安全问题、美军军纪问题在此后半个多世纪里成为冲绳的"肿瘤"。冲绳人对美军基地是爱恨交织，一方面，美军基地的存在带来了大量的就业机会和商机，另一方面，美军基地带给冲绳无数的痛苦，赚美国人的钱是真正的"带血的GDP"。

根据冲绳县警统计，在冲绳"归还"以后23年间，美军士兵犯罪达4790件，其中杀人12件、抢劫盗窃355件、强奸31件，这些数字仅仅是立案的数字，还不包括众多因为受害人畏惧而不敢报案的刑事案件。1995年9月4日晚上8时许，在冲绳本岛北部的商店街，一名年仅12岁的女小学生在逛街时被一名美国海军士兵和两名美国海军陆战队士兵挟持走，随后这名女生在附近海岸遭到了这三名美军士兵的强奸。

没错，电视剧《命运之人》中，美波饰演的冲绳女孩谢花的遭遇是真实存在的。

而在这个时候，桥本龙太郎内阁正在寻求所谓"日美安保再定义"，这一"定义"与冲绳的命运密切相关。

在复归以来，美军基地的土地征用是通过一种奇怪的强征方式进行的，称

为"代理署名"和"参阅交代"，其法律依据是在日本本土因为存在违宪嫌疑而长期未被使用的《公用地法》。其流程如下：先由首相对要强制征用的土地进行"使用认定"；然后由申请方（即那霸防卫设施局）制作标的土地和建筑物的评估报告，要求土地使用者签字盖章，如果土地使用者拒绝，就由所在地的市镇村长代行，如果市镇村长也拒绝，就直接由县知事代行签字盖章；评估报告完成后，那霸防卫设施局就以申请方身份向征用委员会申请裁决，征用委员会对所在地市镇村长发出通知，要求"公告、参阅"（即行政机关的信息公

美军基地附近的"美国村"。（摄影：章超）。

开公告），市镇村长如拒绝，也可以由知事代行；公告期结束后，征用委员会就根据所听取到的双方意见进行裁决，当然，征用委员会的委员都是知事得到县议会同意后任命的

1990年12月大田昌秀当选了冲绳县知事，这位以反基地标榜的新知事表示要对以往的土地征用政策进行检讨。1994年9月9日，前往冲绳视察美军基地和自卫队基地的防卫设施厅厅长官宝珠山升发表了一番颇具争议讲话：冲绳应该向着和基地共存共生的方向改变，知事应该抛弃"政治观点"回到谈判桌前

来，有计划地返还基地"不具有现实意义"。恰恰在1994年2月24日，那霸地方裁判所冲绳支部下达了关于美军嘉手纳基地噪音问题的判决，该判决承认美军基地的噪音超过忍受程度，又以国家无法阻止美军飞行为理由驳回上诉。同时在4月4日和6日，美军在两天内发生两起军机坠毁事故，引起了冲绳民众的强烈不满。宝珠山讲话的发表无疑是火上浇油，冲绳县各地议会通过决议要求宝珠

桥本龙太郎与克林顿签署联合声明（1996年4月17日）。

普天间基地（左下）航拍图（1977年，日本国土交通省作成）。

山道歉辞职。1995年5月11日，日美间达成协议，返还那霸军港和读谷辅助飞机场，然而，这一"返还"却是以"补偿转移"的方式，那霸军港是转移到了邻近浦添市的牧港补给基地邻近海岸，读谷飞机场的相关训练设施分别转移到汉森基地和嘉手纳弹药库地区。冲绳的美军基地本质上没多大减少，而且更为集中更有效利用——比如那霸军港，"返还"了56.8公顷，又得到了35.3公顷，而且还和补给军港直接联通，强化了基地功能。同时，这种同县内的转移方式，还激化了冲绳内部各市彼此之间的矛盾。

美军强奸少女事件的强烈刺激，使冲绳民众的反美反基地情绪达到了顶峰。强奸案发生后的1995年9月28日，知事大田昌秀明确表示拒绝"代理署名"，并强调"要把阻碍自立发展的基地撤走"。10月21日，由县议会全会派、县经营者协会等18个团体发起，300个团体参与的县民总誓师大会在宜野湾市海滨公园举行，有85000人聚集在会场，反美口号震耳欲聋。11月4日，时任日本首相的村山富市和大田昌秀举行会谈，双方达成了到2015年分三阶段有步骤地返还基地（整理、缩小），最终以撤走基地为目标的约定，其中以第一阶段缩小和返还普天间基地最为注目。美日之间在11月又决定成立"冲绳日美特别行动委员会"（SACO，Special Action Committee on Facilities and Areas in Okinawa）处理冲绳美军基地的整顿、统合、缩小问题。1996年2月23日，日本首相桥本龙太郎访问美国，和美国总统克林顿就冲绳普天间基地问题和日美安保再定义问题初步达成了协议。普天间"返还"计划在4月12日正式公布：加油机转移到山口县的岩国，部分基地功能转移到嘉手纳基地，并在县其他区域建设直升机停机坪，在战时民间设施转为军用。接着，日美安保协议委接受了这个由SACO提出的归还计划，包括普天间在内的美军基地将被缩减20%。

问题就出在普天间基地的直升机机场转移的问题，美方认为普天间的直升机移驻以固定翼飞机起降为主的嘉手纳基地会增加航空管制的困难度，同时会恶化原已引起周边居民强烈不满的飞机噪音问题。桥本龙太郎提出了转移到冲绳北部名护市边野古的施瓦布基地（Camp Schwab）并建设海上停机坪。名护市市长比嘉铁也虽然一开始表明了反对意愿，但随后又允许政府和美军先行勘测，县知事大田迫于中央的压力和对经济发展的期待（美军的入驻一定程度上可以带动周边消费）也默默支持名护市的主张。但是名护市市民表达出了不合作的意愿。政府在市民投票上做了许多手脚：把"赞成"、"反对"的选项改成了"赞成"、"因为可以期待环境对策和经济效果所以赞成"、"反对"、"无法期待环境对策和经济效果所以反对"四项，旨在把基地入驻和市民期待的经济发展绑架起来。投票的结果仍然让政府大失所望，赞成8.13%，因为可以期待环境对策和经济效果所以赞成37.18%，反对51.63%，无法期待环境对策和经济效果所以反对1.22%，高达82.45%的投票率说明这代表当地的民意所向。承受巨大压力的比嘉市长宣布接受基地以后辞职。继任市长候选人岸本建男提出在基地问题上"听从县知事的判断"，提出了要"选举出能运营名护市政的人"的口号，成功把竞选焦点从美军基地问题转移到经济发展方面成功当选。大田昌秀则在关键时刻摇摆不定，在1998年2月6日，他又宣布拒绝基地进入名

高举反对直升机基地条幅抗议的冲绳民众（摄影：章超）。

护市，遭到桥本内阁的激烈批评，随后，在11月的冲绳县知事选举中，在基地问题上左右摇摆的大田惨遭败选。

新当选的冲绳县知事稻岭惠一①提出了15年使用期限的军民两用机场的替代方案。根据冲绳县和名护市的协商，在2002年7月29日，决定在边野古海岸采用填海方式建造军民两用机场，那霸防卫设施局在2004年4月开始经冲绳县政府同意在边野古海岸进行取样调查。但在2004年8月13日，驻普天间基地的一架美军CH-53D大型直升机在训练中坠毁在冲绳国际大学的校园里，所幸当时学校正在暑假中，未有教职员和学生伤亡。事件发生后，9月12日，有3万冲绳民众举行集会抗议，反对边野古基地建设及美军V-22鱼鹰机的入驻冲绳。冲绳的反基地运动再一次高涨起来。

时间转到2009年8月，麻生太郎率领的自民党在选举中一败涂地，在野的民主党在鸠山由纪夫的率领下顺利实现政权更迭。民主党曾在2008年7月8日制订《民主党冲绳Vision2008》，讨论美军基地应逐渐缩小、移转的问题。在选举前夕的7月19日，鸠山由纪夫公开做出了承诺："（普天间基地移设所能接受的方案）最低的底线是县外！"在冲绳方面，名护市2010年1月24日举行市长选举，由民主党、共产党、社会民主党、国民新党等6党联合推举的候选人稻岭进成功当选，稻岭进的选举口号就是反对普天间基地替代设施入驻，这一选举结果表明了名护市市民当时对美军基地设施建设的态度。许多市民除了对基地入驻的噪音、治安等问题有顾虑以外，还认为填海造地会破坏当地保护动物海牛的栖息地，造成生态环境不可逆转的毁坏。至于2006年12月开始担任冲绳县县知事仲井真弘多是什么态度呢？他并不反对县内移设，但主张要取得移设目的地居民的许可。2010年2月24日，冲绳县议会通过一致决议，要求普天间基地移设到县外甚至国外，这体现了冲绳强烈的民意。

鸠山由纪夫的麻烦来了，为了给普天间基地寻找替代，内阁讨论的诸多方案：与嘉手纳基地或冲绳中部的汉森基地（Camp Hansen）合并；转移到大阪关西国际机场、鹿儿岛县的马毛岛、冲绳伊江岛、下地岛、海上自卫队大村航空

注①

1933年出生于中国辽宁省，毕业于庆应大学，其父稻岭一郎创办了"琉球石油"公司。他从1998年担任县知事至2006年卸任，也被指责为"舌头拐两边"。

◢ 边野古基地。

◣ 鸠山由纪夫与美国总统奥巴马。

基地等方案，被一一否决。整整半年时间，鸠山内阁没法拿出一个可行方案，2010年1月，鸠山内阁又理想化地提出了当年5月彻底解决问题的时间表，好像觉得逼一下自己就能解决问题似的。但随后内阁提出的把普天间替代设施建到隶属鹿儿岛县的德之岛的方案遭到激烈反对。4月18日，声援德之岛反对基地移转大会召开，有15000人参加，发出了抗议声。4月25日，冲绳的民众也集合起来了，1万多人举行了一次要求移转到县外的大集会。鸠山由纪夫在5月23日只好前往冲绳和县知事仲井真弘多会谈，表示最终的方案还是移转到边野古，仲井真表示"非常遗憾"。5月28日，日美间宣布了普天间基地移转到边野古的联合声明，鸠山由纪夫遭到了民主党内的激烈批评，认为他损害了民主党的政治信誉，此事成为压垮鸠山内阁的最后一根稻草。

普天间基地之殇体现了冲绳问题的极其复杂性，冲绳成为政治家的坟墓这是令人始料未及而又在情理之中的事情。冲绳的诸多民众也认为本土的政治家和民众并不能完全理解冲绳，使得"复归"以后，冲绳和本土之间仍然存在着巨大的鸿沟。

或许，许多日本人，只有如《命运之人》里的弓成亮太一样，亲自到了冲绳，看看头顶飞过的美军战机，才能真正理解冲绳的未来在何处。

萨摩同胞
歧路巨头

西乡隆盛和大久保利通

作者/吴克勤

历史大潮汹涌澎湃进入19世纪中叶，在经过波澜壮阔的大航海时代的财富积累与伟大的文艺复兴运动之后，完成了第一次工业革命的西方世界开始在经济、文化、政治、军事各个领域全面压倒东方文明。

依旧沉寂在天朝上国美梦中的大清帝国，在西方的坚船利炮面前拱手敞开了自己的国门，列强开始疯狂肆意地掠夺古老东方帝国的财富，奴役被殖民地人民。在同中国一海相隔的岛国日本，虽然一直秉持着闭关锁国的国策，但在这个激荡的大时代中也迎来了自己前途未卜的命运。

目睹着昔日东亚的王者在西方列强的面前卑躬屈膝，苟延残喘。同样封闭、腐朽的日本如不振作改变，必定会如同中国一样变成西方列强的盘中餐。于是无数的忧国之士为了改变日本的现状奔走呼号，无数的仁人志士为之流血牺牲。终于，经过了辩论、争吵、谈判、战争，最后日本在那个时代走上了一条与其他亚洲国家不同的道路。

在这个风云动荡的时代里，有两个青年因为相同的志向结为挚友，在大时代中相互扶持，历经了整个国家改变的过程。两人精诚合作，克服种种磨难，缔造了新的日本。同样，为了这个全新的日本在未来道路上应该朝着哪个方向前进，两个好友意见相左、各不相让，最终用各自的方式贯彻了自己的理念。

并肩前行：
西乡隆盛和大久保利通的发迹史

　　西乡隆盛同大久保利通两人都是在萨摩鹿儿岛城下町出身的下级武士。西乡隆盛比大久保利通大三岁，西乡的家同大久保的家仅仅相隔几百米，两人自幼交好（是所谓的"竹马之友"，也就是一起穿开裆裤玩耍的交情），后来又一起拜入伊藤茂右卫门门下学习阳明心学，还向福昌寺的无参禅师修习佛法。不过按照大久保利通后来的回忆，青年时代的西乡隆盛性格急躁，时常为了自己的观点与人争吵，因此西乡希望通过修习禅宗，来控制自己的情绪，摆脱世俗的困扰。

　　事实上西乡隆盛年幼时便身材高大壮硕，才思敏捷，在12岁时就因为父亲九郎滥赌欠下高利贷，而负担起了整个家业。顺便说一下，西乡九郎[1]因被视为富有理财能力而得到勘定方小头的职位，并兼岛津一门日置家的事务担当职。直到明治政府建立之后的1872年，衣锦还乡的隆盛才专门向债主（萨摩郡水引村的土豪坂垣与三次）还清了父亲欠下的债务，并附信说道："我父亲还活着的时候，经常对我说要将此大恩之借金返还。然而虽为偿还想过种种办法，终究没能偿还，甚至利息也只支付了一年份，实在是太对不起了。这次回乡，终将亡父之义务清偿，想必他必在九泉下含笑吧。"

　　史书记载，隆盛到成人之后已经有六尺之高，相貌有勇者之风。六尺的身高换算成今天来说也有近180厘米，在当时身高普遍只有150到160厘米的日本，西乡可谓是不折不扣的"进击之巨人"。

　　1844年，在中英鸦片战争清政府战败的消息对日本造成冲击的影响下，17岁正值青春的西乡担任了"郡方书役助"，而比他小三岁的大久保不久之后也得到了"记录所书役助"职位。西乡的工作基本可以说是内务助理，而大久保的工作则带有外交性质——协助其父处理"琉球馆"，即1609年岛津军队征伐琉球王国以来所需要处理的半殖民地管理工作。也许当时岛津藩上层就已经看出大久保在接人待物上比西乡隆盛更为圆滑吧。

注①

继任西乡家督之后就是吉兵卫，"吉兵卫"是这个家族的家督的固定名。

西乡隆盛。

大久保利通。

如果说西乡隆盛的性格如同烈火一般，那么作为好友的大久保利通就像是一股冰凉的清泉。在幕末进行的诸多事件中，大久保利通自始至终保持着清醒和冷静的头脑。从最初他辅佐积极改革的岛津齐彬到相对保守的岛津久光，大久保利通始终用着自己的方式，脚踏实地地勾画着自己心中的政治蓝图。

大久保利通出生在旧萨摩藩鹿儿岛下级武士家庭。少年时代的他勤奋刻苦，文武兼备，聪慧过人，17岁时就已成为了萨摩藩厅属下的书记官。正当大久保利通准备一展所学之时，萨摩藩爆发了改革派与保守派激烈的政治斗争。

萨摩藩的第十代藩主岛津齐兴因为宠爱自己的侧室由罗，加之信奉兰学（西方学说）的长子与崇尚国学与儒学的自己藩镇理念不同，因此有意将家督的位置传给与自己关系更加亲近的幼子（第五子）岛津忠教（即之后的岛津久光）。萨摩藩中渐渐分裂为支持齐彬的改革派与支持忠教的保守派，两派之间的对立后来发展到齐彬派藩士袭击忠教派重臣的地步。忠教派则绝地大反击，以岛津齐彬密谋暗杀岛津忠教为名，在藩主岛津齐兴的支持下将萨摩藩内支持岛津齐彬的重臣们一举逮捕，或令其剖腹，或将其流放。当时如果不是同他关系密切的福冈藩主黑田长溥与加贺藩主前田齐泰两人向幕府提出申辩，岛津齐彬恐怕都自身难保，更不用说庇佑自己的支持者了。一时间，萨摩藩中的改革派在保守派强力打压下，纷纷出奔潜逃。

大久保利通的父亲大久保利世也是改革派骨干高崎五郎的支持者，其父亲因此事遭受株连，被流放到鬼界岛，作为儿子的大久保利通自然也被免除萨摩藩书记官的职务。从少年得志到被打落尘埃，人生的意境转化如此之快。和现代人比较起来只有高中生年纪的大久保利通不但要面对人生的变化无常，还要肩负起供养母亲和三个妹妹的生活重担。与西乡隆盛一样，大久保利通没有在变故面前消沉下去，反而将困难经历化作对自身的磨练和追求权势的动力。

失去了官职的大久保利通，一边操持生活照顾家庭，一边联络受到处分的同乡，好友四十余人组成精忠组，对外宣称是在反省，研究学习儒学《近思录》，实则却日日纵论天下大事，等待有朝一日在萨摩藩内东山再起的机会。

福冈藩主黑田长溥与加贺藩主前田齐泰的申述很快就在幕府引起重视。作为西南第一强藩的萨摩藩出现如此的动荡，使得幕府派出了当时身为老中[①]首席的阿部正弘来处理此事。阿部正弘是福山藩第七代藩主，25岁就任老中以来，以妥善处理幕府失败的天保改革，江户城本丸火灾等一系列事件的影响闻名，是一位有着丰富行政经验的幕府重臣。尽管身处中枢，阿部正弘本人倒是一名开明的幕臣，其为人颇为沉稳，深孚众望。

因此阿部正弘在对待萨摩藩的内乱问题上，不出意外地支持受到了打压的岛津齐彬。阿部正弘对萨摩藩内乱的经过没有做过细致的调查[②]，便在一连串运作之后，主持幕府中央作出处理决定。岛津齐兴在嘉永四年（1851年）隐居，家督之位由岛津齐彬继承。同样为了保持藩镇稳定作为交换条件，安抚萨摩藩内的保守派，发动政变的保守派没有一人因此事受到处罚。之所以采用这样的处置，站在幕府立场的阿部正弘可谓一举三得。强迫一直对幕府不敬的西南强藩的藩主岛津齐兴黯然隐居，在幕府扶植下继任藩主的岛津齐彬自然要依附在幕府权威之下言听计从，刻意保留下的忠教一派更是牵制住了萨摩藩的精力使得其不能一心一意地增强藩力。

阿部正弘的处置虽然让岛津齐彬重新坐上了萨摩藩藩主之位，却因为保留了大量对齐彬不满的保守派重臣，导致了好不容易重新上位的齐彬威望不足，

注①
老中是辅佐幕府将军处理日常行政事务的最高常设官职。

注②
所以岛津齐彬密谋暗杀由罗、岛津忠教一事究竟是事实还是与守旧派的栽赃到今依旧是真相不明。

在行使权力之时遭遇很大阻力。一心实施改革的岛津齐彬自然无法忍受这样的钳制，在日本历史上被称为贤候的这位萨摩藩藩主决心大胆启用新人，于是大量拥有才华却无法施展的下级武士开始在萨摩藩的历史舞台上崭露头角。因内乱被剥夺官职，待罪反省的大久保利通也终于在蛰伏了许久之后，再一次回到了萨摩藩政治舞台的中心。

大久保利通在这段时间内夜以继日地处理各种政务，积累了大量的行政经验。更是因为积极地协助岛津齐彬改革藩政，才华出色，得以升任萨摩藩的步兵监督一职。就当他在事业有成之时，大久保利通也迎来了自己人生的另一半。1857年12月，大久保利通与同样是萨摩藩武士的早崎七郎又卫门的幼女满寿子喜结良缘。大久保利通为人一生严苛，自然不会有什么风流韵事流传于世，不过从他后来与满寿子育有九子一女来看，夫妻之间的关系应该相当地和谐。成家之后的大久保利通准备大展拳脚开始立业，但是命运之神的又一次考验出现在他面前。

1858年8月24日，萨摩藩第28代当主岛津齐彬在踌躇满志地准备率军入洛前离奇病死，其弟岛津久光长子忠义成为齐彬的婿养子，继承本家得以执掌萨摩藩的行政大权，萨摩藩政坛可谓遭遇超级大地震。在岛津家更换家督一事上，更是可以清楚地看出大久保同西乡在这场变故前两人之间不同的抉择。本就对自己哥哥心怀不满的岛津久光上台之后，一改萨摩藩全力学习西方的理念，大肆罢免、流放岛津齐彬原先重用的人才。

比大久保年长一些的西乡隆盛同样从齐彬重用新人的政策中得到恩惠。他是在1854年被提升为"中小姓"，跟着齐彬的参勤交代队伍前往江户的，算是受到了齐彬破格重用[①]，所以也跟着倒霉，被流放到了远离九州的奄美大岛。在此之前，隆盛在齐彬手下已经得到了"徒目付鸟头庭方兼役"职，而大久保几乎也是在同时得到了"徒目付"职，两个人似乎都是前程一片灿烂，未曾想到他们人生道路上的第一个分叉路口会这么快到来。

西乡在流放期间过着苦行僧般的生活，粗茶淡饭，教育村子里的孩子们读书、打算盘，并喜欢上了岛上村民家一个叫"爱子"的姑娘，生下了长子菊次

注①

不过后世所谓的在齐彬将"笃姬"嫁与将军的过程中，隆盛非常活跃云云，并没有史料加以佐证。

郎[①]。西乡在岛上还搞了一些农业改革，增加了农民的收成。他的这番流放劳作的经历，对其以后人生哲学的形成显然具有很大的影响。

事实上西乡隆盛曾试图轻生，后来才振作起来。相较于性格刚直的西乡，大久保利通则要变通得多。顺应藩主的性格而讨其欢心，是绝大多数萨摩武士想不到也不屑去做的事，但大久保就去做了。他发现喜欢儒学的岛津久光喜欢下棋，便苦练棋艺，在陪久光下棋时，他便会诉说自己对时局的见解，想要在潜移默化中去改变岛津久光的观点。在听闻岛津久光喜欢阅读古书《古史传》后，大久保又想方设法地收集到二十八册之多，将之借给岛津久光阅读，又在书中夹杂了自己的种种观点，终于使得岛津久光放弃了原先的保守观点，转而支持自己的改革之策。

需要指出的是，岛津久光喜欢下棋、读书这样的活动，是源于其较为沉静，甚至称得上是有些孤僻的性格——过往与又强势又活泼的长兄齐彬争位失败，不超级郁闷才怪。南国萨摩这个地方的人，大多是性格豪爽耿直，喜欢吵吵闹闹的。顺应藩主的性格而讨其欢心，是绝大多数萨摩武士想不到也不屑去做的事，但大久保就去做了。

而萨摩武士性格豪爽耿直的代表，就是西乡隆盛。在久光收到京都公卿贵族的邀请，将率兵入洛保卫皇室御所、并推动幕府改革的时候，据说西乡隆盛竟然在他的面前大大咧咧地说道："殿下你和你兄长（齐彬）是不一样的，看上去就是'地五郎'，要是上京的话，难以和天下名士相处交流呀。"

❯ 著名的："生麦事件"。

注①
菊次郎在西南战争后得到政府宽恕，并曾担任京都市市长。

"地五郎"是萨摩方言，意思就是"乡巴佬"。久光与长兄争位失败这些年来，一直足不出户，连萨摩藩都没踏出过半步。而早些年西乡在齐彬手下已经有了不少与他藩士人乃至公家人交往的经验，多多少少学会了京都话、江户话。而久光仍然是满嘴的萨摩方言，只要一开口，那些贵族上等人听不懂不说，必然会笑话这是哪个旮旯跑来的土包子。可即使这些是事实，在已经成为藩主的久光面前，西乡这么直言不讳难道是正确的吗？也实在太不给面子了！不过也许正是受西乡的刺激，久光上京之后是非常努力的，并没有被人所轻视、笑话。

　　反过来说，如果以为能够投藩主所好的大久保就是个个性温和的顺臣的话，那么接下来下的事中，大久保就体现出他性格刚烈的一面。

　　1862年9月14日，久光从京都回程前往幕府传达朝廷旨意的路上，发生了其随从砍杀偶遇英国人的"生麦事件"，导致英国军舰驶入萨摩兴师问罪。在双方爆发冲突之后（即"萨英战争"），被英军迅速击败的萨摩藩只得低下武士高贵的头颅，向英方提出交涉。英方挟大胜之威，提出了一系列苛刻的条款，其中尤以赔偿英方25000英镑的赔款强烈地刺激了萨摩藩谈判人员的神经。所有参与谈判的萨摩藩人员表示，无论如何不能接受如此奇耻大辱的赔款条约——当然从经济角度看，这个赔款的数额也将令萨摩藩背上沉重负担。

　　鉴于如果停止谈判，英军将立刻恢复炮击。大久保利通挺身而出，表示愿意全权处理此事，并且向萨摩藩藩主岛津久光表示绝不会有辱萨摩藩的威名。得到首肯的大久保利通，首先同英方会晤，全盘接受对方的要求。之后大久保利通立即求见当时前来观摩谈判全程的幕府方使者，大久保利通以藩财政困难为名，提出向幕府借贷7万两白银暂时作为赔款。原本只是前来观看热闹的幕府自然不愿来替萨摩藩还账，理所当然地回绝了大久保利通的请求。

　　大久保利通立刻激动地向幕府的使者说道："今藩府已无余财，如不能得助，自当斩英使于前，自刃尽忠在后。"在大久保赌命般的威胁下，生怕外事扩大化的幕府只好愤愤地替萨摩藩买了单。事实上，英国舰队在来到萨摩之前也要求幕府赔款，数额是更加令人吃惊的10万英镑，而幕府几乎是立马就答应了赔款。这也让大久保看准了幕府的心态，要挟成功。顺便一说，因为后来萨摩藩参与进入倒幕阵营，这笔债务萨摩藩自然也就没有偿还给幕府。

　　如此一来，在萨英战争中战败的萨摩藩不但没有因为失败而名誉扫地，反

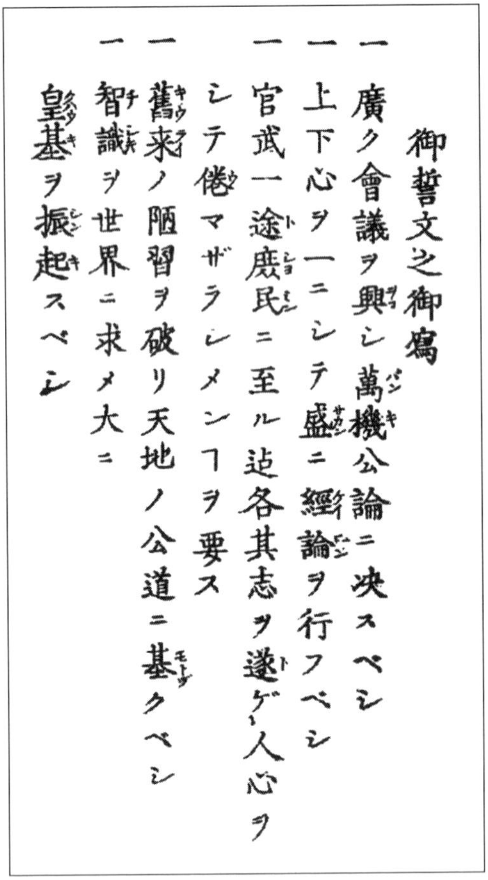

御誓文之御寫

一　廣ク會議ヲ興シ萬機公論ニ決スベシ

一　上下心ヲ一ニシテ盛ニ經綸ヲ行フベシ

一　官武一途庶民ニ至ル迄各其志ヲ遂ゲ人心ヲシテ倦マザラシメンコトヲ要ス

一　舊來ノ陋習ヲ破リ天地ノ公道ニ基クベシ

一　智識ヲ世界ニ求メ大ニ皇基ヲ振起スベシ

五条誓文。

而因为在国内反抗外夷而声名大盛。而英国等西方列强也因为此事开始重视起雄踞一方的萨摩藩，最终抛弃了昔日的盟友幕府，在日后的戊辰战争中坚定地站在了倒幕的一方。

而在久光率兵入境、萨英战争这一系列事件之前，大久保已经劝说岛津久光重用西乡这样的能臣改革军制。时隔三年多，文久二年（1862年）的2月，西乡终于从流放地归来，并得到久光的接见，恢复职务。前文已述，西乡刚回来才没几天，就对打算率兵上京的久光乱发评论、反对上京，甚至直接称久光为"地五郎"，多亏久光正在用人之际且大人有大量，没当场将西乡踢去关禁闭。觉得久光不听自己意见的西乡还有点要耍脾气的意思，推脱身体不好跑去九州有名的指宿洗温泉去了。

这个时候出来调解久光与西乡关系的又是大久保，总之他先让久光率领队伍出发上京，然后以考察九州岛形势为名，让西乡延迟行程。久光一进入京都，立即使出霹雳手段血腥镇压了激进派（即1862年4月23日的"寺田屋事件"），西乡听闻之后也只得哀叹"骨肉相连之人，不问事情真相便处罪，即使朋辈亦杀绝，世间还有何依靠！"但多年来内部纷争的萨摩藩经此肃清，终于团结成为一股力量。

此后萨摩藩军制改革的具体事务就以西乡和村田新八（因年纪小十岁多而尊西乡为大哥）为中心大力推进，大久保则留在久光身边帮助主持大局。这对好友成为内外最受瞩目的重臣，终于使得萨摩藩在幕末的危机中走到了前台，成为了明治维新中一支最重要的政治力量。

在明治维新最关键的戊辰战争之中，西乡指挥大军作战于前，大久保则担任参谋帮助谋划战局，同时又任总裁局顾问处理新政府的内务，在两人的通力合作下彻底击溃了三倍于己的幕府军，又在随后一系列的北越战争、奥羽越列藩同盟战争、箱馆战争中，最终成立一个统一的明治新政府。战争的胜利有时并不是一切的结束。相反，日本这个刚刚结束了战乱的国家才步履蹒跚地开始了改革的步伐，而西乡隆盛同大久保利通之间的友情却从此时开始出现了隔阂。

1868年4月6日，天皇睦仁率领公卿大臣以及所有重要官员，在京都紫良殿以向"天神地祇"宣誓的形式发布了《五条誓文》的中央集权原则。从此就把明治政府的权威从法律上固定下来，大久保利通在自己的日记中兴奋地记录道"圣上的变革始自今日"。所谓新年新气象，刚刚完年的明治政府在整顿完吏治后，立即颁布《政体书》明确了日本以后的政治体制与组织法令。"天下权力皆归太政官，使政令无出二途之患"作为政府的核心得到了强调。太政官（相当于总理大臣）之下，设议政（立法）、行政、刑法（司法）三官（权），即议政官掌管立法权，立法机关分为上下两局；上局由议定、参与以及由各藩选出的征士任议员组成；下局由称为办事的行政官兼任议长和由各藩选出的贡士组成。贡士经过贡士会议把各藩的意见反映到中央。上局的职责是确定政体，制定法律，决定机密政务，栓衡三等官以上官吏，严明赏罚，制定条约，宣布和战。

下局的职责是承上局之命，讨论租税、货币、新约、宣战讲和等重要问题，实际上是上局的咨询机关。行政官掌管行政权。行政官有由"议定"允任的辅相两人"辅佐天皇"，统辖行政、神抵、会计、军务、外国、民部共六官（省、知）。刑法官掌管检察、裁判、警察等司法权，由此完备了天皇专政的体制。但议政、行政、刑法三机关的长官不能互相兼任，在形式上采取了西方资产阶级民主政体"三权分立"。在地方上，在政府直辖领地设置府（京都、大阪、江户）或县，各藩与府、县并列，称为"府藩县三治制"。正是因为西乡隆盛在前线的连番胜利，才让身处后方的明治政府能够有条不紊地建立一个中央集权的国家政权。

1869年7月25日，明治政府通过版籍奉还的措施以改革藩制。其中的"版"指土地，"籍"指户籍（人口），版籍奉还就是要诸侯向政府交出对土地和人口的所有权，加强政府的控制力，促使藩体制解体，这是明治政府改革的第一步，也是最重要的一步。当时提出这个建议的是大隈重信，但是实际议案的推动者则是长州藩的老大木户孝允。

大久保利通对于这种急进的策略当即表示反对。将地方权力收归于中央，是每个中央集权国家必行之事。但是当时日本刚刚完成了统一，社会上充满了种种不安定的因素，出生下级武士的他立刻意识到日本各地如果实行版籍奉还之后，大量原本依附各藩的下级武士，必然会因为失去一直以来赖以生存的藩禄陷入生存困难的地步。如此，没有妥善应对方案的话，必将引发巨大的社会问题。双方在这个问题上相持不下，当时明治政府中长州藩的势力极强，大久保利通深感自己势单力薄，而此时一直以来同自己并肩作战的好友西乡隆盛却在何处呢？

1868年9月，西乡以在倒幕和戊辰国内战争中的种种功勋，被授正三位官职，赏典禄为两千石，成为诸藩家臣中官位最高、受封最厚的人。1870年1月，西乡隆盛却以身为藩臣却功名地位高于萨摩藩主，有损"忠臣"的声誉为由，辞去了政府中枢的官职，返回萨摩的故乡鹿儿岛，只担任了萨摩的藩政顾问一职。事实上，西乡辞去明治政府官职一事，并不是单因为顾忌自己的忠臣之名。试想国家百废待兴之际，西乡既然抱有报国的大志，怎么可能因为区区的虚名放弃自己改革的梦想呢？

真正让西乡下野辞官的原因是，作为创建这个国家大英雄的西乡隆盛自然是功成名就，但是那些追随西乡东征西讨、浴血奋战建立起新政府的下级武士不但没有因为成立的新国家而得到利益，相反却因为新政府颁布的一条条新法令而失去了自己原有的种种特权。明治政府成立之初，为了政府的稳定，明治政府向原本中立或者偏向自己的各种政治力量做出了种种的妥协。一时间政府中各种腐败横生，高官追逐名利，贪图享受，官员效率低下，官场之上乌烟瘴气，这同西乡隆盛心中希望建立一个由武士领导的清廉有效率的政府的理想完全背道而驰。

将武士精神视之为灵魂支柱的西乡对此感到苦恼不已，在愤愤写下了"几经辛酸志始坚，丈夫玉碎耻瓦全。一家遗事人知否，不为儿孙买美田"的言志诗后，终于辞官归家。此时的日本正处在改革的紧要关头，大久保利通为了对抗同样有着巨大话语权的长州藩的木户孝允，急需作为军方第一人的西乡在背后支持。

大久保利通向西乡发出了请其回归中枢一起对抗政府中长州派的请求，西乡却没有同意。此时的他正在鹿儿岛的老家过着悠闲平静的生活。大久保在电报规劝无效的情况下，毅然提笔写了一封长信。信中尽述过去俩人的情谊，又叙说如今国事的艰辛。末尾还提及自己可能要出使西方各国，希望西乡能够以大局为重，出来主持大局。大久保利通的多次请求，终于打动了西乡隆盛那颗已经沉寂下来的内心。尽管此时已经对明治政府的政治理念开始抱有怀疑，但西乡依旧在同年的12月回到了东京。

在详细研究过版籍奉还政令后，西乡还是痛苦地选择了接受。作为一名武士，他知道这条政令实施之后，许多同他一样的武士会因为这份政令失去养家糊口的俸禄，陷入极为悲惨的境地。但是作为一个改革者，西乡知道，日本想要变得强大，这一步是必须要迈出的。在苦思之后，西乡向大久保利通提出了一个较为稳妥的方案。自己与大久保一起去会见木户孝允，在说服他之后，继续说服其他明治政府的高层。

西乡构想的方案就是先由政府下令，恢复御亲兵制度，也就是根据各地的石高向天皇"进献"士兵来组成一支天皇直属的部队。而这支部队后来则变成了专门守卫京都的近卫部队。在御亲兵的基础上，西乡还建议在东京、大阪、小仓（镇西）、石卷（东北）设置了"镇台"的编制。镇台是1888年前日军中的最大编制单位，由步、骑、炮各兵种混编而成，具有独立作战能力，是日后"师团"的前身。而西乡万万没有想到的是，自己一手创立的镇台部队竟成了自己人生最后的掘墓者。这些提案聪明之处在于不触动政版籍奉还政令的基础上，最大程度地吸收了可能产生的反弹。将被版籍奉还剥夺了俸禄的下级武士重新加入部队，将这些政版籍奉还的受害者转变成为维护版籍奉还的保卫者。

1869年西乡隆盛领萨摩藩的步兵4大队、炮队4队5000人上京，于4月21日抵达东京，与土佐藩步兵2大队、炮兵2队、骑兵2小队及长州藩步兵3大队编在一起，组成御亲兵总计8000兵力。这对对版籍奉还犹豫不决的各藩造成巨大压力，最终共计有274名藩主先后向明治中央政府归还了版籍。之后，明治政府又不断命令各藩改革藩政，各藩的独立自主性逐渐消失，日本的中央集权得到了大大加强，极大地推动了整个明治维新的进程。

分道扬镳：
武士阶层的经济窘境和"征韩论"之争

1870年明治政府开始改革等级身份制度，主张四民平等，在允许武士从事工商业的同时，也批准原先的农工商也就是现在的平民可以担任文武官职。这一举措大大削弱了武士的威信。在过去等级森严的日本，这是根本无法想象的法令。作为维新功臣的大久保利通被任命为明治政府政治体制和组织法令的总

岩仓使团主要人员。

裁局顾问，很快便担任参议以及财政部长。在担任财政部长的职务时，大久保痛感旧有体制对日本未来发展的牵肘太多，便下定决心革除日本的旧有体制，建立全新的秩序。改革最重要的就是资金，日本明治政府的主要财政收入是土地税收，土地税收占到了当时日本政府财政收入的90%以上。大量民众被束缚在土地，终日耕作，生产力无法得到解放。而明治政府为了稳定下级武士而制定的俸禄制却因为国家财政的紧张逐年减少，使得许多武士为了生存，成为了手工业者、佃户，甚至人力车夫。

在大久保利通先后实行的奉还版籍、建立御亲兵、废藩置县等政治措施上，西乡隆盛均以军方首脑的身份给予了完全的支持。但随着明治政府改革的进行，西乡隆盛却发现通过种种改革虽然能使分散至日本各地的诸藩交出权力，但在建设国家的过程中为贫寒出身的下级武士让出足够发展空间的想法已经变得越来越淡薄。收回权力后的明治政府更加强调官员和平民的权利，因为这两者更能服从命令，而武士的特权就在无声无息之中逐渐消亡了。西乡在给朋友的信中痛苦地写道："继续履行我的职责只让我变得羞愧和胆怯。"

西乡隆盛将自己身为陆军大将与参议的俸禄500日元扣除每月自己所需的15元之后，放置在自己官邸的客厅内。只要有萨摩的穷苦武士前来拜访，自己无法帮助到来者的情况下，便让客人"自取所需"。西乡自己又努力设立宫中近卫军官一职，只要有才能的下级武士，西乡便尽力推荐对方就职。如此一来，虽然西乡在民间拥有豪侠之风的美誉，但是相当多明治政府高官则口耳流传着"西乡此人善于收买人心"的说法。尽管西乡做出了这样那样的努力，但是在整个国家改革的阵痛面前，这样的举动无疑是杯水车薪。

1871年12月23日，以右大臣外务卿岩仓具视为特命全权大使，以大藏卿大久保利通、参议木户孝允、工部大辅伊藤博文、外务少辅山口尚方为副使的岩仓使团，从横滨乘美国商船"亚美利加"号启航，开始其漫长的遍访欧美之旅。岩仓使团此行有两个目的：一是向缔约国致以"聘问之礼"，并修改不平等条约；二是参观考察欧美各国先进文化和制度，以备日本实现现代化的参考。太政大臣三条实美对其寄予很大希望，临别致词说："外交内治，前途之大业，其成与否，实在此举。"视此次使节团的出访，是与日本命运攸关的重大举动。西乡隆盛性格保守，虽然没有参与此项外事活动，但却得以主持留守内阁，一时风头无二。

当时，担心国内局势在使团出使各国时发生重大变化，大久保利通与留守的西乡隆盛做下约定，使团以半年之期必将回归，国中事若有重大变故必等吾等归还后再做商议。但开始睁开双目正视这个世界的日本使团发现，所谓半年之期根本无法满足自己吸取知识的胃口。仅仅横渡太平洋到达新兴的美国一国进行游历，日本使团就花去了7个月的时间。于是使团的归期一再延后，原本计划6个月的时间变成了近两年之久。

公元1873年9月，耗资百万日元，历经二十个月以上，出访欧美12个国家的"岩仓使团"终于回国了。单纯从外交角度来看这次耗费日本年财政收入2%的环球之旅并没有实质性的成效，西方列强对于此前和日本所签署的不平等条约没有任何松动和改变的意思，恰如随团出行的木户孝允在日记中所言："彼之所欲者尽与之，我之所欲者一未能得，此间苦心竟成遗憾，唯有饮泣而已。"

但是以岩仓具视为首的一干日本政坛新贵们此行也并非一无所获，在英国他们见识了"世界工厂"的富足，从而衍生出了"殖产兴业"的理想。在美国他们看到了昔日出身草莽的新大陆居民通过全民教育所展现的奋发热情，发出了"莫为急务者，莫先于学校"的感叹。而在普鲁士日本人学到了"国中之男子堪执兵器者，悉受兵卒之教练"的常备军制。而最为关键的是在俾斯麦的言传身教之下，日本人清楚地看到了西方文明的本质——"彼之所谓公理，谓之保全列国权利之准则，然大国争夺利益之时，若与己有利，则依据公法，毫不更动；若与己不利，则幡然诉诸武力，固无常守之事"，简而言之，即"强权即公理"。

岩仓使团出发之前，其成员来自公卿、藩主、志士、学者等各个阶层，更有木户孝允和大久保利通的长萨对立。但是返回日本之时，他们已经形成了一个旗帜鲜明的政治集团，日本史学家称之为"归国派"。而"归国派"下车伊始，首先要力主日本政府放弃"征韩论"。所谓"征韩论"指的是西乡隆盛主持留守内阁时期，主张的尽快出兵征讨朝鲜半岛，以缓和国内矛盾的舆论。

西乡之所以提出如此激进的提案完全是被时事所逼。在大久保利通等人的出使团离开日本之后，西乡按照约定继续遵从原先的约定稳步进行着奉还版籍后废藩置县的工作。作为军队大佬的西乡坐镇中枢，明治政府开始将日本全国总共3府302县以及原各藩有序地进行整合，至1871年11月后，全国剩下3府72县。原先的藩郡被大量合并撤销。无数的下级武士失去了原先的职务。更糟糕的是原本各藩大都处于经济崩溃的局面。明治政府完成整合之后，发现各藩的总计债务超过7400万日元，是当时日本整个国家收入的两倍。

明治政府不得不采用拖欠、转移，甚至要赖的方法好不容易将债务削减到3500万日元，但这依旧是一笔巨大的财政支出。不懂财政的西乡面对这样的困境，完全束手无策。只得专注于兵制的改革。虽然西乡最初的设想是吸收一部分各地的下级武士，但是日本全国各地失业的武士数量过于巨大。而军中的长州派头面人物大村益次郎、山县有朋提出了"国民皆兵"的主张，虽然在根本上动摇了武士从军的特权，但从整个国家角度而言，确实是稳定和改造社会结构的良策。即便是西乡在犹豫了许久之后，还是全力支持了这个将让武士不再独享改革兵制利益的方案。

大量被淘汰下来的武士们，衣食住行无以为继，游荡在社会上，原本高人一等的地位，反而成为了限制他们生活的枷锁。有些极端的下级武士，虽然有着武士的名号，但是却身无分文，有些甚至要依靠妻女出卖肉体来勉强度日，而沿街乞讨者也比比皆是。目睹许多下级武士悲惨的境遇，同为武士出身的西乡既没有变出金钱的聚宝盆，也没有能让所有武士安身立命的岗位。无奈至极

对马岛位置。

的他只好不理政事终日游猎。

正当西乡彷徨无门之时，木户孝允在临出使西方各国前提出了征韩论——转移日本国内矛盾的计划出现在了西乡的面前。日本征韩论的提出诱因，最早要涉及到历史上的对马岛危机是日本征韩论提出的历史诱因。对马岛是东亚海上的要冲，位于朝鲜半岛和日本之间，扼朝鲜海峡门户，备受欧洲列强的瞩目，特别是当时的沙俄。克里米亚战争后，俄国在东北亚的扩张活动更引起了英国警惕。因此，英国对日本的对马岛也产生了兴趣。1859年12月，英国军舰"阿克特恩"号闯入对马海岸测量水情，英国驻日本箱馆领事霍奇森建议英国海军在对马岛建军事基地。沙俄得知此消息后，于1861年3月13日，派军舰"波萨得尼克"号，开入对马岛的芋崎浦，俄舰舰长彼里列夫更以修理军舰为借口，要求允许其在此停泊。不久，俄舰又驶进日本内海古里浦，并不顾对马藩吏的制止，强行测量水情，伐木建造营房、粮库、医院，实际上已将该地占领。同年5月，彼里列夫一面向对马藩厅大肆渲染英国对于对马的野心，一面要求租界土地和谒见藩主。

对马藩当局急忙报告幕府，日本幕府立即派外交担当官员小栗前往交涉，要求该舰撤走。然而，俄舰拒绝撤出对马，幕府只得求援于英国舰队。英国政府认为对马岛被俄国占领不能容忍，要求"波萨得尼克"号撤走。1861年8月，英国驻日公使阿礼国公开表示:英国政府对俄国军舰开进对马不能袖手旁观。随后，英国东印度舰队司令官霍普海军中将率两艘军舰驶入对马。迫于英国的军事压力和国际舆论压力，以及对马岛民的英勇反抗，9月2日俄舰被迫撤出对马。对马危机使日本充分认识到了对马海峡和朝鲜半岛在近代东北亚国际事务中的战略地位，随着日本幕府对朝鲜事务的重视，一部分人便开始策划"征韩论"。虽然对马事件发生时，萨摩藩采取的是隔岸观火的态度（因为这终究只是对马藩的倒霉事），但与外国交往频繁的藩士们也开始认真思考日本未来对于东亚地区、朝鲜半岛应采取的策略。当然，因为长州藩的地理位置与对马藩可遥遥相望，因此其受到的刺激也更大一些，后世称"维新三杰"的西乡、大久保，还有一个就是长州的木户孝允，他才是明治政府建立后第一个站出来大力发表"征韩论"主张的人。

1873年8月17日，西乡为首的留守内阁做出了向朝鲜派遣全权大使，进而诱发全面战争的决定。值得一提的是，西乡本人在这个计划中完全将自己的生死置之度外。按照他的计划，他本人作为外交使节出使朝鲜国后故意做出失礼行为，然后被朝鲜人斩杀，制造日本出兵侵占朝鲜的借口。由此可见西乡当时的苦心。此提案一出，明治内阁集体哗然，留守的各个大臣间爆发了激烈的争论。当时已经开始理政的明治天皇虽然有了明主的雏样，毕竟还是年轻。自然感觉猝然与邻国开战之事过于体大，难以做出决定。于是下令暂时搁置西乡的提议，等岩仓使团众人回国商讨后再做最终决定。

当时正在西方访问的岩仓使团在得知西乡提出的激进的战争提案之后，不得不停止访问，开始紧急返回日本国内。当9月13日使团的主要成员回到日本国内时发现，原本与留守众人所约定的重大事件等回国后再行处置的约定并没有得到执行。留守政府在使团出使各国之后，就开始在政治、军事、经济各个方面按照自己的理解开始了改革的步伐。面对使团成员对于所谓留守政府违背约定的指责，留守各位重臣自然极为不满。在他们看来出使各国的师团耗费巨大，且没有达成出使的目标（修改同各国之间的不平等条约），反而来指责在国内为了国事改革苦苦支撑的他们，实在不讲道理。如今，好不容易找出了一条缓解国内压力矛盾的出路，居然又横加指责，实乃无谓之极。于是，终于在关于征韩的问题上，留守派与归国派之间爆发了巨大的冲突。明治政府开始面对它成立以来的第一次危机。

西乡作为征韩论的主要倡议者自然一心指望返回国内的好友大久保利通鼎

❶ 征韩一事的大争论。

力相助。当时身为使团重要成员的大久保利通在5月16日就赶回了国内，目的就是稳定住已经开始慌乱的政局。所以为了取得大久保在征韩一事上的支持，西乡以挚友的身份拜访了刚刚返回国内的大久保利通，希望能够说服对方一起来完成这个挽救武士阶层的壮举。

但是已经为西方的经济、政治、军事在工业革命后表现出来的巨大优越性所倾倒的大久保利通认为，当前首先要解决的应该是政府的财政紧张问题，即兴建国内产业、优先教育等诸事。因此大久保利通很明确地告诉西乡隆盛，征韩之举不可轻起，国内之事应需疾行。待日后国力充足、军力鼎盛时，自然会将征韩一事提上议程。大久保理性官样的回答，大大刺激了性格如火的西乡隆盛的情绪。

西乡愤怒地认为大久保的言行乃是敷衍之举。如果按大久保的说辞，就等于让现在的武士阶层自生自灭。这完全是对现在处于生死存亡之际的武士阶级的背叛。那个昔日为了武士荣誉宁可同自己选择古时楠公般为了忠君尽义不惜互刺身死的大久保已经背离了当初要一起振兴日本的誓言，成了一个言必称利，只知盲从西学，忘记了自己武士的灵魂和荣誉的西式官僚。

对此感到痛心疾首的西乡大吼着离开了大久保在东京的官邸。两个自幼相扶相助的挚友为了各自不同的理念就此分道扬镳。

但满心失望的西乡并没有放弃，尽管有着出国使团的反对同好友大久保的背叛，但西乡依旧觉得自己有信心获得在朝廷内取得征韩提案的胜利。意志坚定的他下定决心无论如何都要将征韩之事在政府国策中通过。性格坚毅的他觉得只有如此能挽救已经没落的武士们的价值和灵魂。

一直在明治政府内主持事务的西乡隆盛对政局有着巨大影响，因此西乡准备在会议中以个人强大的声望和坚韧的性格以一己之力强行通过征韩主张。

从10月开始，西乡隆盛在政府会议上一再就激进的"征韩"一事进行辩论。而政府内部的稳健派中不断有反对者出现。

10月14日—15日召开关于征韩的内阁会议上，太政大臣三条实美，右大臣岩仓具视参议，以下的西乡隆盛、板垣退助、江藤新平、后藤象二郎、副岛种臣、大久保利通、大隈重信、大木乔任等人出席了这次事关国家前途抉择的会议。

在会议上西乡痛陈国内改革中的种种弊端，力主通过依靠下级武士组成的核心来进行征韩之举从而缓解日本国内的种种矛盾。而大久保利通毫不相让，他就西乡的征韩之举，一连提出了七条反对意见，从各个方面反对西乡的征韩之说。

"归国派"为首的大久保利通此举当然有急切地从以西乡隆盛、江藤新平为首的"留守派"手中收回权力的意味，但更重要的是"岩仓使团"之行让他们看到了日本与西方列强之间巨大的实力差距。在日本自己根基未稳的情况下贸然出兵朝鲜，不仅胜负难料，这无疑在做巨大的冒险。稍有不慎，好不容易稳定下来的政府政局就有倾覆的危险。如果此事引起西方的干涉，将导致日本陷入万劫不复之深渊。面对"归国派"坚决反对的态度，"留守派"却也不甘愿就此认输。西乡隆盛等人力陈明治维新以来所推行的"废藩置县"、"庶民征兵"政策已经极大打击了原有武士阶层的信心和士气，如果不以一场对外战争来缓解国内矛盾的话，作为幕府时代既得利益者的武士们必然会揭竿而起。

双方在辩论中各执一词，互不相让。会议最终在身穿武士服的西乡对着身穿西服的大久保利通吼出"萨摩最大的懦夫"的骂声中结束，西乡说他自从回国之后便言行忘本，只知西学，完全辱没了武士的身份。

连续两日的内阁会议非但没有弥合两派之间的分歧，相反使得留守的征韩与归国的内治两派之间彻底决裂。

面对国内两派针锋相对的意见，身为"太政大臣"的三条实美夹在中间颇为尴尬。虽然三条实美内心偏向归国派的内治优先论，但性格懦弱的他不敢应对对西乡咄咄逼人的态度，只能借口自己"精神错乱"身体不适而将裁决的权力上交到了明治天皇的手中。一时之间，日本的政局陷入僵局。而唯一能做出最终决定的日本最高的统治者明治天皇也在两派意见中犹豫不决。

作为西乡挚友的大久保利通，自然对西乡那种萨摩人特有的凡事都要贯彻始终的顽固态度大为头痛。在苦思许久之后，终于想到了一条妙策。

大久保首先提议因三条实美患病，而由内治优先论的铁杆支持者岩仓具视暂代太政大臣一职，而后马上利用岩仓具视能够直接面圣的机会，通过岩仓具视向明治天皇递交了自己在访问西方各国的见闻心得，提出了日本忍耐一时，全力学习西方技术文化，"殖产兴业、文明开化"再谋求海外的政策。

明治天皇睦仁虽然此时年仅21岁，但经历过明治维新的一番磨砺之后，多少有了一定的政治经验。

按照他对西乡主张"征韩论"的猜想，虽然本是长州藩代表木户孝允首先倡导的，但立论以来迟迟没有动作，无非就是忌惮兵权在握的西乡隆盛而已。而西乡隆盛挟"戊辰战争"之余威，自然想在对外扩张中再现辉煌，而如若真的让西乡隆盛成功"征韩"，那么日本国内必将出现一位新的"幕府将军"，好不容易站到前台的天皇体系就有变成旧日幕府傀儡的危险，因此万万不能答应。在看到大久保利通条理分明的提议之后，终于下定决心，全力支持归国派的政策主张。

19日深夜，大久保利通再次与岩仓具视密会，确定了在能够取得了天皇密函的情况下，大久保利通终于放下心来了。

20日，岩仓具视正式暂代太政大臣一职。22日，全不知情的西乡隆盛、板垣退助、江藤新平、副岛种臣等人集体登门向岩仓具视询问关于向天皇奏请赴朝使者事宜，被岩仓具视以"三条太政大臣会向陛下上奏派遣决定，作为代理本人也会一样赞同"的说法搪塞了过去。

23日，明治天皇下达了"整顿国政。富国文明之进步，乃今日燃眉之课题"

江藤新平。

的诏令，而西乡等人主张的派遣使韩使者进而征韩之事则被下令无限期暂缓。

大惊失色的西乡隆盛、江藤新平等人在求见天皇无果的情况下纷纷愤而以辞职作为抗议。一夜之间明治政府内部有超过600人递交了辞呈，整个政府运作一度陷入了瘫痪之中，史称"明治六年政变"。

但"归国派"和明治天皇却毫不动摇，毕竟江藤新平、板垣退助所代表的佐贺、土佐两藩本来就在以"长萨联盟"为主导的明治政府中人微言轻，而西乡隆盛的萨摩派之中大久保利通已经转入了"归国派"的阵营，也无需多虑。更何况西乡隆盛的弟弟西乡从道也并未随其兄而去，反而多次拖延"征韩派"的外征军事计划制定工作。这次政府内部征韩派的总体辞职对明治政府而言，不仅谈不上伤筋动骨，更恰好为"归国派"放手推行其政策让出了道路。

明治政府迅速走向分裂的同时，西乡和大久保这两个昔日的好友也彻底决裂，辞去中枢实际政务官职的西乡隆盛，意味着他试图通过从上至下的方式来挽救底层武士阶级的努力宣告完全失败。在下级武士中众望所归的西乡不得不为他的支持者们寻找另一条出路。而击败了西乡的大久保利通虽然失去了西乡的友情，但却为日本争取到了一条以普鲁士帝国为起点、以英国作为最后目标的政治道路。当然此时两人都没有想到在不久后的将来，政见不合的两个好友会最终刀兵相见，血洒疆场。

列岛鼎沸：西南战争前的武士暴动

"留守派"回到家中，没有等到明治天皇温言挽留或再三征调，其失落感自然可想而知。西乡隆盛倒是甘于平淡，回到鹿儿岛之后终日钓鱼行猎，闲时泡泡温泉，"调戏"一下宿屋的老板娘，日子倒也轻松惬意。不过并非人人都有西乡的胸怀，不甘寂寞的江藤新平、板垣退助联合副岛种臣组建了日本第一个政治社团"爱国公党"，到处宣扬他们本身并不热衷的"自由民权"，期盼能靠"民选议院"重回政治舞台。

"爱国公党"的理论虽然先进，但是在当时的日本却难有市场。而由板垣退助起草的《民选议院设立建白书》刚刚递交上去没多久，身为"爱国公党"台柱之一的江藤新平便由于力挺自己的岛津久光被迫辞职而陷入了绝望，随即为佐贺藩的落魄武士所感召离开了江户，开始筹划起兵叛乱。而"爱国公党"也随之解体。

1874年1月，地处九州岛西北部的佐贺县，大批在明治维新后失去了生计的武士正翘首盼着江藤新平的归来。这些人分为"征韩党"和"忧国党"两派。"征韩党"毋庸置疑是江藤新平的人马，而"忧国党"则隶属于另一位失意官僚——前任秋田县权令（代理县长）岛义勇。而单从名字来看，这两派势力的政治诉求便不一致。但是同样恶劣的生存环境却让他们选择了结成联盟，抱团取暖。

江藤新平回到佐贺之后，立即向自己的追随者传递了如下的信息：明治政府不得人心。佐贺藩只要高举义旗，岛津久光和西乡隆盛必然在九州南部起兵响应。板垣退助亦将播乱四国，挟两岛之力必然可以逼迫明治天皇罢免归国派的权奸，重用包括他本人在内的"中兴之元老"，自己大权在握之后，也将在日本国内实施封建郡县并行的双轨制，对外则征讨朝鲜和满清，为失意的日本武士们谋求更多的生存空间。

江藤新平的如意算盘打得不可谓不响，但他却恰恰忽略了两个最为关键的问题，他"四海呼应"无非是"想当然尔"。直到叛乱前夜，他才派人联络西乡隆盛，而西乡隆盛则以"时机尚早"为由拒绝加入。但那个真正致命的错误在于，江藤新平从一开始就没有与明治政府正面对抗、致死方休的勇气和决心。他把成功的砝码完全押在明治天皇和"归国派"是否对自己妥协上。

1874年2月4日，江藤新平的支持者首先洗劫了当时与三井齐名的私立银行——小野组的佐贺分行。江藤新平麾下3000名武士要依靠抢银行得到的20万日元作为军费，其捉襟见肘的程度自然可想而知。与之相比，明治政府却经过"戊辰战争"以来的多年整编建立了一支力压各藩的中央军。值得一提的是，在谋划建设这支新式陆军之初，被称为"军制之父"的大村益次郎便将大本营设立在日本中部的大坂，尽管理由是为了避免东京成为敌国首要打击的目标，但从日后的一系列事件来看，从大坂出击的"皇军"恰好扼住了西南强藩反扑的咽喉，能够通过海、陆两线的机动，迅速抵达九州和四国的出事地点。而今天大村益次郎的铜像同样身处上野公园之内，与西乡隆盛的雕像恰巧相对。

江藤新平起兵之时，日本列岛已经形成了东京、仙台、名古屋、大坂、广岛、熊本六镇台（军区）分兵驻守的局面，虽然每一镇台现役兵员不过下辖2—

3个步兵联队。兵力并不算充沛，但步兵、骑兵、炮兵、工兵配备齐全，且可分进合击，灵活机动。其战斗力已经远超昔日各藩所谓的"强兵"。

明治维新之初各地民变纷起，起初日本政府不敢轻易动用镇台的兵力，大多依赖各藩旧有的兵员或当地临时募兵予以镇压。但是从1872年东京镇台出兵镇压当地居民抗议改建信浓川的暴动以来，镇台兵日益成为了明治政府压制异动的骨干力量。就在江藤新平起兵的半年之前，熊本镇台刚刚在司令谷干城的指挥下扑灭了为数达6万之众的福冈民变。有了这样的先例，江藤新平的命运自然可想而知。

当然江藤新平毕竟是沙场宿将，麾下武士的战斗力也不能和为了逃避兵役而掀起"血赋骚动"的暴民相比。因此得到了佐贺叛乱的消息之后，明治政府立即授予大久保利通军事、行政和司法全权，由其主导镇压和安抚工作。大久保利通出身九州，虽然深知江藤新平一枝独秀并不可怕，但还是调集了大坂、广岛、熊本三大镇台的力量全力展开围剿。

随着大批政府军由海路开赴佐贺，眼前江藤新平原本许诺的各派势力始终按兵不动，江藤新平的起义军随即军心浮动，一触即溃。在部下写信向大久保利通投降的情况下，江藤新平和岛义勇只能分头潜逃。眼见自己的政敌无心切腹，大久保利通便在通缉令上狠狠地羞辱了江藤新平一把，说他"舌大而长，其他一般"。

1874年3月1日傍晚，揖宿郡山川村，达宇奈木温泉的西乡府邸，几名行色匆匆的客人来到此处，为首身材高胖，肤色浅黑的男子向着门口的侍从要求直接会见陆军大将、萨摩的豪杰西乡隆盛。这位前来拜访的客人，正是十几日前被明治政府通缉的"叛贼"江藤新平。已经穷途末路，无计可施的江藤新平只得寄希望于曾经与他立场相近同样去职，赋闲在家的维新英雄西乡隆盛。试图依靠他的力量东山再起。西乡在接待江藤新平之后，两人在单独的情况下连续密谈3个小时。第二天清晨两人又继续激烈地辩论了许久，在没有旁人的情况下。后世唯一知道的答案就是，西乡并没有赞同江藤新平的提议。

在一无所获的绝望之下，江藤新平将儿子江藤丰送往中国。这位"佐贺七贤"之子据说看破世事无常，在抵达中国之后随即易姓为"卞"（变），从此不知所终。而江藤新平则与在鹿儿岛被捕的岛义勇一起吟唱着"报国丹心天地知，人间苦节独清夷。如斯世界生无益，可法权山是我师"的绝命诗走向了嘉诏川提的刑场。

江藤新平所发动的"佐贺之乱"中，大久保利通可谓处置决绝，已经游览过西欧各国的他则开始坚定不移地推进着自己的改革措施，希望将日本改造成为一个类似于当时的德国一样的二元制君主立宪制国家。事实上，如果给大久保一定的时间，按照大久保的改革计划，日本的武士阶层极有可能转化成为类似于德国容克军事贵族集团一样的社会阶层也未可知。当然感到局势不稳并正在逐步扩大的大久保也不得不做出了一些妥协。

1874年，日本政府以琉球难民被台湾原住民杀害为借口，将西乡隆盛之弟西乡从道晋升为中将，命令其率领军队攻打台湾，期望以此来转移国内不平士族的注意力。大清国最初并不以为然，直到日军在台湾登陆后，才发现事态的严重。刚刚经历过两次鸦片战争的清廷决定息事宁人，作出了终止琉球与中国的藩属关系承认其为日本属地并赔偿50万两白银的决定。日本的这次强盗行为也大大地刺激到了一直以东亚上国自居的清王朝，清朝上层由此展开了一场关于海防战略的大讨论，终于设立北洋水师和南洋水师来保卫海疆。

一直赋闲在家的西乡隆盛在"从翁驱犬逐兔，跋涉山谷，终日狩猎。暮投宿田家。浴毕，心旷神怡，悠然曰：君子之心常如斯也"。一段时间后，西乡向鹿儿岛县县令大山纲良提出设立私塾的建议，很快得到了同意。当年6月，在萨摩藩的旧居城、鹤丸城设立了私立的军校。这所学校设有筱原国干负责的枪队专业和村田新八负责的炮队专业，后期还设立专门的少年后备军。他们既不向东京上缴税金，也抵制政府的各项社会改革。完完全全就是一支独立于政府之外的军事组织。

私学校在县内各乡设置分校，广招学生，后又以开垦荒地为理由，由桐野利秋、永山休二、平野正介组织了一个"吉野开垦社"的组织，收容旧陆军教导团的学生。而这些教官在后来的西南战争中，都是冲锋在前的军队首脑。经过两年多的发展，西乡隆盛的"私学校党"成为了鹿儿岛县内最大的势力。县内的乡、区头头的位置大多被他们所把持，县厅的中、下级官员、警察等人员也大多数是其党内中人。这些干部，加上私学校内的学生，俨然便是一支尚未武装的军队。

时间飞逝，1876年3月28日，明治政府以佩刀无用、弃刀文明为由再次颁布了《废刀令》，规定除了各种仪式上穿礼服的人、警察、军人可带刀之外，其余人众，一律不得佩带刀剑。这对身为武士的士族来说，无疑是沉重的一击。

武士刀对于日本的武士来说就是身体的一部分，是日本武士灵魂的延伸。无数的日本武士从懂事起，就开始练习挥刀，随时为自己的主君效命。即便是主持幕末时维新政变的英雄志士，在留下的图像与照片中都腰挎着自己的爱刀投身到奔腾的大时代中。这道政府令如同掷入沸腾油锅的水滴，一下在士族中引起了轩然大波。

还没有等士族们从《废刀令》的冲击中回过神，大久保露出了他真正的目的。为了减轻政府的财政负担，大久保利通毅然决定宣布实行全部废除家禄制度的秩禄处分政策，即从1876年8月5日起发布了金禄公债证书发行条例（太政官布告108号）。该条例按等级把家禄分为永世禄、终身禄、年限禄，并依此区分年

❶ 前原一诚兵败被俘。

❶ 荻城暴乱。

限。金禄公债五年不变动，附加5%—7%的利息，明治十五年以后，本金以每年抽签的方式分30年进行偿还。这样一来士族（武士）就成为持公债证书者。

下级武士转变的普通士族与公卿藩主等贵族转变的华族公债额度相差百倍。一名普通士族在秩禄处分后大约可以拿到500日元左右的公债。如果运气不好的话，这500日元还需要30年后才能拿到手。于是大量的士族将手中的公债贱卖，进一步地受到了剥削。而秩禄处分后，武士阶层丧失了在经济上的特权和地位，沿袭数百年的秩禄制度彻底被废除。

大久保利通也是武士出身，自然不会对武士阶层有什么仇视态度。但是明治八年日本全国税收总额大约5072万日元，其中要向士族支付俸禄就达到1800万日元，金额巨大，超过整个国家税收的30%。身为政府领导者，一心改革国家的大久保利通自然不会允许如此巨大的费用浪费在于国无用的大批士族身上。因此，他断然举起了大刀，一心想要丢掉这个明治政府从被推翻的幕府那里接过的巨大包袱。如果说，《废刀令》是剥夺了武士的灵魂的话，那么秩禄处分就等于是直接要士族生命。

面对明治政府这样咄咄逼人的姿势，叛乱无可避免地开始了。

反抗的烽火首先由一个名叫太田黑伴雄的熊本县藩士点燃。据后世文学作品的描述，太田黑伴雄并不像其名字那般粗壮，而是位脖颈细小的瘦弱男子。太田是个痴迷的神道教信徒，常年居住在熊本城南二里的新开皇大神宫里，其神官的身份也令其身边聚集了众多对现实不满的武士。他们自称"敬神党"。在生活无虞的情况下，"敬神党"不过是个神道教俱乐部而已。但是面对日益匮乏的生计，这群人终于决定铤而走险，期望用宛如"神风"的武装叛乱，扭转这个他们眼中颠倒的世界。1876年10月24日夜，170多名腰佩双刀，头缠白布条，别有"胜"字肩章的武士聚集于神社之中。这支自称"神风连"的民间武装，决议于当夜奇袭熊本城内的镇台军营。

熊本镇台驻军超过2000人，如果是正面交锋要歼灭这支以冷兵器为主的对手并不困难。但在黑夜中猝不及防的情况之下，局势却几乎呈现了一面倒的情况，除了派去刺杀镇台司令种田政明和熊本县令安冈良亮等官员的别动队之外，太田黑伴雄亲率敢死队直扑镇台的炮兵营地。在值勤军官炮兵少尉坂谷敬一战死的情况下，熊本镇台营地随即陷入一片大乱，"神风连"趁势发火，随即又冲入了邻近的步兵营区。

如果说炮兵由于没有装备步枪而难以抵抗的话，那么熊本镇台的步兵也好不了多少。按照日本陆军操典规定，部队驻扎于营区之时不配备实弹。冲天的火光之中，双方在营区里展开了一场空前惨烈的白刃战。习惯了排枪射击的镇台兵在这个方面远不如悍不畏死的"神风连"。而就在此时一位力挽狂澜的人物出场了，他就是熊本镇台的参谋——儿玉源太郎少佐。

一般来说身为镇台主官的司令和参谋长都应该在军营住宿，不过熊本镇台的新任司令种田政明是个长期担任陆军省会计监督的好色官僚。他在东京期间便时常流连于花街柳巷，到了熊本更是勾搭上了一个名为"小胜"的"失足妇女"。儿玉源太郎并不知道自己的上司已经在姘头家里被杀。但还是第一时间打开了司令部的弹药库，亲率一队步兵登上营地中央的制高点，开始狙击火光中跃动的对手。苦战了一夜之后，"神风连"包括太田黑伴雄在内主要成员悉数战死。而熊本镇台也付出了包括司令种田政明少将在内60余人阵亡，200余人负伤的惨痛代价。

就在日本政府为如何处理熊本善后问题大伤脑筋之时，福冈县和山口县又出现了新的叛乱。扰乱福冈县治安的是自称"不平党"首领的宫崎车之助，由于其所采用战略与"神风连"如出一辙，后世很多学者都认为"神风连"和"不平党"早有联系。但事实证明"神风连之乱"后，日本陆军早已提高警备级别，驻守当地的步兵第14联队代理联队长乃木希典少佐调集部队予以镇压，很快便将"不平党"击溃。

在山口县举兵的前原一诚要比太田黑伴雄和宫崎车之助有名得多，他曾是吉田松阴的学生，说起来和伊藤博文、山县有朋还是同学。明治维新之后也曾一度出任参议员、兵部辅臣等职，他的叛乱证明日本各地蜂起的士族已不再是自发的反抗，更逐渐成为了失意政客的工具。因此对于前原一诚所发动的"萩之乱"，明治政府格外重视，不仅出动镇台陆军平叛，更调了多艘军舰。不过前原一诚名头虽响，但组织和号召能力也着实一般，他所聚集的"殉国军"并不比"神风连"和"不平党"强大多少，仅仅坚持了不到两周的时间也被政府军剿灭了。而前原一诚给明治政府带来的最大伤亡，不过是曾经打开朝鲜国门的"云扬"号在平叛返航途中于在纪州阿田浦触礁沉没而已。

值得一提的是在前原一诚兵败的同时，日本福冈县警方也一举捣毁了一个试图刺杀大久保利通的"黑社会团伙"。一个破落武士家庭出身的青年就此走入了日本的政治舞台，他便是被今日的日本右翼势力尊为"开山鼻祖"的头山满。头山满虽然在监狱里关了两年，但却没有减弱对政治的野心，出狱之后随即组织了日本第一个右翼组织——"玄洋社"。自此，武士阶层以一个全新的面貌登上了日本的政治舞台，并逐渐为明治政府所接收，成为其对外扩张的得力爪牙。

公元1877年12月3日，于出云瓜港被捕的前原一诚及其"殉国军"党羽被日本政府判处死刑。但是明治政府的首脑们心头却已经笼罩着一片挥之不去的阴云。虽然各地依旧不断有叛乱或叛乱未遂的消息传来，但是以大久保利通为首的众人却将目光牢牢锁定在了九州岛南部的鹿儿岛，因为在那里还有一个虽然写诗自嘲为"老夫游猎度残生，狂矣病乎踏雪行"但却众望所归的英雄人物——西乡隆盛。

战争前奏：逼反西乡隆盛

对于宛如定时炸弹一般存在的西乡隆盛，明治政府内其他的高官，特别是以木户孝允为首的长洲派提出囚禁，甚至秘密除掉西乡隆盛的提议。大久保利通断然在公开的场合道，西乡行事必然堂堂正正，绝不会行此叛国之事。即便大久保尽力为昔日挚友辩护，明治政府在木户孝允的要求下，还是秘密派出了一批九州出身的军警来监视西乡隆盛的行动。同时为了以防万一，明治政府下令开始将九州各地的军火物资向大阪转移。负责此事的是原长洲藩的得力干将山县有朋。而这两个看似无关紧要的决定，最终导致日本历史最大的一次内战——西南战争的爆发。

西乡隆盛究竟想不想造反？如果答案是肯定的，那么他打算何时发难？这两个问题从1873年的"'征韩论'政变"以来便始终萦绕在大权独揽的"归国派"官僚们的心头，同样日本民间也不乏有失意的武士或民众期望以西乡隆盛为旗帜，一扫维新以来憋屈。因此"西乡即将带大军进京"在其辞职归乡之后的近四年时间里始终不绝于耳，一度"京中为之数惊"。

但西乡隆盛却始终过着与世无争的隐居生活。江藤新平发动"佐贺之乱"之时，他没有响应；日本各地农民高举竹枪抗议征兵制、要求降低地租之时，他冷眼旁观。他甚至还同发动叛乱的桂久武、前原一诚等人通信"得知你们的行动，校中的年轻人都很激动，我暂时还没有明确的想法，所以就不去了。我现在要么就是不鸣则已，一鸣惊人，轰动天下"。虽然西乡在信中如此书写，但是当亲信众人来劝他趁势而起，他却冷淡地回答说："汝等抛弃管教、稳定私学校学生之任务，亲自前来如此言行，用意何在？"

直到大批军警开进九州，更有一批被称为"东京狮子"的特务秘密潜入鹿儿岛之时，局面却产生了位面的变化。"东京狮子"由萨摩武士出身的秘密警察组成，在九州各地刺探情报，离间西乡隆盛的信众，堪称日后"特高课"的前身。但这23名密探，刚刚进入鹿儿岛便遭到了萨摩藩武士的反侦查，其人员、住址、联络方式甚至暗号悉数为西乡隆盛的支持者所掌握。与此同时，大批激进武士也聚集到了西乡隆盛的身边，以保护他们心目中的这位精神领袖。

考虑到鹿儿岛地区的紧张局势，明治政府在派出秘密警察的同时，开始逐步转移当地的军火库。应该说调拨武器和军备物资本是政府的职权，对于西南强藩当年自主建立军事工业，明治政府早有统一搬迁的计划，此时鉴于"神风连"夜袭镇台军营等突出事件的善后考量，将九州各地的军火库悉数转移到陆军的大本营——大坂地区存放本也无可厚非。为了防止发生意外，政府特意派遣了忠于政府的长州藩军人来进行转运工作。没想到，长州、萨摩两藩的旧怨非但没有让转运工作顺利进行，反倒大大刺激了萨摩士族的情绪。

终于在明治十年（1877年）1月20日，一些私学校学生秘密聚会，准备袭击草牟田军火库。在他们看来这些由萨摩藩出资建设购买的军火设备，所有权自然归属本藩使用。更不用说那些来偷运的是自己一向瞧不起的长州猴子。可能

鹿儿岛暴徒出阵图。

是事不机密，或者是年轻人激动的本能，很快在熊本城坐镇的山县有朋得到从明治政府发出的急电："西南士族动乱就在眼前，立即运走弹药。"

1月29日清晨开始，草牟田军火库内的军火和各类设备被源源不断地运上了前来接应的"赤龙丸"号运输船。是日夜晚，由西乡隆盛所创办的民间军事学院的大批学员再也按耐不住率先发起暴动，冲入鹿儿岛草牟田陆军火药库开始抢夺武器弹药，骚乱随后蔓延开来。不久，矶集成馆、上之原等地的火药库也遭到抢掠，鹿儿岛市内多处起火，形势随即一发不可收拾。

在鹿儿岛陷入一片混乱之时，西乡隆盛正在大隅半岛的肝付郡打猎闲居。得知自己的学生冲击军火库的消息，他顿时预感到大事不妙。在责问自己的亲信"彼等取弹药何为？！"的同时也发出了"大事休矣！"的感叹。这个时候我们不禁要好奇，西乡隆盛口中所谓的"大事"究竟是什么？如果说推断西乡隆盛并非真的如表面上那般甘于平淡，那么他之所以选择长期雌伏，原不过是等待时机。那么西乡隆盛等待的时机究竟是什么？

参与过"倒幕"运动的西乡隆盛，对日本列岛的政治格局有着深刻的认识。在他看来，明治政府所拥有的物资优势和政治号召力远非德川幕府可比，要扳倒把持政府的政敌，单纯依靠原有各藩的力量显然是无法实现的，反倒会令自己成为朝野上下的打击对象。与其成为叛党首逆，不如在积蓄力量的同时，等待明治政府在对外扩张中与中、俄发生正面冲突，而以西乡隆盛的判断，明治政府无论惹上中、俄之间的哪一个都必然是一场残胜如败的结局。在明治政府对外劳师糜饷，国内民怨沸腾之际，自己再出山"从头收拾旧山河"。

如果说只是抢劫军火库的话，那么交出几个带头闹事的学生，或许西乡隆盛还有"大事化小"的机会，但偏偏此时，萨摩藩武士将以"少警部"中原尚雄所率领的所谓"东京狮子"的秘密警察悉数绑架，在一番严刑拷打之后，奄奄一息的中原尚雄在"乘动摇之机暗杀西乡后，速以电报通知东京，陆海军并进攻击，把私学校的人统统杀光"的供词上按上了手印。所谓"暗杀西乡"计划的破露，可谓是一把双刃剑，一方面刑拘警方密探所供认的阴谋远比抢夺军械更为严重，另一方面萨摩藩武士面对明治政府有这样"赶尽杀绝"的计划，自然群情激奋。

在亲信筱原国干和桐野利秋等一再请求之下，公元1877年2月6日，西乡隆盛回到自己遍布鹿儿岛的私学本校——城山校区。此时已有60多名西乡私学的学生由于抢夺政府军火而被逮捕，鹿儿岛市内四处都是荷枪实弹的西乡门徒。事情发展至此，即便是西乡隆盛本人出面也难以安抚麾下激昂的情绪。在137所西乡私学骨干参加的会议之上，大部分西乡的支持者主张立即起兵，只有少数理智派主张通过上京申诉来解决问题。面对部下们高昂的战意，西乡隆盛最终也只能以"西乡但以此身付众人"作为回答。高举着"新政厚德"旗帜的萨摩战车自此隆隆发动了起来。

西乡隆盛多年积聚，此刻登高一呼，自然应者云集。不过十天的时间，西乡所部已经扩充至13000人以上。而这样一支颇具规模的战力应该如何分配随即成为了各方争持的焦点。以西乡隆盛的幼弟——西乡小兵卫为首的"奇兵派"立足兵分多路，绕开挡路的熊本镇台，先直驱北上夺取要镇长崎，随后利用长崎港内的船只，泛海东向，扰乱四国、神户、大坂等地。而以筱原国干和桐野利秋为首的一派则主张全军进攻熊本，先解决明治政府控制九州的熊本镇台，再图东进。

孙子兵法云："以正合，以奇胜。"客观地说，西乡小兵卫等人提出的利用私学学员夺取的几艘小汽轮从海路夺取长崎，然后再东渡四国、袭扰大坂的战略在日本海军站在明治政府一面的情况下的确过于冒险。但是筱原国干、桐野利秋两人基于昔日"倒幕"的经验片面地以为"西乡大将之威望，赫赫足以制压天下，谁敢遮我？若反之，官军抗我，彼等农商之兵，铁蹄一蹴，可轻易粉碎之。而熊本城一旦陷落，海内反对政府者，九州、四国、东北，到处风动。我军占形胜，进攻退守，无不可施，天下之事，唾手可成"，却是过于轻敌。

西乡隆盛最终站在了自己的爱将筱原和桐野一边，除了自命清高，不屑与四国等地的士族合股之外，对自己部下战力的自信也是西乡隆盛决定以"正正之师"先取熊本的主要原因。面对打算半个月之后打到大坂的西乡，被叛军裹挟的鹿儿岛县令大山纲良倒不反对西乡起兵，只是对其战略持有悲观的预期，他曾善意地提醒自己的老领导："倘九州压制完毕，没有海军，该如何从马关渡往本州？"这个问题西乡本人也并未周全考虑，只是含糊地回答："可搭船桥。"

大山纲良自知身体特殊，也不敢多规劝什么，只能提醒对方应该将中原尚雄画押的"政府计划刺杀西乡"的口供连同率兵上京的告示勘印后沿途发布。而这一手的确有效，在西乡门徒强盛的军势应和之下，这些告示一时在九州各地召集了上万士族。在2月20日逼近熊本镇台之时，西乡军已经扩充至3万人。可惜的是这一份告示是西乡起兵唯一的政治攻势。在九州以外的地区，众多对

新政厚

西郷小平
村田新八
桐邊高照
桐野利秋

永山矢一郎

前原一挌
別府新助

鹿儿岛勇士图。

时局不满的武士们仍只是抱臂观望而已。

1877年春季的九州南部，气候异常寒冷。在漫天的风雪中挺进的西乡军甚至出现了冻死、冻伤的非战斗减员。但是剑豪出身的桐野利秋却毫不介意，甚至折竹高歌："青竹一支，便可压倒熊本。"在桐野利秋看来，区区不足两百人的"神风连"就可以打得熊本镇台主将授首，溃不成军。自己麾下的虎狼之师更可轻取对手。但他显然并不知道，早在西乡返回城山本校之时，熊本镇台已经奉命进入了戒严状态。而明治政府军的增援部队更是通过海路源源不断地运抵长崎。

对镇压西乡隆盛"谋反"最为积极的自然是长州藩的木户孝允，毕竟派遣秘密警察和转运鹿儿岛军火都是他的主意。如果明治天皇要"借人头"来平息西乡怒气的话，木户孝允自然首当其冲，于是他主动收拾好了行李，以"与其病死窗下，不如捐躯于征途"的名义，跑去找大久保利通请命出征。

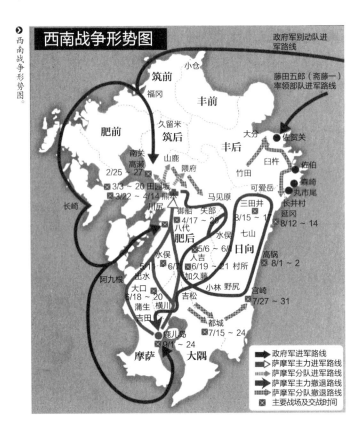

大久保利通虽然是萨摩藩出身，更曾与木户孝允有过一些龃龉，但此时也知道西乡隆盛矛头所指乃整个"归国派"官僚，因此他一边劝阻中过一次风的木户，一边请求自己前往九州去"镇抚"西乡。不过明治天皇深知这两个人和西乡都不可能谈出个结果，他们前往九州只能火上浇油。因此他一边授意山县有朋动员东京镇台和天皇的近卫军，一边命西乡隆盛的"连襟"、"海军大辅"川村纯义以视察情况的名义前去游说西乡。

以川村纯义和西乡隆盛的私交以及明治天皇准备"特颁敕命，令此两人（除西乡隆盛外，明治天皇还准备请出萨摩藩前藩主岛津久光）镇抚暴徒"的安排，事态并非没有转圜余地。可惜的是，此时的鹿儿岛已经一县若狂，川村纯义只是和大山纲良见了面。面对川村提出请西乡进京面圣的建议，大山无奈地表示"只怕从者太多"。

川村纯义斡旋失败之后，明治天皇本还不死心，决定派出当年"戊辰战争"中和西乡隆盛合作融洽的"有栖川宫"炽仁亲王再去试一次。但此时大久保利通等人已经失去了耐心，他们深知明治天皇若要与西乡妥协，自然需要牺牲"归国派"的利益。于是在大久保利通坚持"事情曲直分明，正正堂堂，宣布罪状，鸣鼓而讨之"的情况之下，炽仁亲王虽还在路上，身份却已经由"敕使"变成了"征讨总督"，统一指挥由全国六大镇台和警察部队编组成的"新撰旅团"，组织海、陆两军六万精锐开始武力镇压。

英雄末路：
西乡隆盛与西南战争的最终结局

明治政府虽然兵力雄厚，但在各地增援通过海军舰艇和三菱商社的汽轮运抵战场之前，政府军在九州前线依旧还要熊本镇台先唱一出"独角戏"。此时主持熊本镇台的是被派来为种田政明"擦屁股"的老司令谷干成。谷干成深知熊本镇台经历"神风连之乱"后元气尚未恢复，与其"于平原广野防御殊死之凶贼"，不如一开始就依城死守。

好在熊本镇台此时兵员已经大体整补完毕，城内百姓之中也有不少和镇台兵沾亲带故愿意协力死守，甚至连种田政明的"编外未亡人"小胜美眉也带着几个"小姐妹"前来帮忙。一时间谷干城到处埋设地雷、修建工事、清理射界，倒也颇有些气象。不过"屋漏偏逢连夜雨"，西乡军抵达前夜，熊本城便遭遇了一场突如其来的大火，将城内原有的堡垒烧了七七八八。这场大火无疑是西乡军先行潜入的特工所为。大火刚刚被扑灭，外围的争夺战便如火如荼地展开了。

西乡军的优势是初始阶段兵力压倒政府军，士气高昂。大军进抵熊本之后，不仅连续两次将出城袭扰的政府军赶回了城内，更轻松击败了从福冈赶来的政府军第14步兵联队。平定了"不平党"之乱的第14步兵联队代理联队长乃木希典显然对自己的部队的战斗力过于自信了。在西乡军已经对熊本展开合围之势的情况下，乃木希典不等后续增援便力主杀入熊本协防。其结果是部队在黑暗中前进时遭遇西乡军"拔刀队"的白刃突击，虽然实际损失不大，但是在全军溃退的过程却丢失了天皇御赐的联队旗，可谓是"灰头土脸"。

自1874年1月23日，明治天皇亲授近卫步兵第1、第2联队军旗为肇始，此后日本陆军各步兵及骑兵联队，必由天皇亲授军旗，以为部队团结之核心。乃木希典身为代理联队长不仅丢失了军旗，还让叛军打着自己的军旗到熊本城各地周游展览，自然是"罪孽深重"。在收容了败军之余，以乃木一根筋的性格自然是要杀个回马枪的。不料乃木的正面硬拼又遭遇了西乡军的迂回侧击，乃木所部再度被打到全军崩溃，在"两军混斗，白兵相逼"的情况下，乃木抢了副官吉松少佐的战马才侥幸逃脱。有趣的是身为陆军士官学校毕业生的乃木希典，没有对西乡军迂回伏击的战术有多少理解，倒是记住了"白刃突击，无往不利"。

连续击溃了乃木希典的两次进攻本是西乡军扩展战线，甚至乘胜追击的好机会。但西乡隆盛却授意部队原地驻守，错失了转瞬即逝的战机。而在随后的几天里，政府军的增援不断抵达，形成了由北向南的强大压力。如果无法夺取熊本城，那么西乡军必然陷入内外夹攻的不利局面。

以西乡隆盛的老成自然不会坐视事态如此发展下去，从2月22日凌晨开始西乡军投入近万人猛攻熊本城。但西乡军缺乏火炮，在攻坚战中难免举步维艰。猛攻了两日之后，不得不改变战术，以围困和炮击的模式牵制熊本守军，主力北上与政府军的增援部队交锋。客观地说西乡军的此时变阵多少有些得不偿失。熊本城内守军经过两日的激战，本已是强弩之末。连身为城防司令的参谋长桦山资纪都为在西乡军的炮火所伤。谷干成只能说"今之熊本即夕之睢阳，天下安危系于此城存亡。岂能畏死而遗耻于后世"。俨然已经准备效仿中国唐朝名将张巡以身殉城了。但就在这个时候西乡军突然放弃了正面强攻，不仅令熊本城安然度过了危机，更令西乡军夺取镇台军资、补给的计划全面破产，在随后的拉锯中，力量的天平自然开始向有利于政府军一侧的方向倾斜。

2月25日至27日的三天，西乡军全力向北猛攻，尽管给了政府军巨大的杀伤，成功地将第二旅团司令长官三好重臣少将和哭着喊着要担任先锋的乃木希典送进了战地医院，但西乡军本身也付出了高昂的代价，西乡隆盛的幼弟西乡小兵卫战死，消耗的兵员和弹药更是无从补给。进攻乏力的西乡军不得不向东后撤，而3月1日政府军第二批增援的2个旅团兵力由西乡隆盛的堂弟，陆军中将大山岩率领在九州博多港登陆。熊本以北战场随即出现了西乡军七千兵力对垒政府军两万人的局面。

为了挽回不利的战局，筱原国干和桐野利秋决议趁敌立足未稳发动突袭。从3月3日开始，两军在漫天的大雨中展开了对攻战。面对占据有利地形的西乡军，政府军仰攻不利，一时出现了"萨军居高临下，猛射如雹，官军进必伤，退则死，无复一人完肤"的局面，尽管有着源源不断的增援和补充，但大量损失的军官还是令"征讨总督"炽仁亲王不得不下令："允许士官、下士官于现地便宜补充。"而西乡军也同样伤亡惨重，在"去时纷纷一队，归止寥寥不及半数"的反冲锋中，西乡隆盛的左膀右臂筱原国干于3月4日战死沙场。而就在西乡隆盛痛失肱股的同时，西乡军也迎来了这场战争中最为关键和惨烈的决战。

熊本城以北多是不利于兵力展开的山岭地带，为地形所限，双方很快便将目光聚焦到了位于战线中段的田原坂。"田原坂"从地名便可知是相对平坦的丘陵地带。为了一举击溃西乡军的阻击、解熊本之围，由山县有朋实际指挥的政府军凭借兵员和弹药的优势发动了长达17天的连续攻势，而西乡军此时弹药已然告罄，不得不在战役空闲时捡取弹头和弹壳，架起坩埚烧取子弹。但凭着正面射击、侧翼白刃的战术，还是频繁重创政府军。眼见萨摩武士悍不畏死的打法，明治政府也随即效仿，以来自关东地区的武士为主的警官队组成政府的"拔刀队"，展开了以白刃对白刃的疯狂猪突。

自"源平合战"以来，日本关东地区便盛产好勇斗狠之辈。高唱着"萨摩的武士，你们可曾见，东方雄兵所配的大刀，是利耶，钝耶？"的诗句冲入敌阵的政府军"拔刀队"果然收到了奇效。战后政府军总结说："萨军拔刀队屡屡困扰官军。此日，官军拔刀队所以击败萨军者，乃是拔刀队战力平等，官军兵多而有利。"而有趣的是在政府军的"拔刀队"中不乏有之前败于萨摩藩的幕府方武士，据说有一位来自会津藩的警员便"挺身奋斗，斩贼十三人"，边砍边喊："戊辰的复仇、戊辰的复仇。"想来是仇人相见，分外眼红。

双方在以田原坂为中心的战场疯狂拉锯了17天之后，西乡军显然力不能支，开始逐渐后撤。而此时山县有朋又听取了陆军大佐高岛鞆之助的建议，抽调一部精锐之师在海军"春日"、"凤翔"、"孟春"三艘战舰的掩护下，于西乡军侧后的八代登陆，组成以陆军中将黑田清隆为首的"冲背军"。西乡隆盛虽然及时抽调了围困熊本的部队阻击对手北上冲击自己的侧背，但却无力保护自己空虚的根据地——鹿儿岛，随着为西乡军组织后勤的原鹿儿岛县令大山纲良为明治政府诱捕，最终被问斩于长崎，西乡隆盛彻底失去了后勤的支持，处境更趋艰难。

面对田原坂的政府军主力和八代方向"冲背军"的夹击，西乡军只能选择放弃对熊本的围困，逐步开始向鹿儿岛方向撤退。4月14日黑田清隆的"冲背军"率先抵达熊本，被围五十四日的孤城至此解围。而西乡隆盛改变时局的雄心此时也变成了艰难求存的困兽之斗。

❿ 萨摩叛军与政府军在城山激烈战斗。

西乡隆盛最初的计划是依托熊本县南部人吉盆地的有利地形，与政府军主力长期相持，同时集中兵力夺回鹿儿岛。但控制着制海权的明治政府，源源不断地向鹿儿岛输送军警，面对猬集了七千之众的政府军，西乡隆盛反攻鹿儿岛的行动最终以失败而告终。与此同时，山县有朋也认定"人吉乃险隘要冲，且不乏粮食，若萨军据此险，以养力蓄锐，以至再张声势，恐对我不利"，决议全力追击西乡军。在政府军疯狂的追讨之下，越来越多的西乡军外围势力开始动摇、倒戈，5月29日，西乡军放弃人吉向九州岛东南部的大隅、日向溃退。这场被日本人称为"西南之役"的战争自此虽然仍未结束，但却是胜负已分。

客观地说，西乡隆盛麾下多为理想主义者。面对不利的局面，仍有人建议与西方列强联络，宣布独立。西乡隆盛对此并不感冒，除了西乡本人是"攘夷派"出身对西方向来没什么好感之外，西乡隆盛更深知独立需要与明治政府分庭抗礼的实力，此时的局面之下宣布独立，不仅将步"虾夷共和国"的后尘，他本人也将就此名誉扫地。而实际负责一线指挥的桐野利秋更收到了全军北上攻击博多、长崎，转入游击战之类的建议。但此时的西乡军已经陷入了政府军的铁壁合围之中，最终的选择只能是在绝望中逐步走向毁灭。

8月17日经历了3个月的浴血奋战和2个月的围困之后，西乡隆盛最终失去了战意。他亲手烧掉了日本当时唯一一件大将服之后，号令全军："值此之际，各将士降者可降，死者可死。唯任其各尽所志耳。"但是在授意自己的儿子菊次郎向政府军投降之后，西乡隆盛还是选择了率领桐野利秋等500名骨干突围而去。毕竟西乡隆盛深知自己的爱子投降之后还可以获得西乡从道、大山岩等人的照顾，但明治政府却不会放过自己。

9月1日转战四百多公里的西乡隆盛最终杀回了鹿儿岛，重新占据了自己宣布起兵的西乡私学的城山本校。但此时的西乡已经走投无路，他之所以回到鹿儿岛不是为了东山再起，而是恰如后人所总结的狐死首丘而已："孤军奋斗破围还，一百里程壁垒间。我剑已折我马毙，秋风埋骨故乡山。"

为了防止西乡隆盛再度突围，此前已经被"西乡逃亡国外，将勾连西方列强"的谣言吓得不轻，感叹"半年征战，将奏功九仞，却生一篑之忽"的山县有朋随即调集了大军对城山展开重重围困，大军云集的政府军还不敢贸然进攻，花了近十天的时间构筑了壕沟工事，部署火力，甚至将海军舰炮都拆了过来。最终才在9月24日发动总攻。在孤军奋战中西乡隆盛腹部和腿部中弹，最终选择了切腹自尽。而身为"剑豪"的桐野利秋却选择了手持步枪客串起了"狙击手",在每开一枪便自言自语"打中了"或"啊,没有打中"的疯魔中,这位幕末最后的"人斩"最终被洞穿了左额而死。至此长达7个月,席卷了大半个九州的西乡军最终灰飞烟灭。

对于曾经一手推倒德川幕府,促动江户"无血开城"的西乡隆盛,即便是与之水火不容的长州藩新生代豪强山县有朋也不得不在其尸体面前兔死狐悲地感叹"知君莫如余,知余莫如君",落下几滴鳄鱼的眼泪。而早在西乡隆盛仍在九州鏖战之时,曾与之一生交集无数的木户孝允在握着大久保利通之手,抱怨着"西乡还不适可而止吗"含恨而终。

当西乡已死的消息传到了东京,听闻西乡已逝报告的大久保利通虽然在大众面前,大声言道:"首恶终已授首。"但他私下却以头撞墙,失声大哭道"唯有公之死,方能有新生之日本。"西乡与大久保之间纠结的情谊可见一斑。

超过5000万元的军事费用,近10万人伤亡的西南战争带给正在改革中的日本巨大的财政负担和人员伤亡。但是同样也印证了由普通平民组成的军队已经完全可以取代过去由武士士族为代表的旧军队体制。过去日本武士阶级掌控的依靠军功提升自己地位,改变自己身份的权力垄断被彻底打破。

日本明治政府通过这次战争扫清了盘踞在日本西南的顽固势力,大大地提高了日本政府的威信,使得之后的政令畅行无阻。

没有如果:
对西南战争的再推演和战后日本的政治走向

西南战争表示日本传统意义上的国防中坚力量——武士集团的彻底崩溃,来自平民阶层的常备军正式崛起。但日本国内贫乏的自然资源,注定了所谓"天皇之军"的普遍贫苦。对外发动战争并趁机渔利便成了大多数日本军人的共识。日后甲午日清战争刚刚打响,大批对现状不满的昔日武士纷纷主动请缨,要求编组成"拔刀队"开赴朝鲜战场,甚至在被告知"恐难以如愿"的情况下,还要求成为随军役夫"冲入枪林弹雨之中,协助辎重士兵"。尚有部分老本可啃的武士尚且如此,平民出身的"皇军"更是外界稍有风吹草动,一旦生活不如意者便憋着出去"抢钱抢粮抢女人"。

如果西南战争中，西乡隆盛所部表现得再好一点，比如成功拿下了熊本镇台，占据长崎，勾连四国，日本国内的政局又会有着怎么样的演变呢？这样的架空历史虽然有"开挂"的嫌疑，但却不乏一试。事实上"西南战争"爆发之际，正值西方第一次工业革命的尾声，传统意义上的封建军队面对以西式枪炮为主的常备军并非全无还手之力。如果西乡隆盛真的能够占据熊本城，得到足够的军火补充的话，那么趁势卷席长崎的可能依旧存在。而一旦夺下长崎，西方列强之中也必然有好事者会与其接触。西乡隆盛本人虽然爱惜羽毛，但麾下恐怕也不乏蠢动之士。若有了西方的支持，突破关门海峡进入本州岛便并非难事。

以萨摩藩士为主动力的西乡军在长州藩的关西地区可能会遇到强大的阻击。但如果四国及关东地区同时爆发类似的武士暴动，那么明治政府很可能会应对不暇。最终西乡隆盛很可能在入主京都、另立天皇的情况下，开启"萨摩幕府"的时代。当然最终如何统一全国，避免陷入类似于日本历史南北朝那样拉锯仍是一道考验西乡内政外交能力的难题。但无论如何，武士阶层仍可能通过此次内战保住其岌岌可危的地位。当然以上种种不过是历史的另一种虚无缥缈的可能性而已。

1878年5月14日晨，来东京出席地方会议的福岛县令山吉盛典早早地便来到了内务省内务卿的大久保利通的府邸，向这位分管劝业、警保、户籍、驿递（即邮政）、土木、地理六大职权部门和测量司的政府高层领导汇报福岛县的疏水工程的进度。谈完工作之后，大久保利通突然有感而发地说道："维新以来已经十年岁月；内外事件频发。不肖利通担任内务卿以来未见政绩，实在不胜惭愧。"

大久保利通的这番话倒并非完全是谦虚和客套，在大久保任内日本虽然开始了现代化的铁路、电信、邮政网络的建设，推广了全民教育，吸收了西方先进的医学、美术和音乐，开启了"御一新"的社会风气。但明治维新之初所倡导的"富国强兵"却并没有如期出现。

大久保利通口中的"内外事件频发"，固然有多种客观因素和偶然性的存在，但是在明治政府无法把国内经济这块蛋糕做大的情况下，如何切分利益最终都将会引发不满的声浪。西乡隆盛有形的叛乱虽然一度撼动列岛，但其不过是"以一隅而抵全国"，还是可以凭借着政府的物资优势镇压下去的，但是各地呼吁"自由民权"的声浪却使大久保等当权者不得不软硬兼施。一方面将敢于闹事的"刺头"投入监狱，颁布挟制舆论的《诽谤法》和《新闻条例》。一方面却不得不将板垣退助等民权领袖召回政府，开始起草《宪法》，制定各地议会设立和地方选举的时间表。

以不满现状的士族为代表在日本各地掀起的"民权"，实际上是对大久保利通等人所奉行经济政策的全面反击。明治维新之后，日本虽然高举"殖产兴业"的大旗，但是无论是明治政府于各地所接管和新设的工厂、矿山，还是在北海道等地开辟的农场均采用国营或"半官半民"的模式经营。此举与大清帝国此时如火如荼开展的洋务运动中的"官督商办"可谓异曲同工，固然在短时间内形成了一整套的工业系统，但是普通民众根本无从获利，相反还阻碍了民营资本的发展。可以说除了三菱、三井、岩崎等少数财阀凭借着与明治政府的特殊关系而获得扶植，成为了垄断巨头的"政商"之外，日本国内士农工商无不怨声载道。

大久保利通也深知自己的政策不得人心，此时明治政府又面临"西南战争"所产生的巨额军费导致通货膨胀的风险。但是大久保本人并没有退位让贤的意思。他对山吉盛典说："此时正欲努力贯彻维新的盛意。要达到此目的，不得不以三十年为期。假如将它分为三期，明治元年至十年为第一期，还是创业期。明治十一年至二十年为第二期，确实这是最重要的时期，整顿内政、充实国力就在此时。利通虽然不肖，但欲排除万难完成此志。"俨然准备再干十年，至于他是否会在自己制定的三十年计划的最后一任，放手让"后进的优秀分子继承大业"则是未知之数。

225
人物、萨摩同胞 歧路巨头

明治十一年（1878年）5月14日，以岛田一郎为首的同情支持西乡征韩论的六名武士在曲町清水谷附近一举袭击了正在准备前往太政官政府官邸办公的大久保利通。

时值清晨8点左右，大久保利通的车驾遭到了偷袭。为了节约时间，当时大久保正在车中阅读当日的公务文件。袭击者逼停马车之后，突入车内高喊天诛国贼的口号对着大久保利通的头部猛砍。受到重击的大久保利通顷刻间头部血流如注。遭此突袭的大久保利通，完全无视对方手中的利刃，冷静呵斥刺客的同时，将手中的文件用绢布包好，身体前倾护住文件后，身体向前扑倒，方才死去，时年49岁。

大久保利通未能等到自己所规划的明治维新最为关键的第二个十年的到来，便在送走了山吉盛典之后倒在了前往"太政官"办公的途中。

大久保利通死后虽然获得了包括国葬在内的一系列殊荣。但是在日本民众之中，身为政府首脑的大久保利通的声誉却远远低于有着"逆贼"称号的西乡隆盛。几十年后，一朝平反的西乡隆盛在故乡的鹿儿岛被敬爱他的民众竖起了高大的铜像。而同为他挚友的大久保利通则在家乡少有人提及。

日本的民众更加喜欢的是那个平易近人、会为了弱势者挺身而出的西乡隆盛。对那个言必制度、手腕强硬、只论得失、不近人情的大久保利通则是敬谢不敏。

西乡隆盛从幕臣到倒幕，从萨摩一地到日本的全局，自始至终的目标就是想要为下级武士开创一个新武士的时代。西乡接收着这个变革的时代带给他的新思想，他也许比同时代的其他武士看得更远，想得更多，但是究根究底西乡是一名武士，他高大的身躯内有着武士所拥有的忠仁义勇信的美德，再多就是披着一层改革家的外衣。当西乡心中的誓念，在时代的面前撞得粉碎时，西乡最终还是选择了同旧时代一起轰轰烈烈的灭亡。

而出国访问归来后的大久保利通则已经完全抛弃了武士的身份，穿着西方服饰，说着西方的词汇，学习西方的律法制度，一切的一切都是要埋葬掉代表过去的武士阶层。

大久保同西乡都有着为这个国家不惜牺牲自己性命的觉悟，两人理念相同时，西乡与大久保通力合作一齐奋战，建立了一个新的日本。可当西乡隆盛依旧将目光落在昔日的武士阶层上时，已经站在日本国家利益层面思考问题的大久保利通不得不在日本同挚友之间作出痛苦的抉择。

幕末之时，在决定日本未来的关键性事件萨长同盟发生前，萨摩与长州的关系恶劣到几乎兵戎相见的地步，但两大强藩不联合起来就无法打倒共同的敌人——强大的幕府。于是土佐的奇人坂本龙马为了让双方放弃各自异见的想法，多次同西乡会面密谈。

龙马出身商家，自然口舌伶俐。每次劝说的说辞都不尽相同，甚至还有反复。几次之后，西乡很愤怒地对龙马说道："你前天所说的和今天所说的不一样，这样你怎么能取信于我呢？你作为天下名士必须有坚定的信念！"坂本说："不是这样的。孔子说过，君子从时。时间在推移，社会形势在天天变化。因此，顺应时代潮流才是君子之道！西乡，你一旦决定一件事之后，就想贯彻始终。但这么做，将来你会落后于时代的。"

正如坂本龙马所说的那样，西乡始终恪守着自己的武士之道，哪怕最后为之殉葬也在所不惜。

而顺应时代的大久保利通虽然性格上冷酷无情，却有着引导当时落后的日本昂首向前的魄力。

回想在1853年的日本手持着武士刀对着出现在江户湾外海上巨大的黑色军船瑟瑟发抖到明治维新后全面西化，从一个封闭落后的封建农业国家用了短短十数年间，一跃成为西方列强承认的工业化强国。大久保利通确实实地实现自己的梦想，富国强兵，让日本准确地把握住了时代的机遇，摆脱了被西方世界所奴役、剥削的命运，开拓并建设了一个全新的时代。

也许后人会对西乡隆盛说："西乡，你这个顽固的守旧武士，太不知道变通了。"西乡也许会哈哈大笑着默认这种指责。

也许后人指着历史对大久保利通说："大久保，你的改革太激进了。看看给后来的人带来了多大的麻烦啊，就不能稳步前行吗？"我相信大久保依旧会意气风发地说："在文明开化的问题上，一定会出现过头现象，如今之际，必须在这个道路上突飞猛进。到那时，这些问题让后代的政治家去修正好了。"

脱亚？
兴亚？

萨长时代日本民间的亚洲视角

作者|萧西之水

每当提到日本近代思潮，提到中日两国作为在亚洲具有极大影响力的近邻国家，如何排除芥蒂建立互信互惠之关系，"脱亚入欧"都是个绕不过去的坎儿，过了多少年却仍然阴魂不散。

想来，中国人之所以忌讳"脱亚入欧"这四个字，其实并不是反对日本人通过学习欧美列强国家走上近代化道路，而是反感日本"脱亚入欧"之后的举动：不仅学来了西方的科学技术、制度体系，也学来了殖民主义，先从近邻下手进而环视整个亚洲寻找殖民地，再之后国家全盘军国主义化，走上侵略扩张道路，犯下一大堆战争罪，带来无数血腥与灾难。

　　而有趣的是，"脱亚入欧"的"倡导者"福泽谕吉（1838—1901年）[1]，其肖像现在还恰好印在日本最大面额钞票一万日元的正面，也不禁让人多联想一下：要是如今的日本还秉承"脱亚入欧"思想，那日本会变成什么样，亚洲又会变成什么样，真心不好说。

　　但若是追究"脱亚入欧"的原点却会发现，日本之所以军国主义化，虽然和福泽谕吉脱不开关系，却跟这个思想没有关系。

❯ 福泽谕吉。

注①

　　福泽谕吉（ふくざわ・ゆきち，1835—1901年）：曾用名中村谕吉，字子围，落款印"明治卅三年后之福翁"，号三十一谷人。日本近代著名思想家、教育家，名列明治六大教育家之列。庆应义塾大学的创立者，同时参与专修学校（专修大学）、商法讲习所（一桥大学）、传染病研究所（东京大学医科学研究所）的创立工作。曾随幕府考察团广泛游学于欧美各国，明治维新之后曾短暂与新政府合作，明治六年政变（1873年征韩论事件）之后与政府高层决裂，从此专心于教育。出版《西洋事情》、《学问之劝诫》、《文明论之概略》、《帝室论》等书籍，对明治时期民智启蒙有着重要意义，如今其肖像被印在日本最大面额纸币一万日元的正面。

虚幻的"脱亚入欧"

《脱亚论》到底说了什么呢?

至少在本人查阅的书籍中,"脱亚入欧"四字连在一起使用,在二战结束前的日本并不存在。

这并不是信口胡言。早在2001年的学术书籍《福泽谕吉的哲学:外六篇》之中,京都大学的著名历史教授丸山真男[1]就提到过:

不仅是日本学界,即便是普通报章也将"脱亚入欧"这个短语宣传是福泽(谕吉)本人所造,甚至将其当做是福泽全部思想的关键词,但事实上,这个现象在20世纪50年代以后才出现。

不对啊! 那福泽谕吉的《脱亚论》怎么说?

没错,1885年3月16日,一篇名为《脱亚论》的社论在福泽谕吉主办的报纸《时事新报》上发表。一般知识界都认为,正是这篇文章的发行,宣告了"脱亚入欧"运动开始,也宣告了日本要抛弃亚洲落后国家、彻底变革为与欧美先进国家比肩之强国的决心,更是日本走向对外扩张乃至于军国主义化的起点。

但问题在于,这篇文章通篇只提到了"脱亚","入欧"二字一次也没有提到。

《脱亚论》写了差不多2200字(包括假名),占了6张稿纸,分为两大段,算是一篇标准长度的社论类文章。

文章先以"世界交通方式逐渐便利"为开头,提出"西洋文明之风东渐,所到之处席卷了草木空气",虽然各国也可以抵抗文明东渐之风,但为了自身发展所计,文章还是建议"与时俱进,一同在文明之海中浮沉,掀起文明的波浪,与文明共苦乐"。

随后将"文明"比作"麻疹","即便痛恨这种传染病,又有什么可行的

注①

丸山真男(まるやま·まさお,1914—1996年):日本政治学家、思想史家,东京大学名誉教授,日本学士院会员,曾在1945年8月经历广岛原子弹攻击。专攻日本政治史与近世儒学研究,也对福泽谕吉进行过深入研究。后世东京大学政治学教授多受其影响,形成了"丸山学派"。出版《现代政治的思想与行动》、《战中与战后之间》、《读文明论之概略》等书籍。

▲ 日、美两国通过荷兰语翻译进行对话。

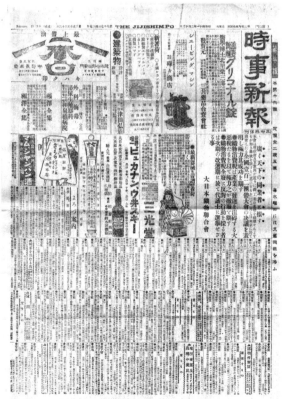

◀ 《时事新报》。

预防手段吗？"文章认为，"传染病只有害处，其势力尚且如此强大；文明不仅是利害参半、很多情况下甚至是利益更多，其势力自然也不可挡"。"不但不应阻止文明，反而应尽力帮助文明的蔓延，让国民尽快沐浴文明之风。"

紧接着文章回顾了日本倒幕维新的历史，认为日本在1853年"黑船来航"事件①之后，民众逐渐受到西洋文明风潮影响，但由于政府依然是"古风老大"（指江户幕府不思改革进取），民众认识到想要导入文明便必须推翻政府。于是"我日本志士坚守大义，以国为重、以政府为轻，仰仗皇室尊严，坚决地推翻了旧政府建立新政府，国中朝野共同采用西洋近代文明，不仅脱离了日本的旧套，更在亚洲全洲之中开创了一个新格局"。

那日本为什么能够做到这一点呢？文章提出了大家都熟悉的那句话："主义所在唯有'脱亚'二字。"

文章第一段很明显能看出"文明=西洋"，虽然这个等式为很多人所唾弃，但在19世纪末期的世界，西方的文明程度、科技水平都强于东方也是不争的事实。所以说，"脱亚"的本意并不是要离开亚洲世界，而是"脱离不文明"，脱离当时亚洲陈旧的价值观体系。第二段开头的话也证明了这一点："虽然我日本之国位于亚细亚东部，但国民的精神已经开始脱离亚细亚的顽固守旧，向西洋文明转移。"

紧接着话锋一转，文章开始批判"支那"（清）、朝鲜（李氏朝鲜）这两个近邻，"两个国家的人无论对一身还是对一国都不求改进"，"在此文明风潮东渐之际，连自身独立恐怕都维持不了"。如果要改变这种状况，必须要"其国中出现志士，带头开进国事，对其政府实行如同我国维新一样的重大创举，改造政治，做一些能使人心焕然一新的活动"。如若不然，"过不了多少年无疑就会亡国，国土为世界文明各国分割"。

对中朝两国不求改革的现状，文章从另一个方面表示恐惧："如今支那、朝鲜不但对日本没有任何帮助，而且由于三国地利相接，西洋文明人会将三国同样对待，很可能会带着对支、韩两国的评价来看待日本。"

注①

"黑船来航"（くろふねらいこう）：1853年7月8日，美国海军准将马休·佩里（Matthew Perry, 1794—1858年）率领美国海军东印度舰队4艘舰船来到日本江户湾（东京湾）浦贺港，要求日本开国贸易。1854年2月13日，佩里率领美国舰队再度来航，逼迫日本在3月31日签订《日美和亲条约》，日本锁国历史结束，进入幕末时代。

"这就好比在一个密集的村庄或城镇里，若大多数人都无法无天、愚蠢且残酷无情，那么即便偶尔有一家人注意品行端正，也会被他人的丑行所淹没"。"支、韩两国的影响已在既成事实，间接地对我国外交产生障碍，可以说这是我日本国的一大不幸"。

最后是结论部分："我国没有时间再去等待邻国开明、共同振兴亚洲，不如脱离队伍，与西洋文明国家共进退"。"与恶友亲近的人也会被看作恶友，我在内心里谢绝东亚恶友。"

文章本身纯粹是价值观输出，没有任何干货，但正是这篇没有干货的文章，几十年来一直与"脱亚入欧"四字一起成为了日本近代思想的一大焦点。

不难发现，整篇文章看下来，作者只在总结日本近代史的时候用了"脱亚"二字，但后来即便提到了"与西洋文明国家共进退"，也没有使用"入欧"二字。换句话说，原文虽然可以用"脱亚入欧"四字来总结，但"脱亚入欧"四字连用本身并不存在。

纵观福泽谕吉一生的书籍，无论是大部头的《学问之劝谏》（学問のすゝめ）、《文明论之概略》，还是小册子一般的《西洋事情》、《穷理图解》，都在或多或少地输出"学习西方文明"、"抛弃陈旧儒学"这种论调。按照这个"厚西薄中"的思路继续发展下去，出现《脱亚论》这种文章也不奇怪，再加上《脱亚论》又发表在福泽谕吉本人创办的《时事新报》社论上，自然会被人看作是福泽谕吉所作。

然而，福泽谕吉真的就是《脱亚论》的作者么？

福泽谕吉与《脱亚论》是什么关系？

针对《脱亚论》这篇文章，一直有四个问题：第一个已经说过了，这篇文章里虽然提到了"脱亚"两个字，但"入欧"两个字却一次也没出现过；第二个问题，《时事新报》的惯例是全部社论匿名发表，仅从报纸文面来看，根本就不知道是谁写的；第三个问题，福泽谕吉到死也没有承认过这篇文章是他所写；第四个问题留到后面再说。

所以说，没有任何直接证据能够显示福泽谕吉是《脱亚论》的作者。这里"没有直接证据"的意思，就是有一个间接证据。

名人都有文集，福泽谕吉也不例外，但他的文集却有很多种版本，其中第一版出版于1898年（明治三十一年），由福泽谕吉自己编纂，他将自己出版过的单行本书籍按时间顺序收录，一共5卷。不过这一版里，福泽谕吉早年一些未发表作品并未收录。

第二版出版于1926年（大正十五年），这时候福泽老翁已经死了25年，这一版就由曾经的学生石河干明[①]编纂。石河干明将最初5卷本扩充到了10卷本：其中前6卷是第一版5卷的扩充版，扩充了《明治十年丁丑公论》等几篇第一版时未发表的文章；第7卷收录了福泽谕吉生前最后两三年的单行本作品；第8—10卷收录了《时事新报》的社论，也就是《时事论集》1—3卷。

第三版出版于1933—1934年（昭和八至九年），严格来说这不能算作一版，因为石河干明并没有改动之前的作品，只是新编纂了7卷本的《续福泽全集》。其中，石河干明将《时事论集》扩充到5卷，而就在《时事论集》第2卷中，《脱亚论》首度选入。

第四版在1958—1964年（昭和三十三至三十九年）发表，编纂者是石河干明的弟子富田正文[②]，一共21卷。当然，《脱亚论》也继续作为《时事论集》第2卷的一篇文章选入全书第9卷。

没错，《脱亚论》在1885年发表之后，直到1933年才加入福泽谕吉文集。所以说《脱亚论》是福泽谕吉所作也好，说福泽谕吉有"脱亚思想"也好，都来自于石河干明这一次不经意的收录。

为什么说是不经意呢？身为弟子，按照日本人一贯严谨保守的作风，难道他不会细细甄别一篇文章是不是老师所写么？

真不一定，因为石河干明在两次编纂《福泽全集》的时候，只是将《时事新报》能找到的所有社论一并选入，不管是否由福泽本人执笔。比如在《时事

注①

石河干明（いしかわ·みきあき，1859—1943年），号硕果生，福泽谕吉弟子。1881年5月开始就读于庆应义塾，1885—1922年在《时事新报》工作，后期出任主笔。1923年开始，受庆应义塾评议委员会委托写作《福泽谕吉传》、编纂《福泽全集》与《续福泽全集》。

注②

富田正文（とみた·まさふみ，1898—1993年），日本作家、福泽谕吉研究者，庆应大学教员。战后加入庆应通信，后升任社长、会长职务，同时完成了现行版《福泽谕吉全集》的编纂工作。94岁时完成了福泽谕吉的集大成之作《考证福泽谕吉》，为福泽谕吉研究穷尽了一生的精力。

论集》第5卷中，他甚至将10篇发表于1910—1911年有关"大逆事件"[①]的评论文章也全部列入，而这时福泽谕吉已经去世10年，决计不可能由他所写。

当然，对于这个问题，石河干明本人也在《续福泽全集》末尾加了这么一段解释：

本来社论记者并非只有我一个人，但（福泽）要求我起草稿件的次数很多，到了（明治）二十四五年（1891—1892年）之后主要由我起草，到了晚年（指1898年9月26日福泽突发脑溢血倒地）更是基本上都交给我来起草。不用说，这里（指《时事论集》里）肯定也有不少由我起草的文章……

身为《时事新报》的创始人，福泽谕吉不可能对自己报纸的任何一篇文章毫无所知，但仅就《脱亚论》是不是由福泽谕吉所写这个问题，仅从这样一个漏洞百出的间接证据上，根本看不出来。

第四个问题是什么？

还有第四个问题没提到：即便《脱亚论》是福泽谕吉亲笔所写，那这篇文章就真有那么大的影响力么？

将《脱亚论》当做军国主义的旗帜，无非是因为其中有蔑视中国与朝鲜的成分，然而再怎么动情的文章，如果日后的军国主义者没有读过，那也难说有什么真正意义上的影响。

的确，现在这个时点再回去确认《脱亚论》到底有多少人读过，根本不可行。但既然福泽谕吉在当时算是一号著名文人，《时事新报》也有着为数众多的读者，那么不妨从社会对《脱亚论》的反映来推断其影响。

据史学家平山洋[②]考察，《脱亚论》在1885年3月16日发表之后，东京地区

注①

大逆事件（幸德事件）：1910年5月25日，社会主义者宫下太吉等4人意图刺杀明治天皇的计划暴露，政府借机逮捕了数百名社会主义人士，最终26人遭到起诉。1911年1月底，幸德秋水、森金运平、宫下太吉等12人被处以死刑，日本社会主义运动进入了低潮期。在审判期间，幸德秋水指责如今的天皇是"暗杀男朝天子、夺取三神器的北朝天子"，引发日本议会对于1336—1392年南北朝时期的正统争议。

注②

平山洋（ひらやま·よう，1961生），日本现代思想史研究者，静冈大学国际关系学部助教，武藏大学人文学部非常勤讲师。早期研究大西祝的思想，后研究西田几多郎，1996年开始研究福泽谕吉。2001年与安川寿之辅进行福泽谕吉思想的论战，出版书籍《福泽谕吉的真实》、《亚细亚独立论者·福泽谕吉》等。

三家报纸《东京横滨每日新闻》、《邮便报知新闻》、《朝野新闻》在接下来10天之内都没有任何评论；而从1885年之后48年时间里，没有发现任何著作报章引用过《脱亚论》，直到1933年，上文提到的石河干明才以全文引用的方式将《脱亚论》收录进《续福泽全集》。

平山洋顺着这条线发现：1951年11月，史学家远山茂树[1]从故纸堆里寻找出了这篇文章，并在《日清战争与福泽谕吉》一文中将《脱亚论》评论为日本帝国主义的亚洲侵略论，这是《脱亚论》沉寂数十年首次重新露面；紧接着另一位史学家服部之总[2]在1952年《日本在东洋的位置》、1953年《文明开化》两篇文章里加以引用；1956年6月史学家鹿野政直又在《日本近代思想的形成》一书中加以介绍，《脱亚论》正式走入史学家的视野。

到了20世纪60年代，《脱亚论》先后在政治学家冈义武[3]《国民独立与国家理性》、汉学家竹内好[4]《日本与亚洲》、西方思想史学者河野健二[5]《福泽谕吉》等人的书籍之中出现。同一时期，日本媒体也开始将《脱亚论》报道

注①

远山茂树（とおやま·しげき，1914—2011年），日本历史学家，主攻日本近代史，横滨市立大学名誉教授，战后著名左翼史学家，寻求以唯物史观解释明治维新史。与其他学者在1955年出版的合著《昭和史》在当时掀起了一段著名的"昭和史论战"。

注②

服部之总（はっとり·しそう，1901—1956年），日本著名左翼历史学家，历任东洋大学讲师、中央劳动学院大学教授，法政大学教授。1933年发表《维新史方法上的诸问题》，认为日本在幕末就已经达到了马克思《资本论》中论述的"严格意义的大规模生产"。1936年开始负责编纂花王肥皂的公司史，1938年进入花王担任宣传部长，战后在法政大学继续教书。

注③

冈义武（おか·よしたけ，1902—1990年），日本政治学家、东京大学名誉教授，主攻日本政治史。1926年东京帝国大学法学部政治学毕业，作为著名思想家吉野作造的助手研究政治史。1939年升任教授，1955年就任东京大学法学部长。注重以阶级斗争和社会经济史的背景来研究政治史，重视每个人的人物小传，开启了"讲谈经济学"的潮流。

注④

竹内好（けうち·よしみ，1910—1977年），日本的汉语文学家、文艺评论家，1931年进入东京帝国法学文学部支那文学科，1937—1939年间留学中国，1943年被陆军强征，在中国迎来战败之日。战后对鲁迅作品展开翻译与研究，出版了《鲁迅》、《鲁迅杂记》、《鲁迅入门》等书籍，并从文化比较方面研究中国近代史发展，认为东亚国家近代化过程不应该仅限于明治维新一种。

注⑤

河野健二（かわの·けんじ，1916—1996年），日本历史学家，经济史学家，主攻法国经济思想史。1960年就任京都大学教养部教授，1970年担任京都大学人文科学研究所所长，历任爱知大学教授，中部大学教授，京都市立艺术大学学长。1969—1973年担任《朝日新闻》论坛时评作家。

出来，一般知识界对福泽谕吉与《脱亚论》的认识在这一段时间逐渐定型。福泽谕吉单纯的教育家、启蒙学者形象受到了巨大挑战，"军国主义思想的始祖"、"蔑视亚洲的思想家"等标签纷至沓来。

但回顾研究史不难发现，《脱亚论》在1951年以后才受到关注。而从1885年到1951年，日本经历了明治、大正、昭和三朝，从甲午战争到日俄争霸，从坐视一战到发动二战，无论政治、经济、文化都可谓发生了沧桑巨变，但这篇文章却一直沉寂在历史的故纸堆里。从这个角度看，可以断言《脱亚论》对日本战前思潮没有起到任何影响。

这点在丸山真男的著述中也有所体现："战前小泉信三[①]等人对福泽进行了深刻研究，石河干明所著《福泽谕吉传》也被评为福泽最详细的传记，但不仅是'脱亚'、'脱亚入欧'这种字眼没有出现，就连唯一有'脱亚'二字的《脱亚论》也没有被他们引用。如果我没有记错，战前刊发的所有福泽论文选集里，都没有选入过《脱亚论》。"

没错，在1934年出版的《福泽谕吉传》里，石河干明为了迎合当时日本激进的民族情绪，特地将福泽谕吉的对外思想定位为"吞并朝鲜、分割中国"，但即便如此，他也从没有引用《脱亚论》这篇具有"侵略性"的文章作为论证。只能说，要么石河干明根本不知道《脱亚论》是不是福泽所写，要么就是《脱亚论》已经无名到连石河干明本人都毫无印象了。

如今提到一篇文章是否有名，必须看阅读量与引用量。虽然无法确认《脱亚论》有多少人读过，但从战前没有人引用这一点来看，无论《脱亚论》表达了什么观点，这篇文章本身根本无法为任何思想启蒙。

其实综合福泽谕吉其他文章来看，他确实是一直在宣传学习西方文明、不要再学习中国这个落后国家。比如《福翁百话》第34话《不可半信半疑》就提到："我辈多年倡导文明实学，而非支那的虚文空论……这一点上我不仅不接受日中两国过去学者的学说，也不接受孔孟之道。我不主张西洋学问与汉学折衷，而是要颠覆旧有学说的根基，开启文明学之门……这是我毕生唯一的心事。"

注①

小泉信三（こいずみ・しんぞう，1888—1966年），日本经济学家，1933—1946年间担任庆应义塾大学塾长，主攻李嘉图经济的古典经济学研究与福泽谕吉研究，批判马克思主义经济学。1949年就任东宫御教育常识参与，即明仁亲王（现任日本天皇）的教育工作。他以《乔治五世传》、《帝室论》为蓝本，为明仁亲王讲述了新时代的帝王学。

如果把这些思想定为"脱亚"，那么《文明论之概略》、《学问之劝谏》里面还有更多文章可以引用，大可不必纠结于这篇连作者是谁都无法确定的《脱亚论》。毕竟，用一个有争议的论据来证明一个无争议的论点，只会损害论点本身的可信性。

安川·平山论战

针对福泽谕吉的思想问题，其实日本史学界在本世纪初爆发过一场论战。

2001年，恰好是福泽谕吉去世100周年，《朝日新闻》报社主笔船桥洋一[1]在1月11日发表了《以福泽谕吉的思想精神迎来21世纪》，目的在于重新唤起大众对于福泽谕吉的关注，从更加客观、全面的角度重新评估福泽谕吉其人其事。

但对于这篇文章，名古屋大学名誉教授安川寿之辅[2]却写信给报社表示反对。

《朝日新闻》一向是左翼报纸，安川寿之辅也是左翼学者，但对于这封批评信，《朝日新闻》报社并没有给出回复，安川寿之辅干脆在4月21日的《朝日新闻》上发表了《福泽谕吉——扩展了蔑视亚洲的思想家》，高呼道：

战后日本社会将侵略与殖民地统治的责任问题放置一边，却将蔑视亚洲的侵略先祖福泽谕吉定为民主化启蒙的模范，这种马虎态度为日本与亚洲之间的历史认识不同挖开不幸的鸿沟。

5月12日，时任静冈大学助教的平山洋发表了《福泽谕吉蔑视了亚洲么？》，明确声明："所谓福泽蔑视的'朝鲜人'与'支那人'并不是指民族全体，福泽向来将'人'（士人）与'民'（人民）分开考虑，他批判的对象不过是（亚洲其他国家的）政府领导层。"

随着这篇文章的发表，这场世纪初的著名论战正式开始：5月21日，安川寿

注①

船桥洋一（ふなばし·よういち，1944年生）日本评论家，专栏作家，原朝日新闻主笔。生于北京，1968年东京大学教养学部毕业，随后进入朝日新闻报社，历任北京支局特派员、华盛顿支局特派员、经济部编委、美国总局长，1975年在哈佛大学担任客座研究员，1992年在庆应义塾大学获得博士学位。

注②

安川寿之辅（やすがわ·じゅのすけ，1935年生），日本社会思想史研究家，市民运动家，以批判福泽谕吉、女性歧视、部落民歧视为主要思想。2001年与平山洋针对福泽谕吉思想展开了论战，出版《福泽谕吉的亚洲认识》、《福泽谕吉与丸山真男》、《福泽谕吉的战争论与天皇制论》等。

之辅在福泽谕吉创办的庆应义塾大学进行演讲，题为《福泽论战：批判基于事实》；5月30日，平山洋再度发文反驳。接下来一个月的时间里，双方针对福泽谕吉的各项问题往复交换了3次信件。

正因为这场论战，2004年平山洋出版了《福泽谕吉的真实》，在书的后半部分提到了这样一句著名的论调：

福泽谕吉的批判者很多，可他们非但不去相信福泽自己说过的话，还宁可全盘接受石河干明的《福泽谕吉传》和《时事论集》，这到底是怎么一回事？

紧接着安川寿之辅在2006年出版了《福泽谕吉的战争论和天皇制论》，继续加以反驳。这本书在2013年被中国大百科全书出版社译为中文版，获得了学界重视。为了宣传自己对于福泽谕吉的观点，他甚至每年都会自费来中国的大学里进行演讲，是一名对华非常友好的学者。

到了2012年，平山洋将十余年间关于福泽谕吉的文章集合起来，出了一本《亚洲独立论者：福泽谕吉》，收录了大量支持自己与反对自己的观点，算是为这场论战画了一个句号。

对于福泽谕吉其人，安川寿之辅一直都采取批判态度，认为他大力倡导无偿的忠君爱国思想、宣扬中朝两国"软弱无廉耻"，是日本日后走上军国歧途的启蒙者。而针对丸山真男给福泽谕吉塑造出的"自由主义改革家"形象，他不仅嗤之以鼻，还将其讽刺为"'丸山谕吉'神话"，认为丸山真男在论证的时候不管事实具体如何，仅关注于对自己有利的史料；针对平山洋提出的理论，他坚定地认为，无论《脱亚论》是不是福泽谕吉所写，都"改变不了一个侵略思想家的实质"。

然而就在双方争论最为激烈之时，安川寿之辅的著作中却犯了错误：2006年《福泽谕吉的战争论和天皇制论》一书中，安川提到福泽谕吉的名言"天不造人上之人，也不造人下之人"是抄录自江户时代作品《东日流外三郡志》[①]。

注①

20世纪70年代，日本青森县五所川原市市民和田喜八郎在自家改建之时发现了数百册古文书（统称"和田家文书"），记载了日本东北地区很多不为人知的历史，《东日流外三郡志》正是其中一卷。和田家文书认为东北地区在被大和朝廷统治之前有着自家繁荣的历史，这种认识颠覆了日本对当时历史的认识，在史学界引发了巨大反响。然而经过史学家研究发现，包括《东日流外三郡志》在内的和田家文书有着太多与考古学调查相违背的地方，文风也与同时代古文书不符，更是出现了诸如"光年"、"冥王星"等近现代科学词语，因而大部分史学家判断其为伪作，但仍有少部分学者坚持认为是真作。

当然，这个论点也不是他本人所有，而是另一位学者古田武彦①提出的观点。

然而问题在于，史学界早就判明福泽谕吉这段话是直接得自美国《独立宣言》，而《东日流外三郡志》这本书在20世纪90年代就已经被史学界判定为现代人的伪作，不仅各类书籍、杂志，即便是电视节目中都已经将这个问题说得很清楚，但安川寿之辅依然不考虑前因后果就盲目采信，招致媒体与学术界的一致批评。没办法，《福泽谕吉的战争论和天皇制论》的再版中只好将这一段章节删除，但这件事也导致安川在这场论战中落于下风。

不过平山洋也提到，虽然可以用技术手段推测《脱亚论》不是福泽谕吉所作，但福泽谕吉本人毕竟是《时事新报》创办者，或许他不会一言一语去写就这篇文章，但依然可能对这篇文章的写作造成影响。换句话说，想证明福泽谕吉与这篇文章有关，很难；但想证明福泽谕吉与这篇文章无关，更难。

应该说，如果日本史学界没有这场论战，那么对于福泽谕吉与《脱亚论》，也难以有什么新观点出现，更难促进普通民众重新审视这位明治时代的著名思想家。

甲午前传：进取朝鲜，进攻清朝

福泽谕吉与朝鲜

日语中，老师之间互相称呼，结尾一般为"先生"，表示尊重；而同学之间互相称呼，一般为"君"，表示亲切。但在东京的庆应义塾大学②，即便是所有老师之间，也都要互称"君"。

不是因为不需要互相尊重，而是因为在这所学校里，真正需要尊重的"先

注①

古田武彦（ふるた·たけひこ，1926年生），日本思想史学者，古代史研究家，主攻日本古代历史与思想史，1948年东北帝国大学法文学部日本思想史毕业，1969年开始介入古代史研究，担任昭和药科大学教授。出版书籍《邪马台国不存在》、《消失的九州王朝》、《被盗的神话》，支持书籍《东日流外三郡志》为真作。

注②

庆应义塾大学（Keio University），亦称"庆应大学"。其前身"兰学塾"由福泽谕吉在1858年创办，是江户时代一所规模很小的传播西洋自然科学的学堂。

生"有且只有一位——福泽谕吉。

不过，福泽谕吉也并不只是日本人的先生，同时也是很多朝鲜人的先生。

异客相逢君莫惊，

今吾自笑故吾情，

西游记得廿年梦，

带剑横行龙动城。

这首汉诗作于1880年4月。当时朝鲜第二次修信使金弘集[①]来访庆应义塾，福泽谕吉看到朝鲜人愿意虚心求教、积极寻找朝鲜近代化改革的办法，颇为欣慰。

这首诗第三句叫作"西游记得廿年梦"，"廿年"自然是20年，"西游"指的是寻访欧美国家。20年前的1860年2月，福泽谕吉作为日本军舰"咸临丸"舰长木村芥舟的使者前往美国，虽然6月就从美国归来了，但此行让他成了近代日本官方首次越过太平洋进行航海的见证者，也让他首次见识到广阔的世界。

紧接着1862年1月，福泽谕吉又跟随江户幕府的使者坐船前往欧洲，一路上途经香港、新加坡，穿过马六甲海峡来到印度洋、红海，然后坐着汽车穿越苏伊士地峡，越过地中海在法国马赛登岸。里昂、巴黎、伦敦、鹿特丹、海牙、阿姆斯特丹、柏林、圣彼得堡、里斯本这些当时欧洲首屈一指的大城市，都留下了福泽谕吉的脚印。1863年1月回国以后，备受感动的福泽谕吉出版了《西洋事情》一书，其中首次将美国《独立宣言》译为日语，题名为"1776年7月4日亚美利加十三州独立檄文"，在日本广为流传。

可以说，正是二十年前的两次出访，让福泽谕吉走上了民族启蒙的道路。二十年过去，当年的莘莘学子已变成致世良师，这时见到另一个东亚国家的使者远道而来，寻求国家改良之路，便仿佛看到了过去那个"带剑横行龙动城"的自己，不经意间"今吾"笑起了"旧吾"，却也是情理之中。

顺便说一句，这次来访的金弘集看到日本逐渐强大，痛感朝鲜应该仿效日本，回国后便积极推动朝鲜开国进程与近代化改革，在日后成为了朝鲜王国的总理。但由于他亲近日本，在甲午战争前后一直站在日本一方，最终在1896年2

注①

金弘集（김홍집，1842—1896年）：原名金宏集，子敬能，号道园、以政学斋，庆州金氏后代。1867年进士及第，1880年担任朝鲜修信使出访日本，1882年代表朝鲜全权负责与日本交涉、签订《济物浦条约》。1894年实行甲午改革，中途一度失势，"乙未事变"之后被民众杀死。

月被朝鲜各地的愤怒民众杀死，暴尸街头。

　　1881年12月，金玉均跟随朝鲜派遣的"绅士考察团"[①]来到日本，途经神户、大阪、京都，在1882年2月来到东京庆应义塾，与福泽谕吉会面。福泽对金玉均相见恨晚，留他在身边共处四个多月，期间将毕生关于政治改革的心得悉心传授，并答应金玉均要帮助朝鲜走向独立，走向开化。

　　要知道，当时日本的西南战争（1877年）刚刚结束，旧士族群体受到了政府弹压，导致庆应义塾丧失了其最主要的学生来源，整个学校财政非常困难，福泽谕吉本人一度想要彻底关掉学校。直到1883年庆应义塾的学生联合起来为学校筹款，加之社会生源有所恢复，学校才得以保全。但即便在如此困难的情况下，福泽谕吉依然允许金玉均一行在庆应义塾白吃白住，可见他对于朝鲜多么感兴趣。

　　从福泽谕吉对待朝鲜的态度来看，似乎能看出他在主张帮助亚洲，但与此同时，他也主张对亚洲另一个国家——清朝开战。

❯ 金玉均。

注①

　　此处的"绅士考察团"即朝士视察团。朝士视察团（조사 시찰단）：1881年5月，朝鲜王国派遣朴定阳、沈向学、鱼允中、赵准永、严世永、洪英植等12名朝鲜官僚从东莱府（釜山地区）前往日本，考察日本近代化改革经验。视察团的洪英植在回国以后加入金玉均、朴泳孝等人结成的朝鲜开化党，成为了一股重要的政治势力。

为什么日本对清朝那么苛刻?

归根结底,还是因为朝鲜。

面对日本近代对于朝鲜的软硬渗透,中国人自然是嗤之以鼻,觉得日本人就是想扩张想侵略。这点没错,日本人最终目的确实是想把朝鲜半岛吞并进来,但在近代朝鲜人看来,事情却不一定那么简单。

近代朝鲜在1866年10月第一次遇到西方国家侵扰("丙寅洋扰"[①]),但由于朝鲜海路过于复杂,陆地又多山,硬是凭借着土枪长矛干掉了法国军队。接下来1871年7月,美国军队又一次来袭("辛未洋扰"[②]),虽然轻松碾压朝鲜军队,但因为地形与气候原因,加之无法增兵,只能全军撤退。

胜利到来太容易,也让朝鲜有点自大,统治者兴宣大院君[③]在全国各地树立"斥和碑",宣扬"洋夷侵犯,非战则和,主和卖国",继续执行闭关锁国的国策,错失了以胜利姿态与外国平等建交的绝好机会。最终在1876年,日本借江华岛事件[④]强迫朝鲜签订《日朝修好条约》,由于兴宣大院君已在国内的派系斗争中失势,掌权的国王正妻闵妃掌握大局,宣布开国。

朝鲜政局极为复杂,除去兴宣大院君代表传统王权势力,金弘集、金玉

注①

丙寅洋扰(병인양요):1866年6月,朝鲜将9名法国传教士处刑,其中1名传教士逃到天津的法国租界。随后10月,法国军队出动士兵600人,军舰3艘进攻朝鲜本土。最终在11月,法国在鼎足山城战斗中失利,全军撤出朝鲜半岛。整场战争中,朝鲜方面死伤者仅为8人,法国方面死伤者为38人。

注②

辛未洋扰(신미양요):1871年,由于朝鲜无故袭击美国商船,美国派遣军舰前往朝鲜进行报复。6月10日,美军进攻朝鲜江华岛并登陆,朝鲜军无法给美军以有效还击。但由于美军并非意在占领朝鲜,在无法实现自己的目的之后就匆匆撤军。

注③

兴宣大院君(흥선대원군,1820—1898年),朝鲜高宗生父,本名李昰应(이·하응)。1863年开始掌握朝鲜实权,剪除把持朝政多年的安东金氏,亲自率军击退法国的侵犯。后期与儿媳闵妃代表的外戚集团展开了长年争斗,甚至曾被软禁于中国保定;晚年为重夺权力,两度充当日本傀儡。

注④

江华岛事件(こうかとうじけん):1875年9月20日,日本军舰"云扬"号在对朝鲜西海岸进行测量时,受到朝鲜江华岛方面炮台的炮击,双方进行了交战。日方宣称这起事件只是一次偶发事件,朝方认为日方是主动挑衅,引发交战。

均、朴泳孝①等"开化派"②代表了维新势力，闵妃也大量任用亲戚并联合大量
受压制的两班保守士人，形成外戚派。

在对外态度上，大院君奉行极端保守的锁国政策，同时宣布朝鲜应该继续
奉行"事大主义"，跟随清朝；但闵妃集团却希望能够开国，双方在政策上出
现矛盾。1873年11月，在闵妃的诡计操纵下，朝鲜国王李熙③宣布亲政，禁止兴
宣大院君再进宫干涉朝政。

闵妃掌控政权之后，与开化派人展开联合，大力引入日本力量进行改革。
其中在军事方面，朝鲜引入日本顾问建立了"别技军"④，400名军人全部装备新
式武器，进行日式训练。1882年6月，"壬午军乱"⑤正是在这种背景下爆发。

但出人意料的是，"壬午军乱"直接引发了中国方面的激烈反应：1882
年8月10日，清廷派遣水师提督丁汝昌、淮军幕僚马建忠乘坐"超勇"、"扬
威"、"威远"三艘军舰到达朝鲜济物浦（仁川）调查情况；紧接着8月20日，
淮军6营军人（约3000人）在将领吴长庆率领下到达朝鲜，日军也派遣1500人进
入汉城防御，局势变得十分凶险，战事一触即发。

注①

朴泳孝（박영효，1861—1939年），朝鲜近代史上著名的政治家、改革家，朝鲜日治时期的贵族，开化
党及亲日派的代表人物之一。初名无量，字子纯，号春皋、玄玄居士，本贯潘南朴氏。早年迎娶朝鲜哲宗之
女永惠翁主，封锦陵尉。他深受开化思想熏陶，与金玉均、洪英植等组成开化党，并在1884年发动"甲申政
变"，失败后流亡日本。1888年发表开化上疏，阐述其对开化的主张。1894年归国，官至内部大臣，主导甲
午更张，次年即遭排挤，再度亡命日本。1907年重新回国，日韩合并后被日本封为侯爵。朴泳孝还是韩国国
旗——太极旗的设计者。

注②

开化派（개화과）：朝鲜青年贵族官僚在受到日本明治维新影响之后形成的政治派别，主要政治诉求是
要脱离清朝宗主统治，追求朝鲜国独立和近代化。主要建立者为金玉均、朴泳孝等人，得到了庆应义塾学
生的全面支持。

注③

即高宗。高宗（고종，1852—1919年）：朝鲜王国第26代国王、大韩帝国光武皇帝，名为李㷩（熙）（이
희）。高宗身处朝鲜历史上变动最为剧烈的时代，但由于其性格软弱，在清朝、日本、俄国等列强与兴宣大
院君、闵妃等国内势力的挤压下生存，最终导致1910年日本吞并朝鲜半岛。

注④

别技军（별기군）：1881年5月朝鲜王国在日本工兵少尉堀本礼造的指导下设立的新式军队，数量为80
人。别技军比起普通军队而言，得到的军饷、被服质量都要更好，受到旧式军队的妒忌。

注⑤

"壬午军乱"（임오군란）：1882年7月23日，受兴宣大院君影响，大量旧军士兵在朝鲜汉城发动暴动，
攻击亲日的闵妃政权与日本公使馆人员，日本驻朝公使花房义质被迫逃回日本。事件在之后引发中日两国
军队出兵朝鲜，成为了东北亚中日争斗的开端。

兴宣大院君。

　　不过，中日双方都不想把事儿闹得太大，反而在某种程度上达成了默契：8月26日，清军将兴宣大院君押送回天津，之后软禁在保定；日本政府则催促朝鲜抓捕军乱的领导者。8月30日，日本强迫朝鲜签订《济物浦条约》，进一步扩大在朝鲜的驻兵权；10月初，中国也与朝鲜签订《中朝商民水陆贸易章程》，在朝鲜获得了领事裁判权、关税减免等重要的不平等权益。

　　两项条约签订之后，中日无疑在朝鲜形成了全面对峙。与此同时，朝鲜的对外态度也出现了亲清、亲日两派。

　　亲清派的首脑这时已经变成了如杨柳般随风倒的闵妃。在"壬午军乱"中，闵妃势力遭到削弱，清朝又体现出了强大实力，闵妃便重新归附清朝，以"事大党"首脑身份掌握权柄。但与此同时，曾经的盟友开化派却继续奉行亲日政策。

　　开化派人也太"朝奸"了吧？

　　也不全是。日本虽然有意侵略，但在打开朝鲜国门的同时，很多先进的技术与理念也切实提高了朝鲜的近代化水平；而同样的改革理念，却无法从腐朽的清王朝输入朝鲜。虽然有饮鸩止渴之嫌，但朝鲜年轻一代的知识分子，尤其是开化派人都认为跟着清朝下去是死路一条，反而偏爱起明治维新时期的日本，甚至甘愿成为日本进入朝鲜的"带路党"。

而且，日本也确实给了朝鲜不少"好处"。《济物浦条约》规定，朝鲜为赔偿日本在"壬午军乱"中的损失要付50万日元[①]。而在1882年9月，开化派人朴泳孝、金玉均作为"谢罪使"来到日本，不仅将还款期间定为10年，福泽谕吉还主动出面帮朝鲜联系了外务卿井上馨，亲自从横滨正金银行贷款17万日元给金玉均。

这17万日元里，有5万日元用于偿还当年赔款，其余款项则用于派遣留学生。1883年5月12日，开化派人派遣徐载弼、徐载昌等17名留学生来到庆应义塾；7月4日，又有朴泳斌、朴准阳、俞亨睿等12名留学生成为了福泽谕吉的门生。一时间，庆应义塾成为了日本与朝鲜之间互相支持的重要根据地。

与此同时，由于朴泳孝担任汉城判尹（市长），庆应义塾弟子牛场卓造、高桥正信、井上角五郎3人来到朝鲜，创立了朝鲜历史上第一份报纸《汉城旬报》。在福泽谕吉弟子的指导下，朝鲜人开始将朝鲜语以汉、韩混写的方式写作出来，将大量日语译词输入朝鲜。今日韩语语法、词汇与日语颇有类似，也正是肇始于此。

不过在闵妃集团排挤下，朴泳孝很快丢掉官位，金玉均也四处碰壁。恰好1884年4月8日，清朝慈禧太后宣布罢免军机处全班大臣，将恭亲王奕訢拉下位子，改任醇亲王奕譞；8月，中法爆发马尾海战，清军水师顷刻间覆灭，清政府在亚洲地区威望降低；于是7月开始，开化派便准备发动政变，推翻闵妃政权。

1884年12月4日，开化派趁着汉城邮局落成典礼之际发动"甲申政变"，推翻了闵妃政权。但没过两天，代表清朝驻在朝鲜的袁世凯就率军2000人攻克朝鲜王宫，并将掳走三年之久的兴宣大院君重新扶正，宣告其回归朝鲜的同时，明确朝鲜仍然是清朝的属国，其改革事务必须由中国主导。

中国占据上风，朝鲜政府也开始围剿开化派成员，并以自古以来封建王朝对待"叛逆"分子一贯的残忍手段相待：1885年2月，金玉均、徐载弼、徐光范等开化派成员的家人全部遇害；已经去世的洪英植从墓里被挖出来戮尸。当

注①

1871年日本银行规定1日元等于1.5克黄金，以1克黄金现今市价大约250元人民币计，50万日元约合1.88亿人民币。

然话说回来，开化派在搞政变的时候也并非不杀人，只不过类似日本于西南战争中明治政府对待西乡隆盛为首叛军的遗体还能给予"旧武士、老朋友"之尊重，在朝鲜当权派手下却是完全不存在的。金玉均、朴泳孝等人都被驱赶至日本，在福泽谕吉的资助下开始了流亡生活。

这次行动的失败以及朝鲜当权派的残忍激怒了福泽谕吉，在《时事新报》相关的几次社论里，福泽谕吉都以极为尖锐的笔触提到：

朝鲜国民数百年来沉醉于支那的儒教主义，已经失去了独立精神；近年来的内政外交事项中，朝鲜更是受到支那的干涉，已经失去了独立国体。无论有形无形都学习支那之风，百般人事都听从支那指挥，不知自身为何、不知国家为何，只能每况愈下，逐渐走向野蛮。[《朝鲜独立党的处刑（前编）》，1885年2月23日]

不妨说明：朝鲜朝廷的事大党如果不想独立党成为祸乱，那么必须尽早去除落后的儒教主义，转为西洋的文明开化。[《朝鲜独立党的处刑（后编）》，1885年2月26日]

如果一国不能保护人民生命财产，不能保护国民独立，那么这种国家不如灭亡了好。（《为了朝鲜人民，恭贺其国灭亡》，1885年8月13日）

虽然没有证据显示福泽谕吉曾直接参与支持1884年"甲申政变"，但从事后反应来看，他显然是支持学生发动这次颠覆朝鲜现行政权的活动，也反对朝鲜政府采取如此极端的报复行动。按照史学家坂野润治[①]在1981年的解释，正因为"甲申政变"失败，福泽谕吉对援助朝鲜的行动颇为失望，从此不再支持任何国外改革运动，这或许也引起《时事新报》发表了《脱亚论》这样极端的文章。

至于福泽谕吉是单纯为了侵略而支持，还是单纯为了朝鲜近代化改革而支持，抑或是两者都有，那就是仁者见仁、智者见智。福泽谕吉一方面支持朝鲜改革、一方面激烈反对清朝，一方面反对使用武力、一方面又在甲午战争时期支持对清朝开战。其一生之中也存在着大量解不开的矛盾，恐怕用任何一种解

注①

坂野润治（さかの・じゅんじ1937年生）：日本历史学家，主攻近代日本政治史，东京大学名誉教授。1960年安保斗争之时，仍是大学生的坂野润治作为全学联的干部参加了指挥行动。1963年于东京大学文学部国史学科毕业，历任东京大学文学部助手、千叶大学人文学部助手、副教授，茶水女子大学文教育学部副教授，最终在1986年担任东京大学社会科学研究所教授。出版作品《明治宪法体制的确立》《大正政变》《近代日本的外交与政治》《日本宪政史》等。

释都无法全面概括他的思想。

不过有一点可以肯定：1882年"壬午军乱"与1884年"甲申政变"①这两次事件，让福泽谕吉与《时事新报》对待清朝的态度愈加敌对。

但就在这一时期，日本官方的态度却有所退缩。

如何对待朝鲜？

在东亚地缘政治格局里，朝鲜一向拥有非常特殊的地位。且不论遥远的白村江水战与丰臣秀吉侵略朝鲜，也不提日本在近代如何吞并朝鲜，就说后二战时期的局势，连美苏的东亚争霸都要围绕着朝鲜半岛来进行，进而塑造了现在这种诡异的朝韩局势，可见无论时局怎么变化，朝鲜半岛都是东北亚地区的一块重要的"争地"。

纵观漫长的东北亚海岸线，只有朝鲜半岛如同一块"下巴"一样突出，也只有这里距离日本最近。站在日本西北端对马岛上，用望远镜就可以看清对岸的釜山，两者之间的最近距离只有49.5公里，相当于从京都到大阪的距离。

用当时政治学家朱利安·科贝特（1854—1922年）的话来说，朝鲜半岛对于日本的地位，就好似法兰德斯地区对于英国的意义一样。法兰德斯位于比利时西北部，在大航海时代是著名的欧洲大陆出海口，由于法兰德斯在法国、荷兰、德国等欧陆大国的夹缝中生存，这也自然成为岛国英国通往欧洲大陆的联络点。

其实看看地图不难发现，法兰德斯本身的地理位置并不算突出，甚至比英国到法国加来地区都要远了很多。不仅如此，法兰德斯的海岸线很窄，不利于海军进出；相反周围都是平原，也没有什么险要河流，陆军角度来看自然是易攻难守。但由于英法经常处于对峙状态，对待法兰德斯地区，英国便有着非常明确的政策：要尽可能防止欧陆大国夺取这片通商口岸。

地理位置如此不理想，英国却依然这么重视，只能说明对于一个岛国而言，留下一个与大陆交汇的口岸是多么重要。

注①

甲申政变：1884年12月4日（农历甲申年十月十七日），以金玉均为首的开化党在日本的协助下主导的一场朝鲜流血政变。政变的目的有两个：一是让朝鲜脱离中国独立；二是改革朝鲜内政。开化党在暗杀了七名守旧派大臣后，发布了具有资本主义色彩的改纲，该政变也是朝鲜第一次资产阶级改革的尝试。12月6日，袁世凯率领清朝驻朝军队镇压了这次政变，开化党的"三日天下"结束。开化党人或被处死，或亡命日本。

法兰德斯还是内陆的一部分，朝鲜却完全突出成为一个半岛，而且朝鲜海岸线很长，只要有一定的海军实力就能控制住；朝鲜全境多山，山地和高原占全境总面积的百分之八十，陆军不便行动，可谓易守难攻。英国面对法兰德斯都是一副猫见了腥的样子，日本对于朝鲜自然是更加渴求。而看到日本对于朝鲜的态度，清政府当然会回想起历史：日本丰臣秀吉侵略朝鲜如何消耗了明朝实力以至于让祖宗努尔哈赤获得了崛起的机会，以及大清在攻破山海关入主北京之前就已经将朝鲜化为属国、获得了侧翼安全从而安心入关。因此经历了两次鸦片战争、中法战争，已经丢弃了大量本国领土和绝大多数属国的清政府，却要花大力气稳固朝鲜的属国地位，甚至不惜投入血本，乃至开战。双方在朝鲜陷入对抗是很自然的。

但就在1884年"甲申政变"之后，日本对华态度突然出现了松动。

1882年与1884年两次动乱之中，清朝表现极为主动，陆海齐聚，阻止朝鲜倒向日本一方，甚至一度将兴宣大院君软禁三年之久。后来闵妃不太听话，清朝又将大院君在1885年8月放回予以牵制。

1885年4月18日，中日在天津达成了《天津会议专条》，约定未来朝鲜如果出现重大事件，无论哪一方要出兵，都要事先通知另一方。虽然日本利用这份《天津会议专条》在1894年出兵朝鲜，但仅就当时而言，这份专约的确保住了朝鲜近十年的和平局面，日本不仅不再支持朝鲜开化派举动，甚至将流亡日本的金玉均数度软禁。

金玉均从宠儿变弃子，象征着日本政治思考有所变化。那么为何一向激进的日本人要选择妥协呢？

当然，这一方面是因为中国不停从英德等国订购军舰、北洋水师正式成军，但另一方面，也是因为中日在朝鲜的利益同时受到了外来威胁。

1885—1887年，英国出兵占领朝鲜巨文岛，其矛头实际指向俄国。俄国也两度向朝鲜递交密约，希望能够将朝鲜纳入自己的势力范围。1885年外务大臣井上馨[①]提出，可以认可清朝在朝鲜占据优势地位，由中日合力保全朝鲜，排除

注①

井上馨（いのうえ・かおる，1836—1915年），出身长州藩。少年时期曾参加烧毁英国公使馆的活动，后留学英国，转而成为开国派。明治维新后主管财政工作，因尾去泽铜山事件被迫辞职转入实业，开设了先收会社（三井物产前身）。19世纪80年代重归政界，历任日本外务卿，依然保留着对实业界的巨大影响。

位于东京青山墓地的金玉均墓。

1894年金玉均被杀后悬首示众。

山县有朋。

英俄干涉势力；1890年3月与12月，日本第3代首相山县有朋①更是两次提过：

想来，国家独立自主之路有两条，其一是守护主权线，其二是保护利益线。主权线指的是国家疆域，利益线指的是与主权线安危有紧密关联的区域……我国利益线的焦点，事实上在朝鲜。

山县有朋构思在中、日、英、德四国保障下，驱逐俄国势力，彻底实现朝鲜中立化。所谓"中立化"，就是如同英国对待法兰德斯地区的态度一样：防止他国掌控朝鲜，对日本形成威胁。其实际目标不外乎是排除俄、英势力的渗透，并使朝鲜摆脱大清属国的地位。

但很快，这种政府思路又出现了新的变化，促使日本国策迅速走向对华宣战。

国权派与甲午开战

说起甲午战争，多半国人都会认为这是日本军国主义的第一次爆发，然而问题在于，当时的日本高层其实根本不愿意打仗，开战过程其实是一系列偶然因素所导致。

其实在明治维新初期，日本上层建筑不但没有花样翻新，反而沿袭了江户幕府末年的重臣合议制，高层政治完全由旧长州、萨摩两藩权势人士把持。为

注①

山县有朋（やまがた・ありとも，1838—1922年），出身长州藩。青年时期尚武，参加著名的"奇兵队"并在后期统领该组织，为倒幕运动立下汗马功劳。明治维新后主要负责军队建设，享誉"国军之父"，在军政两界长期拥有极高威望。政治思想偏于保守，长期被批评者指责为日本军国主义的"始作俑者"。

了反对藩阀独裁统治，被长州、萨摩两藩驱逐的其他政治家就发起了自由民权运动，要求开设议会，编写宪法。

但随着1889年日本立宪与1890年日本开设议会，"自由民权运动"的温和派销声匿迹，激进派从为民众争取权利变为日本争取权利，第一波近代意义上的右翼也随之出现。议会里，国权派六大党派形成所谓"对外强硬六派"，对政府的各项对外政策均提出反对意见。

当时这帮人的反对意见有很多，但其中最有趣的一项，竟然是反对政府修改不平等条约。

1893年1月，日本与夏威夷王国达成平等通商条约，借助这一声势，日本驻英公使青木周藏①开始着手与英国修改不平等条约，不承认英国人在日本拥有土地所有权，但允许英国人进入内地与日本人杂居。

按说这是为日本在国际上争夺地位，国权派应该毫无保留地支持才对，然而事情就是这么诡异，国权派就是反对修改条约。

为什么呢？不平等条约对日本人不平等，对英国人其实也"不平等"。在1858年幕府时期签署的《日英修好通商条约》里，将英国开港地定为函馆、神奈川、长崎三地，但幕末攘夷之风盛行，因而为了保障外国人安全，外国人活动范围被限制在居留地及周围40公里地区，要想去其他地方，哪怕是旅行、研究、疗养都需要幕府颁布"内地旅行免状"。明治维新之后，日本虽然雇佣了大量外国人在政府、产业中任职，但这项基本国策仍然没有太大变化，不仅妨碍了英国商人进一步贸易的需求，也使得日本对外贸易受到限制。

自从1889年日本立宪，各项适合日本当地的法律随即出台，日本法律体系愈发完整，越来越多的英国人愿意遵守日本法律。于是日本政府想出一个双赢提议：允许英国人进入日本其他地区杂居，但英国政府必须放弃领事裁判权，让所有英国人都遵从日本法律。

在当时而言，很多日本人其实不愿意修改法律。虽然外国人在日本享有不平等权利，但由于他们的活动范围受限，所以与一般老百姓形成了天然隔离，

注①

青木周藏（あおき·しゅうぞう，1844—1914年），出身长州藩。青年时期留学德国，学习经济学。1873年加入外务省，历任驻德国公使、驻奥匈帝国公使，荷兰公使、外务大辅、外务次官，1888年担任黑田清隆内阁的外相，推动日本与列强修改不平等条约，最终在1894年作为驻英公使与英国成功修改条约。1898年再度担任第2次山县有朋内阁的外相，妥善处理了义和团事件之后的各项事宜。

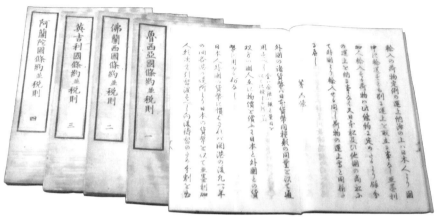

◁ 青木周藏。

◁ 1858年安政五国条约。1858年7月29日，日本与美国两国的全权代表签订了《日本国美利坚合众国修好通商条约》（《江户条约》），接着又与英、俄、法、荷四国以日美条约为蓝本分别签订了修好通商条约。因为当年是日本的安政五年，所以将这五个条约合起来称之为安政五国条约。这五个条约除了日美国签订的外，还包括《日本荷兰修好通商条约》、《日本国大不列颠国修好通商条约》、《日本国鲁西亚国修好通商条约》、《日本国法兰西国修好通商条约》。

自然也就避免了很多麻烦。可是一旦修改条约，日本人就必须要学着与外国人打交道。这时候，国权派就出来代表这种呼声，认为修改条约其实对日本好处不大，没必要主动修约，等到英国人忍不住了，自然会来修改条约，这时候平等条约就能达成了。

不过在1893年2月15日日本议会通过决议，允许英国人在日本内地杂居，这也意味着日本与英国的条约修改迈出了重要一步。

国权派傻了，要这么下去，自己的主张一定会完蛋。于是议会国权派六大党派形成所谓"对外强硬六派"，对政府发起攻击。

▶ 1889年宪法颁布略图。

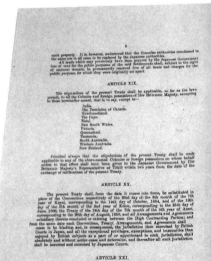

▶ 1894年《日英修好通商条约》。

第一个攻击对象是众议院议长星亨①。星亨原是自由民权运动人士的温和派，议会开启以后竞选议员，走正规渠道，积极与第二次伊藤博文内阁②合作。于是明治二十六年（1893年）11月28日，六派人马联合对星亨提出不信任案，星亨不仅被废了众议院议长，连议员身份都丢了。

还没完。12月19日六派提出议案，要求废除条约修改案，保留以前条约。伊藤博文慌了，马上宣布休会10天。12月29日，议会重启，外相陆奥宗光亲自在众议院发表演说，声明条约改正有多重要，但六派依然不接受。

六派在议会中比例很高，再煽动一波支持者，一旦提案获得多数票，政府努力就要付诸东流。30日伊藤博文宣布解散议会，重新大选。

1894年3月1日大选，六派虽然没能获得多数，但与政府合作的自由党也没能获得多数，局势又很微妙。5月17日六党派旧事重提，再度要求废除修改案，结果仅以5票之差否决。6月2日，伊藤博文又一次解散议会。同一位首相一年两次解散议会，在日本历史上绝无仅有。

要知道，政府一年两次解散议会，在当时的情况下很可能全国动乱，但伊藤博文内阁之所以还能立住脚，其实是靠了出兵朝鲜。

当年2月，朝鲜爆发了东学党起义，起义军将领全奉准率军横冲直突，于6月1日占领南部重镇全州城。没办法，闵妃政权只好请求清军入朝戡乱；清军去了，日本就以《中日天津条约》为借口出兵。需要注意的是，日本宣布出兵的那一天就是伊藤博文解散议会的日子（6月2日），可见出兵朝鲜根本上是日本政府转移国内矛盾之举。

其实，东学党起义军在6月10日就宣布与朝鲜政府停火，签订《全州和约》，并撤出全州城，朝鲜政府则在全罗道给予农民更多自主权。但中日两国军队都已经到达朝鲜，这可就不那么容易能撤走了。经过一个月的反复扯皮，中日

注①

星亨（ほし・とおる，1850—1901年），出身江户城筑地，明治维新之后留学英国，获得了律师资格。1882年加入自由党，并作为自由民权人士批评政府的独裁行为，1888年因违反出版条例而入狱。1892年第2次众议院选举中成功当选并担任众议院议长，后在1900年担任第4次伊藤博文内阁的递信相，1901年遇刺身亡。

注②

伊藤博文（いとう・ひろぶみ，1841—1909年），出身长州藩。少年时期为吉田松阴门徒，后参加倒幕运动，明治维新元老。主政期间广泛参考西方经验、起草了《大日本帝国宪法》，为日本近代君主立宪制的重要人物，4任日本首相。日俄战争后成为朝鲜统监，辞职后在哈尔滨遇刺。

> 星亨。

> 伊藤博文。

两国之间互相失去信任：7月14日，日本发布断交文书给中国，光绪皇帝下令李鸿章备战。李鸿章深知中日实力相近，一时难以抉择，反而要求牙山守军先行撤退；海路被封锁之后又只好增兵2300人，于是有了7月25日丰岛海战。

就在这段时间里，7月16日，日本与英国最终修改了不平等条约，这标志着日本向着近代社会迈进了一大步。但就是为了这一大步，日本政府却不得不迎合叫嚣已久的国权派势力，与实力更强的清朝开战。

这无异于一场赌博，然而，日本人赌赢了。

日俄竞争："亚细亚主义"之光

后甲午时代

提起甲午战争（1894—1895年）与《马关条约》（1895年4月17日），咱们就气不打一处来，但当时中国知识界却并非如此：蕞尔小国能够击败天朝上国，必然是学西方学得更好，于是留日学生数量增多，客观上促使中日交流更加频繁。

甲午战争后，中国元气大伤，被迫退出东北亚争霸，无力再在日本的"利益线"上做什么文章——即承认朝鲜是"独立国"，把它拱手让给日本去吞食。但想吞掉中国东北、朝鲜的可不止日本一家，还有沙皇俄国。俄国联合法国、德国在1895年4月23日干涉《马关条约》的实施，要求日本将清朝割让的辽东半岛交还给日本；英美两国虽没参与，却也持观望态度，拒绝了日本的援助请求。纵观近代历史，欧洲国家直接干涉亚洲主权国家条约，这算头一遭，当然也不是最后一次。

甲午战争刚刚结束，日俄就在朝鲜较量起来，这说明历史已经进入了新阶段。

1895年7月，汉城俄军帮助闵妃夺回朝鲜统治权，推翻日本在甲午战争期间扶植的开化派势力；紧接着10月8日，日本驻朝公使三浦梧楼①集结汉城日军进攻朝鲜王宫，杀掉闵妃，重新扶植开化派；1896年2月11日，朝鲜国王李熙逃出王宫，钻进俄国公使馆，俄军配合朝鲜起义军攻入汉城，杀死大量亲日派官员。整个朝鲜刚刚脱离战乱，却又是一片混乱局面。身受日本殖民侵略的朝

三浦梧楼。

注①

三浦梧楼（みうら・ごろう，1846—1926年），长州藩出身，曾参加奇兵队。明治维新后因与山县有朋意见不和退出军界，1895年就任朝鲜公使，主导了"乙未事变"。回国之后曾受广岛军事法庭审判，后无罪释放。1910年就任枢密顾问官，重新回到政界，并在晚年倡导"打倒藩阀"。

鲜民众将俄国人看成带来希望的解放者，同一时期遭受俄国殖民侵略的许多中国民众却将日本人看成带来希望的解放者，与日本的"亚细亚主义者"互相唱和，颇有讽刺意味。

1896年6月9日，日本元老山县有朋亲自访问俄国，在圣彼得堡与俄国外相洛巴诺夫达成协议，宣布如果双方需要增兵朝鲜，必须要通知对方。参照1885年中日《天津会议专条》的模式就可以发现，日本在东北亚战略的敌人，已经不是走下坡路的清帝国，而是战略重心东移的沙俄帝国。

巧合的是，就在稍早的6月3日，俄国财政大臣维特与李鸿章也达成协议：俄国要将西伯利亚铁路（1904年建成）延长到中国国境内，也就是著名的中东铁路（东清铁路）。到了1898年3月，俄国又强行租借旅顺口，中东铁路南部支线（日后的南满铁路）也就进一步延伸到了旅顺、达尔尼（俄国称呼，后来日本和中国称"大连"）。

在这种状况下，一种不算全新的思想在中日两国迅速普及开来："亚细亚主义"。

所谓"亚细亚主义"，初衷是团结东亚的中、日、朝三国，共同抵御西方白人强权的入侵。早在1879年，李鸿章与大久保利通在北京商量琉球问题的时候，双方就商定要形成"东洋联合"。1880年1月，日本民间就成立了第一个"亚细亚主义"组织——兴亚会，1883年1月，兴亚会改组为亚细亚协会。他们在日本大阪、神户、长崎设立分部，开展汉语、朝鲜语教学，吸收三国有识之士齐聚一堂，共商东亚联合。

这个组织虽然不是官方组织，能量却很大：后来的首相桂太郎、犬养毅、原敬等人纷纷加入，清朝驻日的两任公使何如璋、黎庶昌也都是会员。不仅如此，兴亚会顾问之中更有李鸿章的养子李经方、幕府海军重臣胜海舟，还有本文主角福泽谕吉。

1898年1月，华族高层、贵族院议员近卫笃磨重组几个"亚细亚主义"组织，成立了著名的东亚同文会，宣扬"支那保全"，要求全日本知识分子集合起来，防止中国被列强瓜分。1945年以后，东亚同文会经过解散与改组，以创建者近卫笃磨的号"霞山"为名，新成立了财团法人"霞山会"，继续为中日交流贡献力量。

"亚细亚主义"与右翼

东亚同文会最著名的事迹，莫过于收容中国维新变法人士。1898年9月21日戊戌政变之后，康有为先逃到上海英国领事馆，紧接着坐船流亡日本，与曾任日本首相的大隈重信有着很深的交往，还在日本迎娶了妻子；梁启超更是直接受到日本公使馆庇护，乘坐日本军舰"大岛丸"于10月20日到达日本，受到东亚同文会成员柏原文太郎的热情接待。

梁启超在日本一住就是13年，与柏原文太郎结下了深厚的友谊，直到1911年辛亥革命之际才返回中国。流亡期间，他先后创办了《清议报》（1898年）、《新民丛报》（1902年）等进步报纸，而1903年发表的《新民说》明显受到了福泽谕吉《文明论之概略》的影响，以大量篇幅探讨了西欧与日本的近代化制度发展。

巧合的是，就在当时，另一条路线的领导人也在日本。当时他化名中山樵，借以隐藏真实身份，后来他的拥趸将他的中文姓氏与日本化名放在一起，形成了一个大名鼎鼎的名字——孙中山。

没错，不仅是维新变法人士，中国革命党早期也受到了日本民间人士的巨大帮助。

1894年11月，孙中山在夏威夷成立了兴中会，本想趁着甲午战争之后清

❯ 大隈重信。

❯ 宫崎滔天。

政府立足不稳之际发动起义，怎奈事情泄露，流亡日本；1897年孙中山结识了"亚细亚主义者"宫崎滔天①，获得了资金支持；1905年8月20日，孙中山召开会议，促成兴中会（胡汉民、汪精卫等人）、华兴会（章太炎、蔡元培、秋瑾等人）、光复会（黄兴、宋教仁、陈天华等人）三大革命团体改组为中国同盟会，也就是现在中国国民党的前身。

孙中山的历史，国人自然是耳熟能详，但很少有人知道，同盟会成立的地点，却是在东京赤坂区的一座民宅，提供者叫作"头山满"。

说起头山满，事情就没那么简单了。

针对头山满的评述，大都以"侵略"、"激进"等词语为主，但事实上，头山满一向坚定地自称"亚细亚主义者"，主张帮助亚洲后进国家，中国、朝鲜、越南的革命志士都或多或少受过他的援助；1924年11月，孙中山生前最后一次访问日本，在神户与头山满会面；1927年蒋介石下野来到日本，也特地来到日本与头山满等黑龙会成员相见；北伐成功之后，蒋介石特地邀请头山满参加1929年4月在南京中山陵举行的孙中山英灵安奉大典。可见即便是当时的中国高层，对这些人的"亚细亚主义"行动都有一定程度的认可。

但从历史作用来看，头山满确实为日本民间右翼开创了先河。他麾下的黑龙会直接煽动日本民间的扩张情绪，间接促使日本军部抢班夺权，架空日本政府体系，形成军国主义国家。1946年，黑龙会被联合国占领军定性为"极端民族主义团体"，直接予以取缔。

那么问题来了：为什么一个想帮忙的人，却成为了侵略他人的帮凶？

恐怕，这还要从"亚细亚主义"的本质讲起。

在殖民地时代发展到极盛的19世纪，"欧洲中心论"盛行于世，而人口众多、科技制度落后的亚洲自然让欧洲人攻击为"黄祸"。应该说，"亚细亚主义"一方面是一种倡导弱势国家联合的理论，另一方面也是如同"欧洲中心论"一样，是一种较为狭隘的保守主义。

同为保守思想，地区主义与国家主义有着类似之处：都认为人应该根据先

注①

宫崎滔天（みやざき とうてん，1871—1922年），本名宫崎寅藏，籍贯薄上则书虎藏，号腾空庵白寅，明治二十八年前后改别号为白浪庵滔天，世以此号称。毕生支持中国革命事业，是日本"大陆浪人"中少见的"异类"，孙中山的日本好友。一生失志不渝，心若赤子，为改变东亚的旧秩序倾尽心血。

头山满、犬养毅、蒋介石。

头山满。

天出身去选择支持什么或反对什么。"只要是东亚人就应该联合"、"只要是日本人就应该支持中国革命、支持朝鲜改革",这种思想与"只要是日本人就应该支持日本对外扩张"差得并不那么远。转过头去看欧洲,德国皇帝威廉二世曾专门让人画了一幅今人见之哭笑不得的"佛陀乘着恶龙、战火铺地而来"的"黄祸侵欧洲"绘画到处给人看,也正是这个威廉二世一天到晚算计着要指挥德国军队吞此方、并那方,最终将其实只属于地区性事件的萨拉热窝行刺案炒作至引发一次大战,实为两千万人丧命之最大罪魁!如此人物在欧洲一大堆,在当时的日本也少不到哪去。

简单来说,千万不要以为想要帮忙的都是好人。"亚细亚主义"在本质上,与"国权派"都属于右翼思想,无论从任何一边转向另一边,都不是什么稀奇事。

1878年12月,头山满加入"自由民权运动"团体向阳社,1879年12月改组为"玄洋社"。玄洋社早期是为了支持1877年西南战争中失利的西乡隆盛而创建,也是自由民权组织。但之前说过,随着日本走向立宪,大量"民权派"人士转为"国权派",继续反对政府,玄洋社也是其中之一。

且不论玄洋社三条纲领里的第一条就是"敬戴皇室",就说在1889年10月18日,由于外相大隈重信主张以缓和条件修改不平等条约,玄洋社成员来岛恒喜就将炸弹投向外相的马车,旋即刺喉自尽。大隈重信虽然及时抢救回来,但也被迫将左手截肢。

虽然来岛恒喜在刺杀之前就宣布脱离组织,保全了玄洋社,但大隈重信刺杀事件之后,日本国权派就彻底硬了起来,每逢政府提出一项条约修正案,就会被国权派批得体无完肤。萨长藩阀为了壮大日本的军队而提出的庞大预算,同样屡屡遭受议会大幅削减,政府与议会的对抗已经令人严重担心日本的宪政能不能搞下去。最终通过甲午开战,使政府与议会之争顷刻间熄灭,也实在不值得令人意外了。

甲午战争结束之后,为了适应主要假想敌的变化,1901年1月,玄洋社后辈内田良平(1874—1937年)为了鼓动国内的反俄情绪,为玄洋社创立了海外事务拓展机构,也就是大名鼎鼎的黑龙会。

相比于玄洋社,黑龙会的手段更加直接。日俄战争时期(1904—1905年)他们派遣大量人员前往中国东北,鼓动东北马贼群体组成"满洲义军",在背

德皇威廉二世的黄祸图。

位于福冈市的玄洋社原址纪念碑。

后破坏俄国交通线，参与者中便有张作霖等；日本意图吞并大韩帝国[1]之时，黑龙会更是派遣250多名特派员活跃于朝鲜半岛。

随着黑龙会壮大起来，东亚同文会这类温和的"亚细亚主义"逐渐消失影踪，在辛亥革命之后蜕变为单纯的文化交流组织；而"亚细亚主义"在黑龙会的推动下，却变得越来越激进，甚至连头山满本人都无法预料。

1931年"九一八"事变之后，头山满对"亚细亚主义"的发展大失所望，认为"满洲国"建立已经违背了这种思想的初衷。当1935年有人安排头山满与"满洲皇帝"溥仪见面，头山满便不满地说"我并不想见"。

但无论是谁，只要打开潘多拉魔盒，就再也收不起来了。

"亚细亚主义"：军国主义的真始祖

"亚细亚主义"的异化：石原莞尔

如果说近代日本有什么战略家，就必须要提到石原莞尔。

我们都很熟悉，石原莞尔是"九一八"事变的策划者与实施者之一，更曾担任参谋本部作战部部长，是日本走向军国主义的一大罪魁祸首。虽然他因为与东条英机关系不好而在战后未受审判，但他对当时日本思想的影响作用却不可小觑。

最重要的是，他的存在，为"亚细亚主义"的异化创造了理论基础。

"亚细亚主义"的发展大体有两个关键节点：第一个是甲午战争，让中国变成一个弱小的国家，让日本产生了"联清制俄"的想法，进而推动"亚细亚主义"在民间普及；第二个则是日俄战争，让日本吞并朝鲜半岛，从一介小国跻身世界列强，而这时候的"亚细亚主义"，也就只剩下一个驱壳了。

注[1]

大韩帝国（대한제국，1897—1910年）是一个位于亚洲东部朝鲜半岛上的君主制国家。1897年10月12日，朝鲜王朝第26代国王李熙（朝鲜高宗）自称皇帝，改国号为"大韩帝国"。大韩帝国延续了13年，到1910年8月22日，由韩国总理李完用与日本代表寺内正毅签订《日韩合并条约》，规定大韩帝国将朝鲜半岛的主权永久让与日本，朝鲜半岛遂沦为日本殖民地。1910年8月29日，随着《日韩合并条约》的生效，大韩帝国亡于日本。

1911年辛亥革命时期，"亚细亚主义"正在日本流行，很多人知识分子都兴奋于中国能够通过革命来实现共和制，其中也有石原莞尔的身影。当时的石原莞尔刚从陆军士官学校毕业，还是一名见习教官，但他丝毫不顾国家有别，特地召集部下叙说了辛亥革命的伟大意义，甚至喊出口号："'支那'革命万岁！"

身为一个"帝国军人"，石原莞尔为什么会兴奋到这种程度呢？

这个很简单：因为石原莞尔受"亚细亚主义"的影响。

不对啊，既然"亚细亚主义"主张要联合中国，为什么忠实信徒石原莞尔，后来又一手策划"九一八"事变，把"满蒙地区"从中国分裂出去呢？

因为他不仅信亚洲主义，还信佛教。

1920年4月，石原莞尔加入日本新兴宗教团体——国柱会。这个宗教团体是日本佛教日莲宗的一个派系，由著名宗教家田中智学成立，该派系最重要的"贡献"，是抛出了日后臭名昭著的一个词：八纮一宇。

日文所谓"八纮一宇"，字面意思就是"八方一统"。按照田中智学本人在1922年出版的《日本国体的研究》所言，"八纮一宇"指的并不是强行"将人种与风俗统一成一种类型，而是……各自找到位置，发挥其各自特色特征……归属到中心的一个大生命之中，而形成所谓'统一'"。

也就是说，世界上每一个人，无论人种如何、风俗如何，最终都会在充分发挥自身特点的前提下，自然而然地接受一种普遍存在的价值——修养内心；"八

❥ 石原莞尔。

纮"的思想，最终都会统一到"一宇"之中。换句话说，"八纮一宇"，其本意接近于现在流行的"普世价值"或"和谐世界"，并没有推行军国主义的含义。

但学艺不精的石原莞尔声称，"八纮一宇"不仅意味着思想一统，在佛教预言中，政治也会通过最考验人类合力的形式——战争，达成统一体。他继续推演说，随着战斗队形发展与战争形式进步，人类的战争发展已经从点到面，飞机与核子武器将会越来越重要，一场涉及人类命运的"最终战争"会在很短时间爆发和终结，从而决定世界大权的归属。

对于这场"最终战争"，石原莞尔认为四个政治实体可能会相互交战：欧洲联盟、苏联、南北美联盟、东亚联盟。但他经过分析表示：欧洲大国太多，很难统合到一起；苏联是强人政治，一旦斯大林死后就会出现崩溃。因此，能够打最终战争的，只有美国与东亚同盟。

当然，这个东亚同盟，便是以日本为中心，东亚各国共同合作，建立起东亚同盟。但在他的设想中，三倍于日本国土的"满洲"是一块难得的沃土，也是最终战争爆发前的重要准备，不能作为中国的一部分继续留存。为了获得日、苏之间的缓冲地带，也为了提高日本的生产力，必须要将"满洲"从中国分离出去，这也是他主持发动"九一八"事变的重要思想源头。

石原主张新建的"满洲国"在形式上不必完全由日本控制，反而可以打起"五族共和"的旗号，吸引汉、满、蒙、朝、日五个不同族群的人民移居，以便将延续数千年的中华优秀文明与日本近现代文明全部融汇于此地，让"满洲国"成为"东亚联盟"的标杆国，并且在未来的"最终战争"中担当与美国决战之重要"国家"的角色。

纵观"满洲国"早期的宣传，每一条口号其实都有着切实的含义在里面。比如"王道乐土"一词就不是空穴来风，而是直接出自1929年石原莞尔担任关东军作战参谋时的演讲："（世界最终）战争将决定东洋'王道'与西洋'霸道'哪一方能够一统全球。"

但究其实质，"王道"与"霸道"之分，早在1924年1月就出现过了。当时孙中山来到神户，见到"亚细亚主义"已经些许变质，心里颇为担心，但他依然发表了题为《大亚细亚主义》的演讲，通过这样的话来劝诫日本："东方的文化是王道，西方的文化是霸道，讲王道是主张仁义道德，讲霸道是主张功利强权。"

孙中山这一段话，明显是在提醒日本：无论日本强大到了何种程度，都不能以西方那种侵略模式来对待中国。然而就在这段话发表之后短短七年，日本人就用侵略方式进攻东三省。石原莞尔构想中的"王道乐土"已经带有强迫意味：如果你不愿意跟我合作，我就用刀枪划开你的一块肉，逼着你合作。

但东亚同盟的理念虽然是直接继承自"亚细亚主义"，但对比最初那种单纯的联合，东亚同盟已经具有相当程度的侵略性：一切要以日本为中心，东亚同盟内部的领土格局，也要由日本来确定。如果日本认为"满洲"应该独立建国，那么东三省就不能继续作为中国国土存续下去。

石原莞尔号称是"日本陆军唯一的战略家"，他笃信自己偷梁换柱的"亚细亚主义"是真理，却不经意间为日本大肆侵略中国铺垫了理论之路。

"大东亚共荣圈"

也别忘了，日本还有这样一个更加臭名昭著的宣传口号。

1938年11月3日，抗日战争已经全面爆发一年有余，首相近卫文麿发表了一篇声明，题为《东亚新秩序》：

帝国所希望的是确保东亚永远安定，是建设新秩序……新秩序建设需要日、满、支三国相互协作，树立经济、政治、文化等各方面的互助连环关系，在

近卫笃麿。

近卫文麿。

"大东亚会议"。

松冈洋右。

东条英机。

东亚确立国际正义、达成共同防止共产主义，创造新文化、实现经济结合……

　　随着抗日战争进入相持阶段，日本需要一个理论来安抚占领区。那何种类型的理论能够让受到侵略的中国人也能燃起一点向心力呢？想来想去，也就只有重新拾起"亚细亚主义"了：1938年12月16日，日本为中国大陆占领区的政务、开发事宜设立了统一的管辖部门，名字叫做"兴亚院"。

1880年成立的兴亚会为中日交流做出了一些贡献，没想到仅仅换了一个字，就变成了侵略思想；近卫文麿的父亲近卫笃麿为了援助中国戊戌变法人士做了很大贡献，谁承想到了儿子这里，"亚细亚主义"成了侵略思想的遮羞布。

1940年7月，外相松冈洋右在谈话里将"东亚新秩序"上升了一个台阶，以"大东亚共荣圈"为名讲了出来。这个词一出来，立刻受到媒体追捧，而随着太平洋战争爆发，"共荣圈"的参与者也从单纯的"日、满、支"扩展到了菲律宾、老挝、缅甸等占领区国家。1942年11月1日，兴亚院与拓务省、对满事务局、外务省东亚局、外务省南亚局合并，成为了大东亚省，负责日本所有占领区的统治工作。

1943年11月5日，尽管战场上日本军队已经是凄风苦雨、节节败退，日本首相东条英机却邀请"中华民国（南京）国民政府"、"满洲国"、菲律宾、缅甸、泰国、"自由印度政府"的首脑来到东京，出席"大东亚会议"。

会议结束之后，日本发布了《大东亚共同宣言》："英美为了本国繁荣而压制其他国家其他民族，特别是对大东亚大肆侵略榨取，为了将大东亚隶属于自己而试图颠覆大东亚安定的基础，这也是大东亚战争的原因……大东亚各国协同一致，确保大东亚的安定，基于道义，建设共存共荣的秩序。"

如果说这段话里还有什么实话，那应该是日本间接承认了一点：之所以拉出"亚细亚主义"，是为了驱逐英美等国在亚洲的势力。但估计在"亚细亚主义"诞生之时，没有人会想到这居然会引出一整套完备而"正义辉煌"的侵略思想。

为什么福泽谕吉要印在一万块钱上？

最后说个很多人纠结的问题。

对于福泽谕吉印在一万块钱上这件事，国内对日本的评价一直分为两途：一种认为这是日本人重视福泽谕吉身为教育家、思想家的一面，说明日本人喜好知识；一种认为这是日本人重视福泽谕吉的脱亚思想，始终忘不了自己曾经是个"帝国"所致。

这个不仅是国人这么想，批判福泽谕吉的安川寿之辅也不例外，2010年8月28日，他在山梨县做了一次演讲，要求"福泽谕吉从一万元钞票上引退"。

但个人觉得，这个事其实真没那么复杂。

日本战后设计出版了五款纸币，分别以A（1946年）、B（1950—1953年）、C（1957—1969年）、D（1984—2000年）、E（2004年）五个英文字母分类，现在日本主要使用的是E券，也就是第五代日元的一万元、五千元、一千元三种纸币，同时D券（第4代）的两千元等不再发行的纸币也依然有效。

A、B、C三代日元之中，最高面额的头像都使用圣德太子，而在这三代日元之中，福泽谕吉根本没有出现。

到了1984年D券发行之际，日本正处于经济飞速增长的时期，鉴于之前每次更新换代都会把最高面额提升一个数量级（A一百元、B一千元、C一万元），这次日本银行准备将最高面额提升至十万元，正面头像依旧是圣德太子，然后五万元正面为名医野口英世，一万元为福泽谕吉。但或许是担心大面额钞票的发行影响日本经济，最终十万元、五万元两种纸币没有发行，于是设计好的福

❯ 野口英世。

泽谕吉就成为了最大面额，而"福泽大人"也成为了一万元钞票的暗语。

设计好的钞票却没有最终发行，这种现象在日本现代非常常见。其实B券（第二代）发行之时，福泽谕吉也登上了五元纸币的设计板，然而最终也没有得到发行。所以说选择谁就有什么直接的含义，恐怕也说不上。

不过从D券开始，日本钞票的选角倾向就从政治家转为文化人，不仅是大化改新时代的圣德太子（A一百元、B一千元、C五千元、C一万元）消失不见，明治维新时期的首相伊藤博文（C一千元）、带领使节团前往西方国家访问的岩仓具视都不再登场，代之以《武士道》作者新渡户稻造（D五千元）、《源氏物语》作者紫式部（D两千元背面）、《吾辈是猫》作者夏目漱石（D一千元）、近代女性文学家樋口一叶（E五千元）。在这种情况下，著名思想家福泽谕吉加入，也就不是什么难以理解的事了。

原始资料来源日本二战官修战史

及日本海军档案缩微胶卷,

一部日本帝国海军太平洋战争兴衰史。

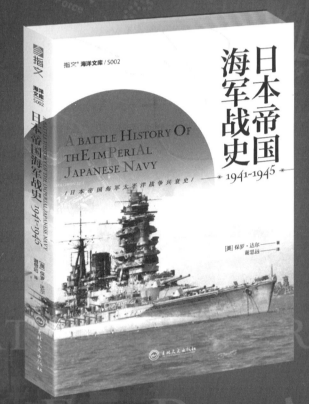